Torbjørn Ekelund

IM WALD

Zu diesem Buch

Für ein Abenteuer muss man nicht den Mount Everest besteigen oder zum Nordpol reisen. Torbjørn Ekelund, der als Familienvater und Angestellter keine Zeit für große Expeditionen hat, entdeckt das Naturerlebnis vor der eigenen Haustür: Zwölf Monate lang zieht er für jeweils eine Nacht in die Wälder der norwegischen Nordmarka. Bei seinen Abenteuern in Miniaturformat folgt er keinem bestimmten Ziel und keiner festen Route, sondern lauscht der Stille schneebedeckter Winterlandschaften und beobachtet das Erwachen der Tier- und Pflanzenwelt im Frühling; genießt das Wechselspiel des Lichts im Sommer und staunt über die leuchtenden Farben des Herbsts. Und erfährt dabei weit mehr über die Unabhängigkeit und das Leben in der Natur als auf jeder Extremreise ans Ende der Welt.

Torbjørn Ekelund, Jahrgang 1971, ist norwegischer Journalist und Autor. Er schreibt u. a. für die Tageszeitung *Dagbladet* und ist Mitherausgeber in einem unabhängigen kleinen Buchverlag. So oft es geht verbringt er seine freie Zeit im Wald, am liebsten beim Fliegenfischen. Er hat das Onlinemagazin *harvest.as* mitbegründet, wo er über Abenteuer in der Wildnis und unsere Beziehung zur Natur berichtet. Mit seiner Familie lebt er in Oslo.

Torbjørn Ekelund

IM WALD

Kleine Fluchten für das ganze Jahr

Aus dem Norwegischen von
Andreas Brunstermann

Mit 46 farbigen Abbildungen

MALIK

Mehr über unsere Autoren und Bücher:
www.malik.de

Die norwegische Originalausgabe erschien 2014
unter dem Titel »Året i skogen. En mikroekspedisjon«
bei Cappelen Damm, Oslo.

Die Übersetzung wurde gefördert von NORLA,
Norwegian Literature Abroad, Oslo.

MIX
Papier aus verantwor-
tungsvollen Quellen
FSC® C083411

ISBN 978-3-89029-470-4
© Cappelen Damm AS 2014
© der deutschsprachigen Ausgabe:
Piper Verlag GmbH, München/Berlin 2016
Redaktion: Claudia Alt, München
Fotos: Torbjørn Ekelund
Umschlaggestaltung: Birgit Kohlhaas, Egling
Umschlagmotiv: Fotolia (Birkenstruktur, Hirsch)
Satz: Satz für Satz, Wangen im Allgäu
Gesetzt aus der Adobe Garamond
Litho: Lorenz & Zeller, Inning am Ammersee
Druck und Bindung: CPI books GmbH, Ulm
Printed in Germany

Inhalt

Natur: Der Teil der Wirklichkeit, der nicht vom Menschen bearbeitet ist, sondern durch organische Entwicklung entsteht; das Gegenteil von Kultur.

Aus dem Norwegischen Nationallexikon

Eine Erkundung im Wald

Ausgedehntere Walderkundungen werden heutzutage Expeditionen genannt. Immer mehr Menschen begeben sich auf Expeditionen. Abenteurer, die noch zu Beginn der 1990er-Jahre auszogen, berichten, dass es damals anders war als heute. Schon von der bloßen Idee einer Expedition zu reden konnte dazu führen, dass man auf den Titelseiten der Zeitungen landete. Vom Sofa aus verfolgte das Publikum das Geschehen, und bei ihrer Rückkehr – falls sie zurückkehrten – wurden die Abenteurer wie Halbgötter verehrt. Heutzutage werden sie kaum mehr interviewt, sondern müssen einen Blog über ihre Erlebnisse schreiben, der wiederum mit Hunderten ähnlicher Blogs konkurrieren soll.

Noch immer umweht den Begriff »Expedition« der Hauch des Großen und Wichtigen. Er weckt Assoziationen zu dem Wort »Auftrag«, dem englischen *mission*. Außerdem haftet ihm etwas Uneigennütziges an, eine Andeutung, die besagt, dass so etwas stellvertretend für andere durchgeführt wird, für eine gute Sache oder zum Wohl der Menschheit.

Darwin begab sich im Namen der Wissenschaft auf Expeditionen. Amundsen wollte Orte sehen, die niemand anderer zuvor gesehen hatte. Sie alle kamen mit mehr oder weniger nützlichen Erkenntnissen zurück. In heutiger Zeit sind dagegen alle Orte längst entdeckt. Unser Planet ist bis auf den letzten Quadratzentimeter genau erforscht, und nur wenige Expeditionen dienen einem anderen Zweck, als bei den Teilnehmern ein Gefühl der persönlichen Befriedigung zu erzeugen.

Expeditionen haben immer ein Ziel. Sie sind davon gekennzeichnet, ja geradezu dadurch definiert, dass sie von Menschen durchgeführt werden, die genau wissen, wohin sie wollen. Sie starten bei A und sollen sich nach B vorarbeiten. Zwischen A und B werden sie auf unzählige Hindernisse stoßen. Hunger und Kälte, gefährliche Tiere, unbeherrschbare Naturkräfte. Am liebsten transportieren sie ihren Proviant ohne die Hilfe anderer, auf einem Schlitten oder im Rucksack. Außerdem ist die Zeit ein wichtiger Faktor. Erreicht eine Expedition nicht das vorab festgelegte Ziel, gilt sie als gescheitert. Erreicht sie das Ziel, hat aber mehr Zeit benötigt als geplant, wird sie in gewisser Weise auch als gescheitert betrachtet.

Die australischen Ureinwohner, die Aborigines, verwenden einen Begriff, der die diametral entgegengesetzte Form einer Expedition beschreibt: den *Walkabout*. Wobei dieses Wort gar nicht von den Aborigines selbst stammt, sondern eine Übersetzung der Imperialisten ist. Es beschreibt, vereinfacht ausgedrückt, eine Wanderung in den Busch, die kein bestimmtes äußeres Ziel hat, sich über einen undefinierten Zeitraum erstreckt und eine vorher nicht festgelegte Route umfasst. Ins Deutsche ließe sich so etwas am besten mit »im Wald herumstreifen« übersetzen. Ein Walkabout ist die Antithese zur westlichen Expedition, weder zeitlich noch räumlich hat er eine Richtung. Und genau dieses Konzept spricht mich ungeheuer an.

Als ich klein war, wollte ich immer in die Natur hinaus. Soweit ich mich erinnere, war alles, was ich unternahm, von der Natur geprägt. Sie war immer vorhanden, sogar in den kleinsten Dingen. In den Mückenstichen, die mich in hellen Sommernächten nicht schlafen ließen. In dem intensiven Geruch nach Fäulnis und Verfall während der feuchten Herbsttage. In der stummen Verwunderung darüber, dass meine Zunge an eisigen Metallpfosten festklebte, und in dem

Schock, als ich begriff, dass ich sie nicht wieder losbekam. Ich war *in* der Natur, auf eine Weise, wie es vielleicht nur ein Kind sein kann.

Die Jahre vergingen. Ich träumte davon, ein berühmter Forschungsreisender zu werden, ein harter und wortkarger Typ, der Erste, der seinen Fuß auf einen weißen Fleck auf der Landkarte setzte. Ich trieb mich weiterhin in der Natur herum. Ich ging angeln. Ich schlief im Zelt. Ich unternahm Bootsausflüge und kletterte in den Bergen. Das alles machte ich und noch mehr, als ich älter wurde. Ich sah die Wüste und den Regenwald, Vulkane und Lagunen. Ich sah Felsmassive, die so mächtig waren, dass mir der Atem stockte. Dennoch hinterließen diese Naturerlebnisse nicht denselben Eindruck bei mir wie in meiner Kindheit. Sie blieben nicht auf dieselbe Weise in meiner Erinnerung haften. Wie ich herausfand, lag das daran, dass es einen Abstand zwischen mir und dieser Natur gab. Ich stand außerhalb von ihr und betrachtete sie, die eiskalten Berggipfel und die dampfenden Regenwälder. Ich war ein Gast. Wir waren nicht mehr so miteinander verbunden wie in meiner Kindheit.

Als ich klein war, bin ich nie weit gereist. Gleichwohl war jeder Tag eine neue Expedition. Ich befand mich ausschließlich in der Natur, die ich als meine eigene verstand: ein norwegischer Mischwald im Flachland, Fichtenwälder und Forstwege, winzige Vögel in den Laubbäumen, Kiefern auf den Höhenzügen, Sümpfe und Seen, die Schwarzdrossel im Frühjahr, die Mücken an milden Sommerabenden und die Forellen, die ständig an die Wasseroberfläche schnellten. Ich vermisste das Gefühl, *in* der Natur zu sein, weil ich sie einfach als so bedeutungsvoll erlebt hatte. Dass alle meine eindringlichsten Erinnerungen von der Natur handelten, begriff ich als wichtiges Zeichen.

Heute bin ich erwachsen. Längst habe ich mich an ein Leben gewöhnt, in dem ich viel seltener im Wald bin als in meiner Kindheit. Über lange Zeiträume habe ich nicht ein einziges Mal an den Wald gedacht, weil es immer etwas Wichtigeres gibt. Nicht nur den Job. Menschen und Dinge wollen irgendwohin gebracht oder von irgendwo abgeholt werden, es gibt Geburtstage und Konferenzen, Jubiläumsfeiern und Hilfsaktionen in der Nachbarschaft, Dinge sind instand zu halten und Pläne zu schmieden, Berichte abzugeben und Freunde einzuladen. Meist war ich als freiberuflicher Autor tätig. Die letzten sieben oder acht Jahre habe ich in meinem Büro zu Hause gearbeitet, oder ich war im Vaterschaftsurlaub. Im seligen Durcheinander von Arbeit und häuslichem Leben bin ich wie eine schwergewichtige Fruchtbarkeitsgöttin durch die Küche geschwankt, habe Telefonate geführt, Haferbrei gekocht und meine Kinder auf dem Arm herumgetragen.

Es war ein hervorragendes Leben. Ich habe mich darin wohlgefühlt, es passte zu mir. Aber mir fehlte auch etwas. Und der Wald war zu einem Ort geworden, der der Vergangenheit angehörte.

Unsere Welt besteht im Großen und Ganzen aus zwei verschiedenen Bestandteilen: dem von Menschen geschaffenen Teil und dem, der nicht unseres Ursprungs ist: Kultur und Natur. Auf der einen Seite das, was Technik, Industrie und andere intellektuelle Leistungen hervorgebracht haben. Und auf der anderen: das Organische, das aus sich selbst heraus entstanden ist, sich von allein weiterentwickelt und am Leben erhält, ohne Zutun des Menschen. Befindest du dich in dem einen Element, sehnst du dich nach dem anderen.

Die Vorstellung von der Natur als Quelle der Harmonie und Klarheit ist vermutlich so alt wie die Zivilisation selbst. In vielerlei Hinsicht ist sie banal. Sehnsucht nach der Stille des Waldes zu empfinden setzt voraus, dass wir eine Trennung zwischen der Natur und uns selbst erleben, dass die Natur etwas anderes ist als wir, dass wir heutzutage nicht mehr ein Teil von ihr sind. Sogenannten Naturvölkern wird diese Auffassung wohl eher fremd sein.

Das höchste Ziel der vom Menschen geschaffenen Kultur besteht darin, ihm eine physische und mentale Komfortzone bereitzustellen. Sie soll uns geregelten Zugang zu Nahrung und Wärme gewähren, uns aber auch Sicherheit, Unterhaltung und geistige Anregung bieten.

Kultur sieht so aus: eine Wohnung, ein Sportstudio, ein Kino, eine Bibliothek, eine Kaffeebar, ein Restaurant und eine Kneipe – damit wäre das meiste abgedeckt. Dennoch begeben wir uns oft in die Natur, wenn wir das Bedürfnis danach verspüren, uns abzukoppeln. Warum? Weil der Natur Eigenschaften nachgesagt werden, die im Gegensatz zu dem stehen, was Kultur produziert.

Verursacht Kultur Stress, bietet Natur Ruhe.

Ruft Kultur Engstirnigkeit hervor, verschafft Natur einen Überblick.

Macht Kultur die Menschen einsam, werden sie durch die Natur befreit.

Diese und viele andere Vorstellungen haben sich so in unserem Bewusstsein festgesetzt, dass sie zu einem Teil unseres kollektiven Naturverständnisses geworden sind. Wir leben in einer Zeit, in der ein Ausflug in den Wald als Heilmittel für mehr oder weniger jedes Leiden verabreicht wird. Wir glauben an den lindernden Einfluss der Natur; an ihre Fähigkeit zu heilen, uns auf null zurückzusetzen und uns dem Menschen näherzubringen, der wir ursprünglich waren oder zu sein bestimmt sind.

Ich bin keine Ausnahme. Mein ganzes Leben lang habe ich mich der romantischen Vorstellung von einem einsamen Leben im Wald hingegeben, obgleich nur sehr wenige der tatsächlich gemachten Erfahrungen versprachen, dass dieses Leben so frei und angenehm sein würde, wie ich es gern hätte. Ganz im Gegenteil, erstaunlich oft war es unangenehm, und nicht selten erschien es mir völlig sinnlos. Obwohl die Erfahrung etwas anderes lehrt, existieren diese romantischen Vorstellungen weiterhin. Bei mir und auch bei vielen anderen. Während die Kultur zum Gegenstand präziser Analysen und niemals endender kritischer Debatten gemacht wird, genießt die Natur geradezu einhellige Verehrung. Wir schreiben ihr viele Eigenschaften zu, die sie möglicherweise gar nicht hat. Warum tun wir das? Wozu soll das gut sein? Und was ist eigentlich die Natur der Natur?

Als mir diese Gedanken zum ersten Mal kamen, war es Sommer. Die ganze Familie verbrachte vier Wochen in unserer Ferienhütte, und mit jedem Tag fühlte ich mich besser. Es war ein einfaches und praktisches Dasein, ein Leben, in dem die Natur jederzeit bestimmte, was wir taten und was wir nicht taten. Wetterverhältnisse und Windrichtung. Temperatur. Fischvorkommen. Beeren und Pilze. Die Gemüsesorten, die wir pflanzten. Mücken am Abend, Wespen am Nachmittag. Als sich die Ferien dem Ende zuneigten, begann eine Idee Gestalt anzunehmen.

Was, wenn ich einfach in den Wald ginge?

Was, wenn ich mich für ein paar Tage aus meinem Arbeitszimmer abmeldete, das Telefon ausschaltete und auf alles andere pfiff? Und wie wäre es, wenn ich das im ganzen kommenden Jahr machte, sodass ich dem Lauf der Natur durch Winter, Frühling, Sommer und Herbst folgen könnte, bis es erneut Winter werden würde?

Warum nicht ernst machen und den Traum von einer Expedition Wirklichkeit werden lassen? Es müsste ja keine große Expedition sein. Könnte es nicht genauso gut eine kleine sein?

Es muss doch möglich sein, allem für eine Weile zu entfliehen. Diese Idee drängte sich geradezu auf, denn überall in meiner norwegischen Heimat gibt es Wälder. Und wenn man so eine Eingebung erst einmal hat, ist alles gar nicht mehr so schwierig. Genau dieser Gedanke erfasste mich. Nachdem er sich erst einmal bei mir eingenistet hatte, ließ er mich nicht mehr los. Er wuchs heran wie eine Nebelbank am Horizont, immer öfter beschäftigte ich mich damit. Bevor ich abends einschlief und sobald ich am Morgen erwachte.

Ein Jahr im Wald, dachte ich, jeweils einen Tag im Monat, zwölf Nächte in der Nordmarka. Ich flüsterte den Gedanken vor mich hin, als sei er so unglaublich oder riskant, dass es gefährlich war, ihn laut auszusprechen. Ich erzählte auch niemandem davon, weil ich Angst davor hatte, wie die Leute reagieren würden. Was willst du denn da machen?, würden sie vielleicht fragen. Warum? Was soll das Ganze?

❧

Nicht jeder kann die Pole besuchen oder den Gipfel des Mount Everest erklimmen. Ich stand in Lohn und Brot, hatte Kinder und eine Lebensgefährtin. Ich konnte nicht lange wegbleiben, und ich wollte auch nicht lange wegbleiben. Daher beschloss ich, mir meine eigene Expedition maßzuschneidern, eine Mikroexpedition, die zu meinen persönlichen Ambitionen und dem äußeren Rahmen, in dem sich mein Leben bewegte, passte. In jedem der kommenden zwölf Monate wollte ich mir einen Tag freinehmen. Ich würde bis zur Mittagspause arbeiten und dann in den Wald hinausziehen. Am Morgen des folgenden Tages wäre ich wieder zurück in meinem Arbeitszimmer.

Das war nicht viel, aber es war mehr als nichts. Ich hoffte, dass es mir die Möglichkeit verschaffen würde, die Natur einigermaßen ungestört und aus nächster Nähe zu beobachten. Dass ich Kälte und Wärme spüren, die unmerklichen Übergänge der Jahreszeiten und das Wechselspiel des Lichts sehen könnte. In den Übergängen erlebt man die Natur am deutlichsten, doch können diese einem leicht entgehen, da sie nur einen kurzen Augenblick währen. Eine milde Brise am Morgen, die den Frühling erahnen lässt. Ein Windstoß im trockenen Laub, der vom nahenden Herbst kündet. Wenn du mit dringenden Arbeiten beschäftigt bist oder gerade schwere Einkaufstüten aus dem Laden nach Hause trägst, wirst du diese Augenblicke mit Sicherheit verpassen. Sie erfordern Ruhe und Aufmerksamkeit, eine auf die Umgebung gerichtete Offenheit, die gestresste Menschen nicht haben. Jedenfalls ich nicht. Und ich bin oft gestresst.

Als die Sommerferien vorüber waren und wir uns wieder in der Stadt befanden, stellte ich die Idee meiner Familie vor. Dabei versuchte ich, deutlich und entschieden aufzutreten. Ich sagte, ich wolle im kommenden Jahr einen Tag und eine Nacht in jedem Monat allein im Wald verbringen, und dass dies etwas sei, womit sich alle arrangieren müssten. Ich erklärte, wie wichtig das für mich sei und wie das Ganze ablaufen solle. Zunächst reagierten sie verwundert und fragten, was ich denn da draußen machen wolle. Ich erwiderte, dass ich dort überhaupt nichts tun wolle außer herumstreifen, und ich sah ihnen an, dass sie diese Antwort ganz und gar nicht beruhigte.

Ich versicherte ihnen, dass wirklich nichts anderes dahinterstecke als mein Wunsch, öfter im Wald zu sein. »Es hat nichts mit euch zu tun«, sagte ich, und nach einer Weile schienen sie sich damit abzufinden.

Der Spätsommer ging in den Herbst über. Ich begann mit meiner Planung. Allzu viel gab es nicht zu tun. Weder musste ich mit Autoreifen im Schlepptau steile Berghänge erklimmen, noch musste ich mir meinen eigenen gefriergetrockneten Proviant herstellen. Ich musste lediglich meine Wanderausrüstung überprüfen und mir ein paar Dinge aufschreiben, die ich vermutlich brauchen würde. Am späten Abend studierte ich Landkarten, wog verschiedene Möglichkeiten ab, verwarf eine Idee und hatte sogleich eine andere. Mir war klar, dass ich nicht weit wegfahren konnte, denn dazu hatte ich keine Zeit. Zu Beginn empfand ich das als Nachteil, doch im Laufe der Wochen wurde mir klar, dass das überhaupt keine Rolle spielte. Weit weg oder in der Nähe, Wildnis oder Wandergebiet. Wenn du an einem späten Januarabend allein im Wald in einem Zelt sitzt, fühlst du dich wie der letzte Mensch auf Erden, egal ob die nächste Ansiedlung eine Dreiviertelstunde oder drei Tagesreisen entfernt ist.

Genau das, dachte ich schließlich, ist der Kern meiner Expedition. Das Jahr im Wald würde eine Expedition sein, bei der alles klein war. Die Erlebnisse, die Entfernungen und die Aufenthaltsdauer im Wald – nichts sollte so groß sein, dass ich oder jemand anderer, der sich gern im Wald aufhielt, das Gefühl bekam, es wäre nicht zu bewältigen.

Ich schrieb die Stichwörter »Mikroexpedition« und »letzter Mensch auf Erden« in mein Notizbuch und studierte wieder die Karte. Schließlich fiel meine Wahl auf einen kleinen Waldsee, eine Gehstunde vom Parkplatz entfernt. Ich war früher schon einmal da gewesen, hatte Ausschau gehalten, ob dort vielleicht die Fische an die Oberfläche kamen, nachdem ich in den bekannteren Seen der Gegend nichts gefangen hatte.

Dieser See ist ganz typisch für die Region und auch für die meisten anderen Mischwälder im norwegischen Flachland. Auf der einen Seite wird er von dunklem Fichtenwald gesäumt, auf der anderen

Seite ist die Vegetation lichter. Eine Mischung aus hohen, schmalen Kiefern und Birken. Offene Heidelandschaften und Moore. Hier und da eine glatt geschliffene Felskuppe. Der See ist von Moorlöchern und schwimmenden Torfinseln umgeben. Im Sommer und Herbst wächst dort Wollgras, mitunter findet man Moltebeeren. Etwas weiter abseits, da wo der Boden fester ist, gibt es auch Heidelbeeren. Forellen kommen ebenfalls vor, nicht viele und auch keine großen, aber es gibt sie. Und in den kleinen Buchten blühen die Seerosen.

Der Waldsee war perfekt für meine Mikroexpedition. Ich zeichnete ein Kreuzchen auf die Karte und beschloss, die meisten meiner zwölf Nächte genau dort zu verbringen.

Das Ziel eines Menschen, der sich auf eine Expedition begibt, ist wunderbar konkret. Es lässt sich geradezu mathematisch beschreiben. Man befindet sich an einem bestimmten Ort und soll zum nächsten vordringen. Die kürzeste Verbindung zwischen zwei Punkten ist eine Gerade; prinzipiell ist das alles, wonach man sich richten muss. Ich behaupte nicht, dass Expeditionen einfach sind, aber die damit verbundene Dramaturgie gleicht der eines Kinderbuchs.

So gesehen würde das Jahr im Wald wie eine Art Anti-Expedition wirken. Ich würde immer wieder dieselben, noch dazu leicht zugänglichen Orte besuchen, die schon viele andere vor mir gesehen hatten und für die sich eigentlich niemand so recht interessierte. Schritt der Expeditionsteilnehmer eine gerade Linie ab, so wollte ich im Kreis gehen. Auch verfolgte ich keine hehren Ziele, derer ich mich rühmen konnte. Ich würde das weder für die Menschheit noch für die Wissenschaft tun, ja nicht einmal für meine Liebsten. Ich würde das einzig und allein für mich selbst tun.

Dennoch war ich davon überzeugt, dass bei dieser Expedition etwas herauskommen würde, das auch für andere bedeutsam wäre.

Ich entschied mich für die Nordmarka, nördlich von Oslo, weil dieses Waldgebiet meinem Wohnort am nächsten liegt. Es ist zwar nicht der Wald meiner Kindheit, sieht ihm aber zum Verwechseln ähnlich. Für mich war es gar nicht wichtig, neue Orte zu entdecken. Im Gegenteil. Ich wollte immer wieder denselben Ort aufsuchen, weil ich wusste, dass er jedes Mal anders auf mich wirken würde, sofern ich mir die Mühe machte, genau hinzusehen.

Der Wald liegt nur eine kurze Fahrstrecke von meinem Zuhause entfernt, wie das auch für viele andere Menschen in diesem Land der Fall ist. Ein Privileg, über das wir hier nur selten nachdenken, denn überall gibt es Wälder, große und kleine, dichte und offene, unberührte und kultivierte; man muss einfach nur hineingehen.

Ich betrachtete diese zwölf Tage als eine Art persönliches Naturreservat, ein geschütztes Gebiet in meinem Leben, das zwar nicht hinsichtlich seiner Ausdehnung, aber in Bezug auf die Zeit festgelegt war. Ein temporäres Reservat. Ich ging davon aus, dass die Grenzen dieses Reservats permanent von kulturellen Einflüssen bedroht werden würden, war aber fest entschlossen, diese Grenzen zu verteidigen.

Das war mein Plan.

An einem Donnerstag im Januar, zur Mittagszeit, schaltete ich den Computer aus, packte meinen Rucksack und begab mich auf die erste Etappe meiner Expedition.

WINTER

Januar

Das Geräusch der Stille

Tiefes Schweigen lag über dem Lande, das eine Wildnis war, ohne Leben, ohne Bewegung, so einsam, so kalt, dass die Stimmung darin nicht einmal traurig zu sein schien (...) Die unerbittliche, unerforschliche Weisheit des Ewigen lachte da über die Nutzlosigkeit des Lebens und seiner Anstrengungen. Es war die echte Wildnis, die ungezähmte, kaltherzige Wildnis des Nordens.

Jack London, *Wolfsblut*

Zweite Januarhälfte. Ein Donnerstag, kurz nach zwölf. Eigentlich ein gewöhnlicher Arbeitstag, allerdings nicht für mich. Ich lief über einen von schneebedeckten Fichten gesäumten Forstweg. Die Schneewälle am Rand waren meterhoch. Der Schnee leuchtete weiß. Ich begegnete niemandem.

Der Weg führte die ganze Zeit bergauf – so ist die Nordmarka. Willst du in diesen Wald hinein, musst du in den meisten Fällen darauf gefasst sein, die Wanderung mit einem Aufstieg zu beginnen. Und den bewältigt man am besten, indem man ihn als Investition in den Rückweg betrachtet.

Ich hatte einen großen Rucksack auf dem Rücken, einen der vielen Ausrüstungsgegenstände, die ich im Laufe des Herbstes angeschafft hatte. Er enthielt allerlei Dinge, die ich vermutlich innerhalb der nächsten vierundzwanzig Stunden brauchen würde. Einige davon mehr, andere weniger. Natürlich Schlafsack, Liegematte und Zelt, aber auch ein großes Messer, viel Proviant, verschiedenste Kleidungsstücke, Stirnlampe und Gaskocher, ein Buch, ein Handtuch, Kamera und Kamerastativ, Fausthandschuhe und Zahnbürste, Sitzunterlage und Kaffeetopf.

Der Rucksack war furchtbar schwer und knirschte bei jedem Schritt. An den Füßen trug ich Winterstiefel, die laut Verkäufer sogar beim berühmten Hunderennen »Iditarod« in Alaska benutzt würden. Auch die Stiefel knirschten. *Knarz-knarz*, ertönte es jedes Mal, wenn sie auf den trockenen Schnee trafen.

Ich hatte mir viel erwartet von den Gedanken, die ich auf diesen Wanderungen vermutlich denken würde. Ich war überzeugt gewesen, dass es große Gedanken sein würden, größer als die, die mir in meinem Arbeitszimmer kamen. Stattdessen lief ich nun geradeaus und lauschte den Geräuschen von Rucksack und Stiefeln, nicht ein einziger Gedanke wollte sich einstellen. Ich hörte meinen Atem und meinen Puls, es entstand eine Art Takt, der mich an die Rhythmen von Straßenmusikern erinnerte, die manchmal in den Großstädten auftauchen; Musiker, die vierzehn Instrumente gleichzeitig spielen, von denen zehn oder zwölf selbst gebaut sind.

Ich war ein Orchester im Wald.

Der Forstweg beschrieb eine scharfe Linkskurve und flachte dann ab. Ich blieb stehen, beugte mich weit nach hinten und ließ den Rucksack in den Schnee plumpsen. Nachdem ich meine Wasserflasche hervorgekramt hatte, setzte ich mich auf den Rucksack. Das Knirschen verstummte. Es wurde ganz still.

Während ich trank, beschlich mich zum ersten Mal ein Gedanke, der auf allen meinen Wanderungen im Laufe dieses Jahres regelmäßig wiederkehren sollte: Die Vorstellung von der Natur als Arena der großen Erkenntnisse ist eine romantische Erfindung. Vielleicht wird der Kopf gar nicht von großen Gedanken erfüllt, wenn man allein im Wald herumstreift? Ist womöglich das Gegenteil der Fall? Wird er geleert, und empfinden wir genau das als so befreiend? Und wenn dann doch einmal Gedanken entstehen, sind sie stets von einfachster Art: warm, kalt. Leicht, schwer. Fröhlich, traurig. Hungrig, satt. Müde, wach.

Ich blieb auf meinem Rucksack sitzen. In den letzten Monaten hatte ich viel Zeit damit verbracht, an genau diesen Augenblick und den sich anschließenden Tag zu denken. Ich hatte versucht, mir

vorzustellen, was geschehen würde. Kälte und Dunkelheit. Einsamkeit im Wald. Ich bin viel im Wald gewesen, auch allein. Aber nicht auf diese Weise, nicht über Nacht, nicht im Januar. Dennoch fühlte ich mich gut vorbereitet. Dass ich die mehrstimmige Geräuschkulisse von Rucksack und Stiefeln nicht vorhergesehen hatte, machte ich mir nicht zum Vorwurf. Es gibt Grenzen der Selbstdisziplin, sogar für jemanden, der sich auf einer Expedition befindet.

Ich legte die Wasserflasche in den Rucksack zurück und hievte ihn mir mit einiger Mühe wieder auf den Rücken. Meine Pause hatte vielleicht zehn Minuten gedauert. Als ich mich hingesetzt hatte, war ich schweißnass gewesen. Jetzt war mir eiskalt. Ich ging weiter, und sofort war das Knirschen wieder da. Das Orchester zog weiter, die Tournee wurde fortgesetzt.

Nach einer Weile wurde mir wärmer, und ich verfiel in ein angenehmes, schwungvolles Tempo. Ich fühlte mich stark, aber auch ein wenig verrückt und dumm, da ich im Januar allein im Wald schlafen würde, obwohl ich es doch gar nicht musste. Eine einzige Nacht ist zudem nicht besonders beeindruckend. Manche Menschen verbringen Monate oder Jahre allein in der Natur, ohne dass sie eine Veranlassung dazu sehen, allen anderen davon zu erzählen. Gleichwohl war ich ganz zufrieden mit mir, als ich über den schmalen Forstweg lief. Ich schob die Daumen unter die Schultergurte des Rucksacks, hob den Kopf und blickte umher. Der Himmel war teilweise bewölkt, es war windstill, sieben oder acht Grad minus. Zwischen den Bäumen leuchtete der Schnee. Mir gefiel der Gedanke, während meiner Arbeitszeit hier zu sein. Ich lachte über die, die jetzt in engen, kratzenden Anzughosen im Büro saßen. Ich lachte über den, der ich gestern war und morgen wieder sein würde.

Nach einer halben Stunde flachte das Terrain weiter ab, der dichte Fichtenwald öffnete sich. Im Norden ragten bewaldete Hügel in den lichten Himmel. Westlich des Forstwegs lag ein eisbedeckter See. Ich lief bis zur Nordseite des Gewässers. Dort hielt ich inne, um meine Mittagsmahlzeit einzunehmen. Ich holte vier Scheiben Knäckebrot und eine Tube Schmierkäse aus dem Rucksack. Schamlos gab ich eine dicke Lage Käse auf jede der Scheiben.

Gleich unterhalb der Stelle, wo ich saß, mündete ein kleiner Fluss in den See. Die Mündung war immer noch eisfrei, also ging ich hinunter und füllte meine Wasserflaschen auf. Wäre es Sommer gewesen, hätte ich Forellen an der Oberfläche schwimmen gesehen. Aber es war nicht Sommer, es war mitten im Winter und eiskalt. Ich begegnete keiner Menschenseele, im Schnee gab es keine Spuren. Es war kurz nach eins. In zwei Stunden würde die Dämmerung einsetzen.

Ich machte mir ein wenig Sorgen darum, mein Lager nicht rechtzeitig vor Einbruch der Dunkelheit aufbauen zu können, daher aß ich schnell zu Ende und zog weiter. Die ganze Zeit ging es bergauf, immer wieder neue Hügel. Ich hätte den Forstweg gern verlassen, aber unter den Bäumen lag der Schnee so hoch, dass ich ohne Schneeschuhe oder Skier nicht vorwärtskommen konnte.

Um halb drei erreichte ich meinen Lagerplatz. Er lag an dem kleinen Waldsee, der im Laufe des Jahres meine Basis sein sollte. Ich hatte mir den See nicht nach einem bestimmten Prinzip ausgesucht, es war einfach ein schöner Ort, der selten von Menschen aufgesucht wurde. Und er lag nur so weit entfernt, dass ich am nächsten Tag rechtzeitig in meinem Arbeitszimmer sein konnte, ohne dafür nachts um drei aufstehen zu müssen.

Ich war schweißgebadet und tauschte den feuchten Wollpullover gegen einen trockenen aus dem Rucksack. In diesem Moment konnte ich mir nicht vorstellen, dass ich in der Nacht frieren würde, aber wenn ich satt bin, kann ich mir ebenso wenig vorstellen, jemals wieder Hunger zu verspüren. So funktioniert das Gehirn. Manche Dinge lernt man schnell, andere lernt man nie.

Ich setzte den Rucksack im Schnee ab und begann meine Sachen auszupacken. Zelt, Schlafsack, Liegematte. Gaskocher und Stirnlampe. Extra Unterwäsche, extra Socken, Allwetterjacke und -hose. Knäckebrot und Käse aus der Tube. Kartoffelpüree und Speck fürs Abendessen. Eine Tüte Nüsse. Eine Milchschokolade. Kaffee. Etwas Whisky zum Einschlafen, falls die Sinne nicht zur Ruhe kommen würden. Ich hatte ein solides Zelt und eine nagelneue Liegematte. Was den Schlafsack anbetraf, war ich mir nicht so sicher. Er war alt und häufig benutzt worden. Nach einem Jahr in aufgerolltem Zustand auf dem Dachboden war das Füllmaterial platt gedrückt. Auf dem Etikett stand, der Schlafsack sei bis minus zehn Grad geeignet, aber ich wusste, dass die Hersteller hier einen gewissen Spielraum einkalkulierten. Außerdem herrschten jetzt schon minus zehn Grad, und alles deutete darauf hin, dass es noch kälter werden würde.

Sobald die Wärme, die sich beim Laufen in meinem Körper ausgebreitet hatte, nachließ, spürte ich die Kälte. Ich sammelte Fichtenzweige, um sie unter dem Zelt auf den Schnee zu legen. Die zu Eis gefrorenen Zweige brachen wie alte Knochen, ich brauchte kein Messer. Das Zelt ließ sich ohne größere Probleme aufbauen. Ich konnte seine Halteleinen nicht verankern, aber es gehörte zu den Modellen, die selbstständig stehen. Ich trat ein wenig Schnee los, verteilte ihn über die Ränder und hoffte darauf, dass es halten würde. Es sah jedenfalls professionell aus.

In seinem Buch *101 Villmarkstips* (101 Tipps für die Wildnis) schreibt der Abenteurer Lars Monsen, man müsse als Erstes ein Feuer entzünden, sobald man einen neuen Lagerplatz erreicht. Ich fand das einleuchtend. Wenn hier an diesem Januarnachmittag etwas Gemütlichkeit entstehen sollte, müsste sie von einem Lagerfeuer ausgehen. Ich hatte in meinem Rucksack ein paar Späne mitgenommen, aber keine ordentlichen Holzscheite. Noch dazu hatte ich nicht daran gedacht, dass all das alte, heruntergefallene Holz jetzt unter einer meterdicken Schneeschicht begraben lag. Ganz dicht am Stamm der Fichten gibt es zwar immer ein paar trockene Zweige, aber die sind dünn und verbrennen schnell. Außerdem hatte die vorangegangene Wetterperiode mit ihren milden Temperaturen dazu geführt, dass die Zweige von einer Eisschicht umgeben waren. Sie waren feucht geworden und wieder gefroren. Ich wärmte ein paar der dünnsten Zweige in den Händen und legte sie beiseite. Dann wärmte ich ein paar dickere und legte sie ebenfalls beiseite. Ich verteilte einige Fichtenzweige auf dem Boden. Darauf formte ich eine kleine Pyramide aus den mitgebrachten Spänen und zündete sie an. Wie erhofft, brannten sie, doch als ich die Zweige aus dem Wald in die Flammen legte, begann es zu zischen und zu fauchen, weil das restliche Eis in ihnen schmolz.

Im Kindergarten hatten wir jedes Jahr eine runde Pappscheibe ausschneiden und in vier gleich große Abschnitte unterteilen müssen, einen für jede Jahreszeit. In der Mitte wurde ein Pfeil befestigt, und viermal im Jahr sagte uns die Kindergärtnerin, dass wir den Pfeil auf die nächste Jahreszeit drehen durften. Die Tatsache, dass ich mich heute noch daran erinnere, sagt wohl so einiges über das Unterhaltungsangebot in den Siebzigerjahren aus. Auf meiner Scheibe lag der Januar immer ein bisschen links von der obersten Stelle, ungefähr zwischen elf und zwölf Uhr auf einem Zifferblatt. Der erste Monat des Jahres ist nach dem römischen Gott Janus benannt, eine Ableitung vom lateinischen Wort *ianua*, was Tür oder Öffnung bedeutet, der Beginn von etwas Neuem.

Wo ich jetzt saß, erinnerte allerdings wenig an einen Neubeginn. Es gab keinerlei Bewegung, kein Lebenszeichen. Die Luft roch nach nichts, denn alles, was in der Natur einen Geruch ausströmt, Blätter und Borken und Erde und Gras, lag unter dem Schnee. Gefroren, eingeschneit, erstarrt.

Um halb vier setzte die Dämmerung ein. Im Wald war es ganz still. Lediglich ein schwaches, monotones Rauschen war zu hören. Vielleicht das Geräusch der Stille, das Rauschen des Universums, der Grundton der Erde? Vielleicht ist es immer da, dieses Geräusch. Doch nur selten ist es um mich herum so still, dass ich die Gelegenheit habe, genau hinzuhören.

Es wurde schnell dunkler. Mir kam es so vor, als ob das Licht aus der Landschaft herausgesogen würde, als ob es im Boden versickerte. Es verschwand einfach, und das erstaunlich schnell. Für ein paar Minuten färbte der Himmel sich rosa, violett und lila. Dann gab es nur noch Grautöne, irgendwo zwischen Schwarz und Weiß. Fast gleichzeitig spürte ich, wie die Temperatur rapide sank. Es geschah von einer Sekunde auf die andere. Ich fühlte es im Gesicht, nicht von ungefähr redet man von beißender Kälte. Das Eis auf dem See begann zu knacken. Ich kann mich aus meiner Kindheit an das Geräusch erinnern, wenn ich mit meinem Großvater zum Angeln fuhr. Es ist das Geräusch von sich bildendem Eis. Ein tiefes Dröhnen schoss über die weiße Fläche. Es hörte sich an wie Artilleriefeuer in der Ferne.

Um fünf Uhr war es stockdunkel. Es war zu kalt zum Herumsitzen, also stellte ich mich ganz dicht ans Feuer und wusste nichts Rechtes mit mir anzufangen. Zu Hause hatte ich gedacht, dass ich während meines Waldabenteuers vielleicht ein paar Knerten-Figuren für die Kinder schnitzen könnte, aber diese Idee war in der angenehmen Wärme meines Wohnzimmers geboren worden. Als ich vor dem qualmenden Feuer stand, gab es nicht eine Faser in meinem Körper, die etwas schnitzen wollte. Zum Teufel mit dem hölzernen Knerten und seiner ganzen Sippschaft! Außerdem hatte ich meine Winterhose vergessen. Ich trug nur eine ganz gewöhnliche Wanderhose, und die war, wie ich jetzt feststellen musste, völlig ungeeignet.

Dunkle Wolken trieben am Himmel. Wind kam auf. Ich musste einsehen, dass die Wahl meines Lagerplatzes wohl nicht die klügste gewesen war. Der Wind blies aus Norden, was bedeutete, dass er auf dem Weg über den offenen See an Stärke zunahm, bevor er auf mich traf. Er fegte über den Lagerplatz und fühlte sich lähmend kalt an. Doch jetzt im Dunkeln umzuziehen kam nicht infrage. Ich musste ausharren und es mir eine Lehre sein lassen.

Ich malte mir aus, was ich wohl tun würde, wenn das vor 500 Jahren passiert wäre und ich nicht in Kürze zu Fußbodenheizung und Wärmedämmung zurückkehren könnte. Ich müsste riesige Mengen Holz sammeln, so viel wie möglich, und ich müsste Nahrung finden. Das Erste erschien mir einfach, aber beides gleichzeitig, und das möglichst schnell? Wenn es mir nicht gelänge, wäre ich tot, bevor die Morgensonne über den Fichten stand. Ein Skiläufer würde mich finden, vielleicht in den Winterferien, steif gefroren, wie ein Mammut aus der Eiszeit. Die Menschen, die hier vor 500 Jahren lebten, hatten keine Kleidung aus Merinowolle, darüber eine Prima-loft-Jacke und als letzte Schicht eine atmungsaktive Allwetterjacke. Diese Vorstellung kann beängstigend sein.

Um neun Uhr lag ich im Schlafsack. Ich hatte bereits zwei Stunden dagelegen, ein wenig gelesen und anderweitig versucht, mir die Zeit zu vertreiben. Da ich das Feuer nicht richtig in Gang bekam, war es viel zu kalt, um sich draußen aufzuhalten. Also blieb ich im Schlafsack liegen und wartete darauf, dass es bald spät genug sein würde, um endlich schlafen zu gehen. Trude, meine Freundin, schickte mir eine SMS und machte mich darauf aufmerksam, dass neulich in diesem Teil der Nordmarka Wölfe gesehen worden seien. *AOUUU!*, schrieb sie, und als PS: *Es ist keine Schande, wenn du umkehrst.*

Aber für mich war Umkehren eine Schande, und ich verbot mir solche Gedanken. Allerdings gingen mir die Wölfe jetzt nicht mehr aus dem Kopf. Außerdem dachte ich, dass die Natur ein wirklich unbarmherziger Aufenthaltsort war. Nicht unbedingt, wenn die Insekten wie Goldstaub in der Abendsonne über den See tanzten. Und auch nicht, wenn die Schwarzdrossel an einem klaren frischen Aprilmorgen ihr Lied anstimmte. Aber im Januar ist die Natur gnadenlos, und vielleicht sind es diese Gegensätze, die sie am besten charakterisieren. Die Unterschiede zwischen Tag und Nacht, Kälte und Wärme, Winter und Sommer sind so groß, dass sie für einen Menschen aus der Zivilisation kaum zu ertragen sind.

Ich versuchte es zu genießen, dass ich mich allein in einem Zelt im kalten dunklen Wald aufhielt. Wenn es bereits sechs Stunden vor

der üblichen Schlafenszeit stockdunkel ist, lässt sich auf einer Zelt-tour im Januar nicht allzu viel anstellen. Bevor ich einschlief, war mein letzter Gedanke, dass die Menschen vor Thomas Edisons Er-findung der Glühlampe wohl auch zeitig zu Bett gegangen waren.

Im Laufe der Nacht wachte ich ständig auf, weil ich schrecklich fror. Wie befürchtet, war der Schlafsack nicht warm genug. Die Kälte hielt mich die ganze Zeit mehr oder weniger wach. Um drei Uhr wurde ich von einem Schrei geweckt. Er war das einzige Geräusch, das ich in diesen vierundzwanzig Stunden hörte, abgesehen vom Glucksen der Flussmündung, dem Knirschen von Rucksack und Stiefeln sowie dem rauschenden Grundton der Erde. Der Schrei kam aus dem Wald auf der anderen Seeseite. Hell und durchdrin-gend durchschnitt der herzzerreißende Laut die Stille des Waldes. Der Ton wurde von einem Geräusch begleitet, das wie ein Flügel-schlagen klang. Vielleicht ein Vogel, der von einem Fuchs erlegt wurde? Ich hatte nicht die Absicht, loszugehen und es herauszu-finden, aber ich war mir sicher, dass niemand ohne guten Grund nachts um drei in einer Januarnacht im Wald einen Schrei ausstößt.

Um fünf Uhr wurde ich erneut geweckt. Bis zur Morgendäm-merung waren es noch ein paar Stunden, aber ich fühlte mich wach und ausgeruht, überwand das Bedürfnis, einfach im Schlaf-sack liegen zu bleiben, und trat hinaus in den eiskalten Morgen. Im Schein meiner Stirnlampe kochte ich auf dem Gaskocher Kaffee. Dann packte ich den Rucksack. Ich stopfte alles wahllos hinein, machte mir keine Mühe, es ordentlich zusammenzulegen, und trat den Heimweg an.

Im Laufe der kommenden zwölf Monate sollte sich immer wie-der bestätigen, was ich jetzt so klar und deutlich verspürte: Ist man allein im Wald, gibt es einen großen Unterschied zwischen den Gefühlen am Morgen und denen am Abend. Abends verspürt man unweigerlich eine starke Melancholie. Jedenfalls geht es mir so. Alles wirkt traurig und ein wenig sinnlos, aber wenn man am Morgen erwacht, ist der Kopf so leicht, dass nichts unmöglich scheint. Da sind sie wieder, die Kontraste. So stark und deutlich, dass sie manchmal kaum auszuhalten sind.

Es war jetzt sternenklar, die dunklen Wolken hatten sich verzogen. Kein Mond, aber dennoch hell genug, dass ich meine Lampe ausschalten konnte. Es tat gut, sich zu bewegen. Die Wärme durchströmte meinen Körper, die Muskeln wurden geschmeidiger. Ich fühlte mich ganz leicht und war guter Laune. Das einzige Geräusch, das die Stille durchbrach, war das Knirschen des Rucksacks und der Stiefel im trockenen Schnee. Wenn ich jetzt mein Lauftempo etwas erhöhte, würde ich rechtzeitig nach Hause kommen, um den Kindern Butterbrote für die Schule vorbereiten zu können.

Februar

Das Licht kehrt zurück

Jedes Jahr in der dritten Februarwoche gibt es einen Tag oder, üblicher-
weise, eine Reihe von Tagen, da man mit Sicherheit sagen kann, dass das
Licht zurückkehrt.

Kathleen Jamie, *Sightlines*

In meinem Traum vom Wald ist das Leben frei und sorglos. Von
Sonnenaufgang bis Sonnenuntergang wandere ich allein umher.
Ich pfeife unzusammenhängende Melodien vor mich hin und habe
stets einen Halm zwischen den Lippen. Ich stille meinen Durst an
glucksenden Bächlein und ruhe mich auf sonnengewärmten Felskuppen aus oder suche bei Regen Schutz unter mächtigen Baumkronen.

Dann gehe ich weiter.

Wenn der Abend herabsinkt – genau das macht er in meinem
Traum, er *sinkt* herab –, finde ich den perfekten Lagerplatz. Ein
Grashügel, der sanft zu einem kleinen Weiher hin abfällt. Um mich
herum wachsen Kiefern, die eine oder andere Birke, vereinzelte
Fichten. Unten am Ufer findet sich eine geeignete Feuerstelle, und
tatsächlich fließt auch ein Bach in der Nähe, mit klarem kaltem
Quellwasser. Es ist ganz still, kein Lüftchen weht, nicht eine einzige
Wolke ist am Himmel zu sehen. Die Mücken kommen in meinem
Traum nicht vor. Ich stelle das Zelt auf und zünde ein Feuer an. Es
geht mir wie den Menschen in Einar Skjæraasens Volksweisen, wie

Peter Christen Asbjørnsen, als er »En natt i Nordmarken« (Eine Nacht in der Nordmarka) verfasste, oder so, wie es die Abenteurer und Entdecker Lars Monsen und Helge Ingstad beschrieben, nachdem sie unzählige Abende am Lagerfeuer verbracht hatten. Aus ihren Büchern habe ich einzig ein Idyll in Erinnerung, auch wenn darin dreißig Grad minus herrschen. Diese Autoren können sogar Erfrierungen und Proviantmangel als geradezu verlockend erscheinen lassen, und genauso ist es auch in meinem Traum. Auch wenn es unangenehm ist, erscheint es im Traum als angenehm, ungefähr so, wie es manchmal in Filmen dargestellt wird.

In der Realität ist das Gegenteil der Fall. Streift man allein im Wald herum, stellt sich häufiger Verdruss ein als Wohlbehagen. Etwas anderes zu behaupten wäre schlichtweg gelogen. Ich hatte das im Januar am eigenen Leib erfahren und gab mich nun nicht der Illusion hin, dass es im Februar anders sein würde. Und dennoch. Sitzt man irgendwo im Warmen und Trockenen, mit gut gefülltem Bauch, kann man sich dieses Unbehagen kaum vorstellen, auch wenn man es viele Male zuvor erlebt hat. Warum das so ist, weiß ich nicht, aber es muss etwas damit zu tun haben, dass körperliche Befindlichkeiten auch die Funktionsweise des Gehirns prägen. Sendet der Körper die Meldung aus, dass alles gut ist, so denkt das Gehirn: In Ordnung, wenn der Körper das meint, hat es keinen Sinn, Kraft darauf zu verwenden, sich das Gegenteil vorzustellen.

Als ich von meiner ersten Übernachtung nach Hause zurückkam, war ich froh, überhaupt noch am Leben zu sein. Ich platzte fast vor Stolz, als ich den Wagen vor unserer Wohnung abstellte. Ich war total erschöpft, spürte aber gleichwohl eine körperliche Leichtigkeit, die an Euphorie erinnerte. Es war ein Freitagmorgen in der zweiten Januarhälfte. Ein ganz gewöhnlicher Werktag. Als ich im Dunkeln mit dem knirschenden Rucksack auf dem Rücken und den Iditarod-Stiefeln an den Füßen die letzten Hügel zu meinem Wagen hinabgestiegen war, hätte mir wohl bewusst sein müssen, dass in diesem Augenblick kein anderer Mensch auf meiner Wellenlänge funkte und dass mein gerade überstandenes Abenteuer vermutlich eine ganz persönliche Erfahrung bleiben musste.

Es war kurz nach sieben, als ich zu Hause in den Flur stapfte. Ich wusste, dass Trude und die Kinder schon wach sein würden und sich auf einen neuen Tag bei der Arbeit, in der Schule und im Kindergarten vorbereiteten. Ich war glücklich, in meiner Vorstellung hatte ich eine große Leistung vollbracht. Immerhin war nicht klar gewesen, wie mein Abenteuer ausgehen würde. Es hätte durchaus da draußen im Wald etwas geschehen können, ich konnte mich also glücklich schätzen, dass ich heil zurückgekehrt war.

Trude und die Kinder reagierten nicht, wie ich es erwartet hatte. Sie freuten sich, mich zu sehen, so, wie sie es für gewöhnlich tun, nachdem ich den Müll weggebracht habe oder vom Einkaufen zurückkomme. Letztlich waren seit meinem Aufbruch von zu Hause nur vierundzwanzig Stunden vergangen; es kam nicht das erste Mal vor, dass ich so lange weggeblieben war. Ich wollte den Kindern gleich erzählen, wie kalt es gewesen war und dass ich mitten in der Nacht ein schauriges Geräusch vernommen hatte. Sie hörten mit mäßigem Interesse zu. Dann setzten sie sich vor den Fernseher. Trude sagte, dass wir uns am Abend weiter darüber unterhalten würden. Sie müsse jetzt los. Sie entschuldigte sich, ließ mich aber gleichzeitig wissen, dass der Wald sie ohnehin nicht so sonderlich interessiere.

Im Haus wurde es still. Der Himmel über den Dächern im Osten färbte sich rosa. Ich schaltete das Radio ein und trank Kaffee, während ich meinen Rucksack auspackte. Einen Rucksack auszupacken ist übrigens eine häufig unterschätzte Tätigkeit. Es erfordert mehr Zeit als das Einpacken, bevor man auf eine Wanderung geht. Außerdem macht es weniger Spaß, da man kein verlockendes Ziel vor Augen hat, sondern nur einer lästigen Pflicht nachkommt. Man weiß, dass es gemacht werden muss, die Ausrüstung muss vor dem Wegpacken trocknen, sonst bekommt sie schnell diesen typischen Modergeruch, den so viele Wanderausrüstungen annehmen können. Noch dazu ist diese ganze Ausrüstung ziemlich teuer, insofern wäre es idiotisch, sie nicht pfleglich zu behandeln.

Im Wald hatte ich alles im Schein meiner Stirnlampe in den Rucksack gestopft, jetzt nahm ich die Sachen wieder heraus. Sie waren von der Nacht noch immer eiskalt und feucht. Ich hängte das Zelt und den Rucksack zum Trocknen auf ein paar Stühle mitten ins Wohnzimmer. Zu meiner Überraschung hatte ich den halben Wald mitgenommen, überall auf dem Fußboden lagen Tannennadeln, Zweige und kleine schmutzige Eisklumpen. Das ganze Zimmer roch intensiv nach Lagerfeuer. Alle, die schon einmal im Wald übernachtet haben, wissen, dass der Brandgeruch am nächsten Tag ganz anders ist, wenn er nicht mehr frisch ist: Er riecht nun muffig-abgestanden, fast beißend scharf. So oder so gehört er nicht ins Wohnzimmer.

Ich öffnete die Fenster, dann fegte ich die Reste zusammen und warf sie in den Garten. Danach setzte ich mich für zwei Stunden in mein Arbeitszimmer, wurde aber plötzlich so müde, dass ich auf dem Sofa einschlief. Als ich wieder wach wurde, blieb ich liegen und überlegte, ob dieses Projekt überhaupt etwas für mich war. Da draußen im Wald hatte ich mich ziemlich unwohl gefühlt, und gegen die Kälte schien sich nichts ausrichten zu lassen. Sollte ich mich anders besinnen, solange noch Zeit dafür war? Nur wenige wussten von dieser Mikroexpedition, nur meine Familie und ein paar Kumpel. Die kleine Demütigung, die mit Umkehr und Aufgabe verbunden wäre, würde ich schon überleben. Ich hatte in meinem Leben schon mehrmals aufgegeben, und ich wusste, dass die ganze Idee schnell vergessen sein würde.

Doch dann, zwei Tage später, begann ich wieder vom Wald zu träumen. Genauso schwärmerisch und wirklichkeitsfern wie zuvor, als hätte ich keinerlei Erinnerung an meine Erlebnisse dort draußen.

❦

Der Februar kam. Im Laufe der nächsten Tage fiel die Temperatur dramatisch. Laut Wetterdienst betrug die Temperatur an meinem Lagerplatz minus 22 Grad. Die Wettervorhersagen versprachen anhaltenden Hochdruck. Jetzt war es so kalt, dass ich unbedingt meine Ausrüstung auf Vordermann bringen musste. Bei diesen Temperaturen konnte ich mit meinem Schlafsack nicht im Freien übernachten. Es wäre geradezu lebensgefährlich.

Ich beschloss, mir einen neuen Schlafsack zu kaufen. Und eine Winterhose, falls es für erwachsene Männer, die nicht in erster Linie Snowboard fahren wollten, so etwas überhaupt gab. Es gab sie, allerdings musste ich mit einem Onlineshop für Militärausrüstung vorliebnehmen. Die Hose war schwarz und mit Kunststoff gefüttert. Laut Produktbeschreibung würde sie die Wärme auch halten, wenn sie völlig durchnässt wäre. Als ich das las, dachte ich mir sofort: Sehr gut, denn natürlich ist es gar nicht so abwegig, dass ich völlig durchnässt werde, selbstverständlich brauche ich so eine Hose. So funktioniert das Gehirn.

Die Wahl des Schlafsacks gestaltete sich schwieriger. Es gab ein riesiges Angebot, und es galt verschiedenste Kriterien zu beachten. Ich brauchte mehrere Wochen, bis ich eine Entscheidung traf. Preise und Hersteller und Gewicht wurden verglichen. Der Begriff *Komforttemperatur* tauchte immer wieder auf, ohne dass mir jemand erklären konnte, was das zu bedeuten hatte. Ich vermutete, damit sei die unterste Temperaturgrenze gemeint, kurz bevor es unangenehm wird, also bevor der Benutzer des Schlafsacks zu frieren anfängt. Oder war das der Zeitpunkt, an dem der Benutzer des Schlafsacks seinen letzten Atemzug tun und sterben würde? Da, wie gesagt, an meinem Lagerplatz 22 Grad minus herrschten, entschied ich, dass 22 die magische Zahl war. Ich suchte weiter und stieß auf folgende Ratschläge: Kauf einen Daunenschlafsack. Der ist zwar

teuer, aber wenn du einen günstigeren Winterschlafsack mit Kunstfaserfüllung kaufst, ist der so groß, dass nichts anderes mehr in deinen Rucksack passt.

Schließlich erstand ich einen orangefarbenen Daunenschlafsack von einem der bekanntesten Hersteller. Angeblich sollte er eine Komforttemperatur bis 22 Grad minus bieten und genauso viel kosten wie ein Moped in meiner Jugendzeit.

Bei meiner ersten Übernachtung im Januar war Neumond gewesen, den ich allerdings gerade schon hatte ausmachen können. Vier Tage später war der Mond größer gewesen. Ungefähr zur Zeit der Abendnachrichten hatte ich ihn über den Hausdächern im Westen sehen können. Weiß und leuchtend hing er dort am Himmel, die untere rechte Hälfte wurde von der Sonne angestrahlt, der Rest lag im Dunkeln.

Die Tage vergingen. Es ging auf Mitte Februar zu. Es wurde immer kälter. Der Mond wurde immer größer. Das Licht veränderte sich geradezu dramatisch, am deutlichsten wurde es in den Nachmittagsstunden. In der Dämmerung war der Himmel im Westen hellblau, wurde dann immer dunkler, bis er sich im Osten dunkelblau und schließlich schwarz färbte.

Es schien, als zöge das Licht jede Last von der schneebedeckten Landschaft ab. Der Anblick führte dazu, dass mich ein Gefühl durchströmte, für das ich kein besseres Wort als »Hoffnung« habe. Eine alles umfassende Hoffnung, sowohl für mich selbst als für andere. Das deutlichste Kennzeichen der Natur ist Veränderung. Ständig verändert sich etwas, das Wesen der Natur besteht in konstanter Bewegung. Auch die Lichtverhältnisse unterliegen diesen Bedingungen, doch sie folgen einem Rhythmus, der von Jahr zu Jahr derselbe ist. In der Natur, wo alles andere ungeahnte Wendungen nehmen kann, bleibt das Licht vorhersehbar.

Es herrschte kaltes, klares Wetter, und es gab so gut wie keinen Niederschlag. Nur ein paar einzelne, verirrte Schneeflocken fielen vom Himmel. Sie waren so leicht und trocken, dass sie kaum über genügend Gewicht verfügten, um sich auf dem Boden zur Ruhe zu betten. Dann stiegen die Temperaturen wieder an. Wolken kamen auf. Es fiel Schnee. Er legte sich wie eine weiße Decke auf die Welt und dämpfte alle Geräusche.

Ich focht einen stillen Kampf aus, um meinen Arbeitsplan zu erfüllen und Platz für meine Februarübernachtung zu schaffen. Ständig tauchen in der Kultur irgendwelche Dinge auf, die von viel größerer Wichtigkeit sind als Waldtouren. Schließlich fand ich einen freien Tag im Kalender. Und als ich erneut meinen Rucksack packte und mich in den Wald aufmachte, traf ich auf eine völlig andere Welt, und das, obwohl nur ein paar Wochen vergangen waren und immer noch tiefster Winter herrschte.

●

Diesmal war der Rucksack leichter und knirschte daher auch weniger. Im Januar hatte ich wie ein Anfänger gepackt. Ich hatte einen knappen Tag fortbleiben wollen, aber trotzdem so viel Proviant dabei, dass er eine ganze Woche für zwei gereicht hätte. Gleichzeitig hatte ich zu wenig Kleidung mitgenommen – oder unpassende. Ich hatte alles angezogen, was ich dabeihatte, und trotzdem gefroren. Diesmal waren die Kräfteverhältnisse umgekehrt. Der Proviant musste ein Stück weit weichen, allerdings nicht für mehr, sondern für bessere und zweckmäßige Kleidung. Damit wurde der Rucksack leichter und die ganze Unternehmung viel angenehmer. Proviant ist nicht nur schwerer als Kleidung, sondern nimmt auch viel mehr Platz ein, da er sich in kantigen und unpraktischen Verpackungen befindet, wohingegen Kleidung zu faustgroßen Ballen zusammengepresst oder als Füllmaterial zwischen andere Gegenstände gestopft werden kann.

Neben meinem neuen Schlafsack und der Winterhose hatte ich eine Wollstrumpfhose und dicke Wollsocken dabei, trug ein dünnes Wollunterhemd, darüber einen Wollpullover sowie eine leichte Primaloft-Jacke aus dämmenden, komprimierbaren Kunstfasern. Als Außenschicht hatte ich eine atmungsaktive Allwetterjacke. Im Rucksack hatte ich eine zusätzliche Primaloft-Jacke sowie extra Socken, Strumpfhose und Wollunterhemd. Das, so dachte ich, sollte doch jetzt wirklich ausreichen.

Nach einstündigem Marsch erreichte ich denselben Lagerplatz wie im Januar. Im Schnee fanden sich keine Spuren, in der Zwischenzeit schien also niemand hier gewesen zu sein. Auch meine eigenen Spuren waren zugeschneit worden, der Ort wirkte völlig unberührt.

Hier stand ich und fühlte mich wie der erste Mensch auf Erden. Eine einsame Gestalt in einer jungfräulichen, schneebedeckten Landschaft. Ich kam mir privilegiert vor und hatte gleichzeitig ein schlechtes Gewissen, die unberührte Natur zu stören. Große Stiefelspuren im Pulverschnee. Wie ein Bulldozer in all der Pracht. Es war noch früh am Vormittag. Das Wetter war gut, und schon bald spürte ich die Wärme der Sonne. Ich hatte keine Eile und beschloss deshalb, weiter in den Wald hineinzugehen und erst dann zurückzukommen, wenn die Dämmerung einsetzte.

Ich lief auf den typischen Forstwegen, die es überall in diesem Wald und in den meisten anderen Wäldern in der Nähe der Zivilisation gibt. Ich kam an riesigen Stapeln frisch gefällter Fichten vorbei und roch den intensiven Duft von Harz und Borke und grünen Fichtennadeln. Im Winter wird gefällt. So ist es immer gewesen, denn der Schnee bildet eine gute Unterlage, wenn große Stämme transportiert werden müssen und wenn das, was einem hierfür zur

Verfügung steht, ein altes Pferd ist. Heutzutage werden die Bäume von Furcht einflößenden Forstmaschinen gefällt, die sicher nicht von der Jahreszeit abhängig sind. Sie verfügen über Computerprogramme, die eines Raumschiffs würdig sind, und ihr Aussehen erinnert ein wenig an die Transformer-Figuren meines Sohnes. Dennoch scheint der Winter auch weiterhin die bevorzugte Fällzeit zu sein. Vielleicht ist das bloß eine alte Gewohnheit, die in der Holzbranche weiterlebt.

Die Bäume, die den Transformer-Maschinen bis dahin entronnen waren, lagen unter einer dicken Schicht aus Schnee und Raureif. Der Himmel war gleichmäßig bedeckt und weiß, allerdings waren dort oben keine Wolken, sondern es gab leichten Nebel. Ich hatte keine Ahnung, ob das etwas mit der Kombination aus Luftfeuchtigkeit und Kälte zu tun hatte, aber irgendetwas sagte mir, dass diese Schicht bald aufreißen würde, und so geschah es. Nach einer Stunde Fußmarsch befand ich mich oberhalb der Nebelschicht. Hier war der Himmel strahlend blau. Die Spitze der einen oder anderen Fichte ragte aus dem Nebel und erinnerte an diese kleinen Erhebungen, auf die man achten muss, wenn man sich gegen Ende des Winters auf Skiern fortbewegt. Im Westen war der Himmel heller, fast gelb.

Ich machte ein paar Fotos und lief weiter. Wie im Januar spürte ich wieder diese Leichtigkeit, das Gefühl, dass der Kopf leer wird und nur der Körper zählt. Die Sonne wärmte mich. Der Schnee schmolz. Ich sah, wie Fichtenzweige zurück in ihre ursprüngliche Position schnellten, sobald sie die schwere Schneelast, die sie so lange getragen hatten, plötzlich loswurden. Ich hörte das dumpfe Geräusch, mit dem die Brocken im tiefen Schnee unter den Bäumen landeten.

Auch dieser Tag war ein Werktag. Niemand war zu sehen, aber die Stille des Januars war jetzt Vogelgeräuschen gewichen. Nur ein paar waren zu hören, und es wäre schlichtweg gelogen, das Gezwitscher als besonderes Merkmal dieses Februartags hervorzuheben. Vor unserer Wohnung waren den ganzen Winter über Vögel gewesen; offenbar zieht es die Tiere durch eine Art praktische Vernunft zu dichter besiedelten Gebieten, wenn der Wald eingeschneit ist. Im Dezember und Januar waren sie kaum zu hören gewesen, doch schon Anfang Februar war ich häufiger vom Gesang der Kohlmeise geweckt worden, lange bevor es morgens hell wurde.

Ein paar kleine Vögel aber waren im Winter im Wald geblieben, und ihr vereinzeltes Zwitschern lieferte eine Hintergrundmusik, die im Januar nicht dagewesen war. Ich erkannte die charakteristischen Töne der Kohlmeise, die anderen konnte ich nicht identifizieren. Streng genommen gab es nicht viel, worüber diese kleinen Wesen singen konnten. Immer noch war es kalt, und seit Januar war mehr Schnee gefallen. Bis zum Frühling war es noch ein weiter Weg, jedenfalls für diejenigen, die auf einem Ast saßen und nichts weiter zu tun hatten, als zu warten und vor sich hin zu pfeifen.

Ich lief weiter, bis ich hungrig wurde. Der Schnee lag immer noch meterhoch. Nur auf ein paar nach Süden ausgerichteten Abhängen war die Eiskruste dick genug, dass sie mich trug. Ich kam zu einem größeren Weiher, der in einer Talsenke lag. Über die zugefrorene Oberfläche führte quer eine Skiloipe, die aussah wie ein dunkelblauer Strich auf einem großen weißen Papierbogen. Auf der anderen Seite des Gewässers entdeckte ich einen einsamen Langläufer, vermutlich war es ein Mann. Er ging, als wäre er schon älter. Es fehlte diese schwingende Bewegung, die Menschen auf Skiern sonst zu eigen ist, stattdessen schob er mit steifen Knien langsam und gleichmäßig ein Bein vor das andere. Er ging, wie alte Menschen gehen, wenn sie auf glattem Linoleum im Seniorenheim den Rollator vor sich herschieben. Ich blickte ihm nach, während ich meine Mahlzeit zu mir nahm. Zwei Liter Wasser. Knäckebrot mit Käse aus der Tube, Nüsse zum Nachtisch.

Um drei Uhr hievte ich mir den Rucksack auf die Schultern und begab mich wieder in Richtung meines Lagerplatzes. Ich wollte auf jeden Fall am selben Ort wie beim letzten Mal übernachten. Nachdem ich eine Nacht nahe dem zugefrorenen Waldsee verbracht hatte, fühlte ich mich dort in gewisser Weise schon wie zu Hause. Der See war ein vertrauter Ort inmitten des Unbekannten, und ich bin nun mal jemand, der das Bekannte dem Unbekannten stets vorzieht. Mitunter ist das eine vorteilhafte Eigenschaft, manchmal allerdings schadet sie mir eher und wirkt sich ein wenig störend auf meine Umgebung aus.

Meine Großmutter hat immer schon im Wald gelebt. Sie wohnt an einem großen See in Ostnorwegen. Das nächste Lebensmittelgeschäft liegt zehn Kilometer entfernt. In der näheren Umgebung gibt es nur eine Handvoll Häuser, und mehrere davon sind nicht mehr bewohnt. Großmutter ist von der Natur umgeben, in ihrer Vorstellung ist es auch nie anders gewesen, und in der Stadt zu wohnen kommt für sie nicht infrage. Schon als ich noch klein war, sagte sie im Februar immer: »Jetzt musst du genau aufpassen, denn das hier ist der eigentliche Frühling, jetzt ist die Zeit, in der alles geschieht.« Ich verstand nicht, was sie meinte, denn draußen vor den Fenstern war die Natur von kaltem Schnee bedeckt, nichts deutete darauf hin, dass er verschwinden würde. Wie mir später klar wurde, meinte Großmutter damit, dass all die Prozesse, die den Frühling einleiten, zum ersten Mal im Februar wahrnehmbar sind. Der 21. Dezember ist der dunkelste Tag des Jahres. Dann ändert die Sonne ihre Richtung, zumindest wie wir gern glauben. Die Tage werden länger, erst ganz allmählich, dann immer deutlicher. Die Wintersonnenwende ist der astronomische Wendepunkt, doch die Folgen machen sich erst im Laufe des Februars bemerkbar. Erst dann erhalten wir die ersten Hinweise darauf, dass sich die großen Prozesse in der Natur umkehren und eine neue Jahreszeit in Vorbereitung ist. Das Licht wird stärker. Die Temperaturen steigen. Die Tierwelt erwacht langsam zum Leben. Das – und noch tausend andere große und kleine Dinge – explodiert schließlich in einer Pracht aus Düften und Farben und manifestiert sich in dem, was wir gern als Frühling betrachten. Aber die Leberblümchen und Schneeglöckchen sind nicht der Frühling, sondern die Folge des Frühlings. Ungefähr so muss Großmutter wohl gedacht haben, wie ich mir einbilde.

Dies und noch viel mehr lernte ich als Kind von meinen Großeltern. Damals wusste ich viel mehr über die Natur als heute. In der Biologiestunde in der Schule meldete ich mich fast immer, wenn der Lehrer etwas fragte. Ich kannte die Namen aller Bäume und Fische, ich wusste, zu welcher Jahreszeit man am besten Weidenflöten schnitzt, welche Pilze giftig und welche essbar sind, ich konnte den Schrei des Waldkauzes identifizieren und wusste, wie man ein Lagerfeuer entzünden sollte. In meiner Klasse gab es nur einen, der noch mehr Ahnung von der Natur hatte. Espen. Von ihm war häufig ein Foto in der Lokalzeitung mit Dingen abgebildet, die er im Wald, auf einem Feld oder am Wasser gefunden hatte, und immer handelte es sich um etwas Eigenartiges oder Seltenes. Ein Holzstück, das an den Komiker Leif Juster erinnerte. Eine Mohrrübe, die wie der Eiffelturm aussah. Ein Fisch, der Yngve Hågensen ähnelte, dem ehemaligen Leiter des größten norwegischen Arbeitnehmerverbandes. Ich erinnere mich, dass es stets ein Gegenstand aus der Natur war, der an etwas in der Kultur erinnerte. Espen schien begriffen zu haben, wie man das Interesse der Lokalzeitung weckte, damit diese einen Fotografen vorbeischickte.

Ich selbst fand nie etwas in der Natur, womit ich es in die Zeitung geschafft hätte. Aber ich lieh mir Bücher aus, wenn der Bücherbus einmal pro Woche vor dem Lebensmittelgeschäft im Ort hielt. Ich las Jack London und Mikkjel Fønhus und viele andere, an deren Namen ich mich heute nicht mehr erinnere. Die Geschichten hatten Titel wie »Der Riesenhecht lauert im Schilfrohr«, »Der alte Elch auf dem Berggipfel« oder »Eulenschreie in Jammerdal«. Alle waren getragen von einem rauen, aber romantischen Grundton. Sie handelten von der menschlichen Beziehung zur Natur und zu den Tieren und deuteten gleichzeitig an, dass es eine heimliche Verbindung gebe, dass wir einander verstehen, ja sogar Freunde werden könnten, wenn wir uns nur die Zeit nähmen und freundlich zueinander wären.

Ich verschlang diese Geschichten geradezu. Sie handelten von Pelzjägern und Indianern, Entdeckern und Hundeschlittenführern, von Goldgräbern und Jägern, Fischern und Bergsteigern. Ich las James Fenimore Coopers Romane über den Krieg zwischen Engländern und Franzosen in den Gebieten der großen kanadischen Seen gegen Ende des 18. Jahrhunderts. *Der letzte Mohikaner* ist das einzige Buch, das ich heute noch habe. Ich heulte vor dem Fernseher, als der Samenjunge Ante sein Leben mit den umherstreifenden Rentieren auf den weiten Ebenen der Finnmark aufgeben musste, um ein Internat in der Stadt zu besuchen. Ich heulte noch mehr, als ich von dem mutigen Kater Tom in Ingvald Svinsaas' Buch *Peter, Liese und ihr Kater Tom* las; ein Kater, der von der Familie verlassen auf einer Berghütte zurückbleibt und sich das ganze Jahr allein durchschlagen muss, bis die Familie zurückkommt. Ich las Mark Twains Romane über Tom Sawyer und Huckleberry Finn, ich las Thorbjørn Tuftes Fischergeschichten und Mikkjel Fønhus' Jagderzählungen, und alle diese Geschichten erzählten auf verschiedenste Art und Weise, dass es ein Leben in der Natur gab, das frei und voller Abenteuer war, völlig anders als das Leben, das ich gerade lebte. Wäre ich etwas umtriebiger gewesen und hätte ich jemanden gekannt, dem es ähnlich erging, hätte ich vielleicht ein berühmter Abenteurer werden können. Aber ich war nicht besonders umtriebig, ich liebte bloß das Lesen und war ein großer Träumer. Außerdem kannte ich auch niemand Gleichgesinnten. Mit Ausnahme von Großvater, aber der gehörte einer anderen Generation an und ließ sich nur selten dazu hinreißen, schwärmerische Träume über die harte Realität zu stellen.

🐿

Rechtzeitig bevor es dunkel wurde, war ich zurück an dem kleinen Waldsee. Abgesehen von den Spuren, die ich vor ein paar Stunden selbst hinterlassen hatte, führten nun vier andere Spuren über den Lagerplatz. Sie kamen aus dem Wald an der Südseite des offenen Moors, überquerten dieses, passierten genau die Stelle, die ich mir zum Aufschlagen meines Zeltes auserkoren hatte, und setzten sich in Richtung des zugefrorenen Sees und darüber hinweg fort. Drei der Spuren waren groß und tief, leicht zu identifizieren, denn es gibt nur ein Tier, das in den norwegischen Wäldern solche Spuren hinterlässt. Der Elch. Ich beugte mich hinunter und betrachtete sie. In den Büchern, die ich als Kind gelesen hatte, würden die Indianer mit einem Blick festgestellt haben, wann genau diese Spuren hinterlassen worden waren. Ich fuhr mit dem Finger die Umrisse nach. Natürlich waren die Ränder in dem Pulverschnee ganz weich. Ich wusste, dass die Spuren vor ein paar Stunden hier noch nicht gewesen waren, die ganze Fährtenleserei war bloß Gehabe. Darüber hinaus war die Information, wann genau die Tiere hier vorbeigekommen waren, von keinerlei Nutzen für mich.

Die drei Elchspuren wiesen auffallend schwankende Muster auf. Die einzelnen Tiere waren nicht nur kräftig getorkelt, sondern die Spuren kreuzten einander durchgängig. Zwei waren ungefähr gleich groß, die dritte wesentlich kleiner. Vielleicht waren es zwei Kühe und ein Kalb gewesen, zwei Bullen und ein Kalb oder eine Kuh, ein Bulle und ein Kalb. Weitere Alternativen gab es nicht, ich neigte zur ersten Möglichkeit. Elchbullen sind vermutlich wie die meisten männlichen Tiere in der Natur, sie müssen immer weiter und widmen daher der Familie, zu deren Entstehung sie bereits beigetragen haben, nicht mehr Zeit als unbedingt nötig. Vielleicht waren die Tiere irgendwo im Wald aufeinandergetroffen, hatten sich entschieden, zusammen weiterzuziehen, und waren dann zufällig hier vorbeigekommen, hier und dort herumgestreift, dann ein wenig stehen geblieben und hatten sich schließlich getrollt, ungefähr so, wie es Jugendliche am Wochenende machen. Vielleicht hatten sie die ersten Knospen von den Bäumen abgeknabbert, wenngleich ich keine Anzeichen dafür entdeckte. Ich hätte es gern gesehen, wie ein Elch Knospen fraß. Aus sicherem Abstand natürlich.

Die vierte Spur folgte den drei Elchspuren, verlief aber im Gegensatz zu diesen in einer fast geraden Linie. Die vier Pfoten hatten im Schnee Abdrücke hinterlassen, die auf dem ganzen Weg zum und über den Waldsee gleich aussahen. Sie waren viel kleiner, jeder Pfotenabdruck maß etwa zweieinhalb Zentimeter, vielleicht ein wenig größer. Zuerst dachte ich an einen Wolf, aber dafür war die Spur zu klein. Daher nahm ich an, dass es sich um einen Fuchs handelte. Der musste hier kurz vor oder kurz nach den Elchen entlanggelaufen sein, möglicherweise auch gleichzeitig mit ihnen. Sollte es eine heimliche Verbindung zwischen Fuchs und Elch geben, war ich jedenfalls der Letzte, der sie entdecken würde. Ich schickte ein stilles Gebet zum Himmel, dass der Elchtrupp sich für diese Nacht andere Pfade suchen möge. Schließlich ließ ich die Spuren Spuren sein und wandte meine Aufmerksamkeit dem nächsten wichtigen Punkt zu: das Zelt aufstellen und alles für die Nacht vorbereiten.

Während ich mit dem Zelt beschäftigt war, kam ein kräftiger Wind auf. Der Himmel war völlig wolkenlos. Der Wind kam ganz plötzlich und in starken Böen. Der Schnee wurde über dem Zelt aufgewirbelt und funkelte in den letzten Sonnenstrahlen. Der Wind war frisch, aber irgendwie auch mild, und ließ mich an viele ähnliche Erlebnisse in dieser Jahreszeit denken, insbesondere an Tagen mit schönem Wetter. Er hatte etwas Aufmunterndes an sich, und positiv, wie ich gestimmt war, deutete ich auch ihn als Frühlingsboten.

Im Laufe der nächsten Stunden wurde es wieder ruhiger. Wie beim letzten Mal baute ich das Zelt auf, sicherte es mit Schnee an den Kanten und breitete meine Liegematte und den neuen Schlafsack aus. Ich freute mich darauf, ihn auszuprobieren. Aus Schaden klug geworden, hatte ich sogar ein paar Birkenscheite von zu Hause mitgebracht. Anders als im Januar, hatte ich dieses Mal eine Ahnung vom bevorstehenden Verlauf meines Abenteuers, und in der Tat ist es erstaunlich, wie wenig erforderlich ist, damit etwas Unbekanntes zu etwas Bekanntem wird. Die Grenze ist haarfein, aber jedes Mal lernt man etwa Neues dazu. Ein wenig Offenheit für die Umgebung, und schon wirkt sie nicht mehr gefährlich.

Nachdem das Zelt aufgebaut und alles für die Nacht vorbereitet war, bereitete ich mir auf dem Gaskocher mein Abendessen. Das Gleiche wie beim letzten Mal. Auf meinem Schenkel, der in der neuen, gefütterten Winterhose steckte, schnitt ich zunächst ein ganzes Stück Bauchspeck auf. Dann briet ich die Scheiben in einem Topf. Als sie durch waren, gab ich mehrmals Schnee dazu, bis der Topf ungefähr halbvoll mit Wasser war. Ich hatte den Speck vorher nicht herausgenommen, und als das Wasser zu kochen begann, schaltete ich den Gaskocher ab und gab eine Packung getrocknetes Kartoffelpüree dazu. Ich ließ das Ganze ein paar Minuten ziehen, rührte darin herum und würzte mit viel Salz und viel Pfeffer. Es

schmeckte gut, wenngleich alles wieder kalt war, bevor ich zu Ende gegessen hatte. Zum Nachtisch gab es Schokolade, und während ich die aß, kochte ich in demselben Topf, den ich für das Kartoffelpüree benutzt hatte, Wasser für den Kaffee. Lars Monsen und ich. In diesem Augenblick fühlte ich mich eins mit ihm.

Um vier Uhr hing die Sonne noch immer über den Baumkronen im Westen. Im Januar wäre es zu diesem Zeitpunkt schon längst dunkel gewesen. Jetzt war es noch ganz hell, die Wärme der Sonne war weiterhin spürbar. Während ich dort saß, kam aus dem Nichts eine Fliege angeschwirrt. Sie wirkte völlig deplatziert in der verschneiten Landschaft. Sie setzte sich auf meine Hand, und ich dachte: *Eine Fliege!* Gleich darauf flog sie weiter, einem harten Schicksal entgegen, wie ich vermute. Diese Fliege hatte einen großen Fehler begangen. Sie hatte die plötzlich aufkommende Wärme als Einladung verstanden, aus ihrem Versteck unter der Borke eines Baumes hervorzukriechen. Vielleicht wollte sie auch nur die Realität auf die Probe stellen und herausfinden, ob sie nicht doch ihren Weg machen könnte, auch wenn alle ihre Artgenossen immer noch Winterschlaf hielten. Jetzt surrte sie jedenfalls wie ein einsamer Ikarus durch den großen, leblosen Wald.

Die Sonne versank hinter den Bäumen. Sofort wurde es kälter, genauso wie im Januar, wenngleich das Licht anders war. Im Monat zuvor war alles Licht in dem Augenblick verschwunden, in dem die Sonne unterging. Jetzt hingegen blieb der Himmel noch hell, lange nachdem die Sonne hinter dem Horizont verschwunden war. Ich holte meine Birkenscheite hervor und machte ein Feuer. Das Holz brannte gut und erzeugte eine gewisse Grundtemperatur, sodass die heruntergefallenen Äste, die ich unten beim See in einem Fichtenwäldchen gefunden und dann in die Flammen gelegt hatte, ebenfalls brannten, obwohl sie feucht waren.

Ich blieb am Feuer sitzen. Um mich herum war es weder kalt noch feucht. Es war eine Szene, die aus einem der Bücher von Ingstad und Monsen hätte stammen können. Erst gegen halb sieben wurde es dann richtig dunkel, und kurze Zeit später tauchten am Himmel die ersten Sterne auf. Ich wollte auf den Mond warten, obwohl ich weder wusste, wo noch wann er heute aufgehen würde. Ich beschloss deshalb, mir nach meiner Rückkehr nach Hause endlich Klarheit über den Mondzyklus zu verschaffen. Auf mich wirkte seine Bahn am Himmel willkürlich und von Tag zu Tag völlig unterschiedlich. Aber so konnte es natürlich nicht sein. Dem Ganzen musste ein System zugrunde liegen, das Leute wie ich nun wirklich kennen sollten.

Bis neun Uhr wartete ich auf den Mond. Dann gab ich auf und kroch in mein Zelt. Ich schlüpfte in meinen neuen Schlafsack, der so dick war, dass ich mich wie in einem Kokon fühlte. Ich las ein Buch des amerikanischen Autors David Vann. Es hieß *Im Schatten des Vaters*, und aus dem Klappentext ging hervor, dass der Roman teilweise autobiografisch sei. Er handelt von einem Mann, der mit seinem Sohn nach Alaska fährt, um dort ein ganzes Jahr lang auf eigene Faust in einer kleinen Blockhütte zu leben. Es ist die Idee des Vaters, der Sohn ist zwölf oder dreizehn Jahre alt und hat überhaupt keine Lust dazu. Er möchte zu Hause bleiben und mit seinen Freunden spielen wie alle Jungen in seinem Alter. Der Vater aber ist ganz besessen von seinen Vorstellungen und träumt davon, wie toll es ihnen dort ergehen wird. Er kommt gar nicht auf die Idee, seinen Sohn zu fragen, sondern geht einfach davon aus, dass der den gleichen Traum hegt wie er selbst. Der Vater leidet an einer bipolaren Störung und ist suizidal; ein lebensuntüchtiger Romantiker, der überhaupt nicht auf das vorbereitet ist, was ihm in der rauen Wildnis Alaskas alles begegnet. Das ist der Sohn zwar auch nicht, schließlich ist er ja noch ein Kind, aber er ist zumindest Realist.

Ich las mehrere Stunden. Das Buch war richtig gut. In der Geschichte gibt es einen Wendepunkt, der so schockierend ist, dass ich das Buch schließlich weglegen musste. Mehr will ich auch gar nicht verraten, denn das würde zukünftigen Lesern alles verderben.

Satt, warm und zufrieden schlief ich um elf Uhr ein, um ein Vielfaches entspannter, als ich es im Januar gewesen war. Im Laufe der Nacht wurde ich wach und musste aufs Klo – so wie es Männern ergeht, die ein gewisses Alter überschritten haben und einsehen müssen, dass die letzte Nacht mit ununterbrochenem Schlaf vom Abend bis zum Morgen schon etwas länger zurückliegt.

Ich fummelte an Reißverschluss und Klettverschluss und Stirnlampe herum und quälte mich schließlich aus dem Zelt. Im Wald war es totenstill. Nicht ein Laut, nur der Grundton des Universums, das gleichmäßige Rauschen, das ich auch im Januar gehört hatte. Während ich meinem Bedürfnis nachging, starrte ich in den Himmel. Er war von Sternen übersät, und da, hoch über dem See, schwebte der Mond. Ich betrachtete ihn eine Weile, dann wurde mir kalt, ich kroch zurück in meinen neuen Daunenschlafsack und schlief tief und fest wie ein Stein.

Auf dem Weg durch den Wald am Morgen danach hörte ich ein paar deutliche Kaugeräusche von der anderen Seite des Schneewalls, der den Forstweg säumte. Ich duckte mich und spähte vorsichtig über den Rand. Fünfzig Meter entfernt, in einem Dickicht aus Fichten und kahlen Laubbäumen, standen zwei Elche und fraßen. Sie hatten ganz bestimmt meine knirschenden Stiefel gehört, ließen sich aber nicht im Mindesten stören und mampften ungerührt weiter. Es waren zwei Kühe, vielleicht auch eine Kuh und ein einjähriges Kalb. Nicht besonders groß. Ich hockte eine ganze Weile da und beobachtete sie. Die beiden Tiere schienen vollkommen in sich zu ruhen. Eine neuer Elchtag war gekommen, und es schien sie in keiner Weise zu interessieren, dass er vermutlich wie alle anderen Elchtage verlaufen würde. Ich lag hinter dem Schneewall, betrachtete sie und dachte, dass der Elch, setzte man ihn irgendwo in der Natur in Indien aus, ohne Zweifel in kürzester Zeit in der hinduistischen Religion den gleichen Status einnehmen würde, wie die Kuh ihn dort innehat.

März

Traum von der Wildnis

Die Wildnis ist jedoch unerbittlich und schert sich nicht um Wünsche und Sehnsüchte.

Jon Krakauer, *In die Wildnis*

Der Traum, die Zivilisation aufzugeben, um ein freies und unabhängiges Leben in der Natur zu führen, ist vermutlich so alt wie die Zivilisation selbst. Menschen fühlen sich einsam und suchen nach sozialer Gemeinschaft, oder sie machen das Gegenteil. Wo zwei oder mehr Menschen zusammen sind, wird mindestens einer irgendwann davon träumen, sich allein auf den Weg zu machen, die anderen zu verlassen, vielleicht für immer, um an einem anderen Ort ein unverfälschtes Leben zu suchen. Die bekannteste all solcher Geschichten findet sich in *Walden oder Leben in den Wäldern*, einem Buch des amerikanischen Philosophen und Schriftstellers Henry D. Thoreau, das Mitte des 19. Jahrhunderts erschien.

Nach wie vor werden solche Bücher geschrieben, allerdings nicht mehr so häufig. Jon Krakauers *In die Wildnis* ist das wohl wichtigste dieses Genres in jüngster Zeit. Bereits unmittelbar nach Erscheinen wurde das Buch zum Klassiker. Es ist die dokumentarische Erzählung über Chris McCandless, einen amerikanischen Jungen aus der Mittelschicht, der das sichere Leben in einem Vorort von Washington aufgibt, um sich ein neues Leben in der feindlichen Wildnis Alaskas aufzubauen. McCandless ist nur einer von vielen, die

die unberührte Natur als den einzig wahren Ort zum Leben betrachten. Die Motive können variieren, doch die Vorstellungen davon, was man mit einem Leben fernab der Zivilisation erreichen kann, stimmen bei allen Einsiedlern erstaunlich überein: Fast immer geht es darum, dass die Gesellschaft dem Einzelnen Grenzen auferlegt, die in der Natur nicht existieren. Diese Einsiedler wollen sich körperlich erfahren, im Einklang mit den Elementen leben, etwas wiederfinden, das in der modernen Zivilisation verloren gegangen ist; sie wollen am Rand des Abgrunds leben, in einer Welt, wo der Tod nie weit entfernt ist. Oder wie Chris McCandless es in einer der vielen hinterlassenen Notizen formuliert, die in Krakauers Buch wiedergegeben sind:

Ich will nicht wissen, wie spät es ist.
Ich will nicht wissen, welchen Tag wir haben oder wo ich bin.
All das ist unwichtig.

Ich habe mich oft gefragt, was mich eigentlich daran gehindert hat, etwas Ähnliches zu tun. Im Grunde ist das eine törichte, geradezu peinliche Frage, denn es gibt für mich keinen Anlass, etwas derart Drastisches zu unternehmen. Abgesehen davon ist es durchaus möglich, von jemandem fasziniert zu sein, ohne es ihm gleichtun zu müssen. Weder habe noch hatte ich je eine offene Rechnung mit jemandem zu begleichen, jedenfalls nichts Ernstes. Ebenso wenig glaube ich, mich auf eine Art und Weise zu verhalten, die der Gesellschaft Anlass geben könnte, mich zum Besten aller möglichst bald aus ihren Reihen zu verstoßen. Da ich in meinem 42. Lebensjahr gleichwohl beschloss, meine Mikroexpedition in der Nordmarka durchzuführen, muss ich mich vielleicht der Tatsache stellen, dass Reste dieses alten Traums immer noch in mir schlummern. Dass ich ihn nicht schon längst realisiert habe – und in weitaus größerem Maße als diese Mikroexpedition –, hat verschiedene Gründe, unter anderem die Tatsache, dass ich schon seit Kindertagen einen großen, beinahe übertriebenen Respekt vor der Natur habe. Und obwohl mir dieser Respekt als Jugendlicher sehr peinlich war und ich versuchte, ihn abzuschütteln, wurde ich ihn doch nie ganz los.

Ich wollte ein ebenso waghalsiger Junge sein wie viele meiner Kumpel. Ich wollte auf Skiern über unbekannte Abhänge brettern, nachts ohne Licht oder Rettungsweste mit dem Boot hinausfahren, ohne Landkarte und erforderliche Ausrüstung an unbekannten Orten angeln und weiter in den Fluss hineinwaten, als es mir selbst vertretbar erschien. Ich wollte genauso drauf sein wie die Base-Springer heutzutage oder die Bergsteiger, die unbedingt ohne Sicherung klettern müssen und der Ansicht sind, dies wäre die einzig mögliche Vorgehensweise. Die Gewissheit darüber, dass etwas schiefgehen kann, steigert die Intensität des Erlebnisses. Der Gedanke, dass man jederzeit sterben kann, verleiht dem Leben (oder der kurzen Zeit, die einem noch bleibt) mehr Sinn. So oder ähnlich argumentieren sie vermutlich, und die Tatsache, dass es meist Männer sind, die so denken, und selten Frauen, hat wohl etwas mit der Fähigkeit zu tun, sich darüber bewusst zu sein, dass das eigene Leben nicht nur mit einem selbst zu tun hat. Auch ich unternahm mitunter riskante Dinge, einfach weil sie riskant waren, aber im Großen und Ganzen war wohl diese Ehrfurcht vor der Unvorhersehbarkeit der Natur zu tief in mir verankert, und ich ergriff alle erdenklichen Vorsichtsmaßnahmen.

Wie so oft, liegt die Ursache dafür in meiner Kindheit. Außerdem gibt es einen weiteren Grund, weshalb ich das vor der dritten Etappe meiner Mikroexpedition erwähne.

Von Kindesbeinen an habe ich einen Leitspruch zu hören bekommen, der sich mir unauslöschlich eingeprägt hat: *Trau niemals dem März*. Alle Mitglieder meiner Familie hielten sich daran. Ich weiß nicht, woher sie diesen Spruch hatten oder welche Befriedigung sie aus ihm zogen. Hätte er »Trau niemals dem Staat« oder

»Trau niemals fremden Männern« gelautet, wäre das nachvollzieh-bar gewesen. Aber es war bloß vom März die Rede, dem Monat, in dem oft das Osterfest gefeiert wird und in dem immer der Früh-lingsanfang liegt. Der Monat des Jahres, in dem wir die Uhren eine Stunde vorstellen und in dem es, buchstäblich über Nacht, dann bis spät in den Abend hinein hell bleibt. März ist der erste Frühlings-monat.

Mein Vater wies immer besonders gern auf die notorische Un-zuverlässigkeit des März hin; eine Denkweise, hinter der sich zwei-fellos eine ausgeprägt protestantische Grundhaltung verbirgt. Die Zukunft ist unsicher, man weiß es nie genau, ein Unglück kann un-mittelbar bevorstehen, freu dich nicht zu früh, bleib immer auf der sicheren Seite.

Wenn also meine Familie an einem Märzwochenende in die Natur zog, wenn wir ans Meer wollten, wo die Möwen wie weiße

Papierflieger am Himmel hingen und der milde Frühlingswind die kleinen trockenen Gräser in den Spalten der Felskuppen freudig erzittern ließ, oder wenn wir in die Berge fuhren und auf Skiern durch den letzten sulzigen Schnee glitten, oder wenn wir in den Wald gingen und nach Leberblümchen Ausschau hielten, auf nach Süden ausgerichteten Hängen durch trockenes Vorjahreslaub streiften, dann sagten wir alle: Trau niemals dem März. Schon morgen können dreißig Zentimeter Neuschnee liegen.

Seit jener Zeit ist dieses Bedürfnis, sich stets das Schlimmste vorzustellen, nicht geringer geworden. Ich habe versucht, es hinter mir zu lassen, aber diese pessimistische Grundeinstellung ist mir in Fleisch und Blut übergegangen.

Die dritte Etappe der Expedition rückte näher. Während ich in meinem Arbeitszimmer vor mich hin rackerte, verfolgte ich in den Nachrichten die Wetter- und Schneeverhältnisse und kramte allmählich die nötige Ausrüstung hervor. Der März wurde mit einer langen Hochdruckperiode eingeleitet, und Hochdruck im Winter bedeutet niedrige Temperaturen.

Es war kalt und klar, die Tage glichen einander. Das Eis auf den kleinen Wegen in unserer Siedlung vermischte sich mit Dreck und Salz und Steinen und Streugut. Einen halben Meter hoch lag der hartgefrorene Schnee am Straßenrand und sah nicht so aus, als wollte er je wieder schmelzen. Gegen Ende des Monats packte ich meinen Rucksack und machte mich auf den Weg zu meiner dritten Übernachtung im Wald. Den vorangegangenen Tag hatte ich gänzlich auf dem Sofa verbracht. Mitunter kann sich das Dasein in meinem Büro zu Hause so gestalten. Es gibt Tage, an denen ich Bücher lese oder Filme anschaue und mir sage, dass dies Teil meines Jobs ist. Ein Privileg, das ich nur selten wertzuschätzen vergesse.

Mit Notizblock und Kugelschreiber lag ich auf dem Sofa. Zunächst sah ich mir Werner Herzogs Dokumentarfilm *Grizzly Man* an. Der Film kreist um die einzigartigen Aufnahmen, die der von Bären begeisterte Timothy Treadwell im Laufe von dreizehn Jahren ohne fremde Hilfe im Katmai National Park in Alaska gemacht hat. In all diesen Sommern lebte Treadwell in unmittelbarer Nähe einer Gruppe Grizzlybären. Er verstand sich selbst als Teil dieses »Stammes«, als Freund, als eine Art hehrer Beschützer der Bären. Die letzten Aufnahmen im Film stammen von Ende September 2003. Am 5. Oktober desselben Jahres wurde Treadwell von einem der Bären, die er zu beschützen sich einbildete, getötet und halb aufgefressen. Im Film übernimmt Herzog die Erzählerstimme. In der ersten Szene, während wir Treadwell und die Bären in der großartigen Natur sehen, sagt er:

Alle diese majestätischen Tiere wurden von Timothy Treadwell gefilmt, der dreizehn Sommer unter wilden Grizzlys verbrachte. Er ging in entlegene Gegenden Alaskas im Glauben, er müsse diese Tiere schützen und die Öffentlichkeit erziehen. (…) Seine Absicht war, diese Bären in ihrer natürlichen Umwelt zu zeigen. (…) Jenseits eines reinen Naturfilms fand ich hier eine Geschichte von erstaunlicher Schönheit und Tiefe, von Ekstase und tiefer innerer Verstörung. Es schien, als lebte in ihm der Wunsch, die Grenzen seines Menschseins aufzugeben, um mit den Bären einen Bund einzugehen. Treadwell war auf der Suche nach einer tiefen urtümlichen Begegnung, aber er überschritt dabei eine unsichtbare Grenze.

Ich sah mir den ganzen Film an und machte mir zwischendurch Notizen. Danach suchte ich einen Artikel heraus, der in der Januar-Ausgabe 1993 in der amerikanischen Outdoor-Publikation *Outside Magazine* veröffentlicht worden war.

Die Titelseite war einer einzigen Geschichte gewidmet:

EXKLUSIVBERICHT: VERSCHOLLEN IN DER WILDNIS
In der Hoffnung, seinem Leben einen Sinn zu geben, begab sich der 24-jäh-
rige Chris McCandless am 28. April in das letzte unwegsame Gebiet
Amerikas. Vier Monate später war er tot. Dies ist seine Geschichte.

Der Artikel stammte von dem bekannten Journalisten und Bergsteiger Jon Krakauer und erregte derart große Aufmerksamkeit,
dass der Autor beschloss, ein Buch daraus zu machen. Er hatte einen
Nerv getroffen. Die amerikanische Originalausgabe von *In die
Wildnis* erschien drei Jahre später. Krakauer schildert McCandless'
Reise durch die USA, beginnend von dem Moment an, als der
frisch examinierte College-Student mit Bestnoten in allen Fächern
seine Ersparnisse für wohltätige Zwecke spendet und in seinem
alten Datsun davonfährt – bis er zwei Jahre danach in Alaska tot
in einem Bus aufgefunden wird. 2007 wurde die Geschichte in Hol-
lywood verfilmt. Etwas später, ungefähr zur Zeit meiner Novem-
berübernachtung, brachte *Outside* eine neue große Story über Chris
McCandless, fast zwanzig Jahre nach der Veröffentlichung des
ersten Artikels. Sie trägt den Titel *The Chris McCandless Obsession
Problem* und setzt sich mit dem von Krakauers Buch ausgelösten
Kult auseinander, der seitdem nie wieder an Faszination verloren hat.

Immer noch begeben sich junge Menschen auf eine Wallfahrt
zu dem alten Bus, in dem McCandless tot aufgefunden wurde. Und
viele von ihnen tun das genau wie ihr Vorbild: unvorbereitet und
fatalistisch. Diese Menschen verkörpern das genaue Gegenteil dessen, wie man sich auf Gebirgswanderungen verhalten sollte. Seht
uns an, wir ergreifen keine Vorsichtsmaßnahmen, wir sind so frei,
was passiert, passiert, wir wandern bloß den Stampede Trail entlang, hinein in die Wildnis, genau wie Chris es getan hat.

Jedenfalls stelle ich mir vor, dass sie so oder ähnlich denken. Der
Outside-Artikel berichtet darüber hinaus, dass ständig Menschen in

der Nähe des alten Busses gerettet werden müssen, weil sie den gleichen Fehler wie seinerzeit McCandless begangen haben: Sie haben einen Fluss bei niedrigem Wasserstand überquert, ohne daran zu denken, dass der Wasserpegel steigt, wenn das eiskalte Schmelzwasser aus den Bergen herabstürzt.

◈

Die Reaktionen auf das Schicksal von Timothy Treadwell und Chris McCandless sind extrem gegensätzlich. Entweder sind die Menschen Anhänger der beiden Abenteurer und ihres Lebensprojektes (das ironischerweise mit dem Tod endete) – und das oftmals auf eine Art und in einem Ausmaß, die unwillkürlich an Anhänger einer Sekte denken lassen –, oder sie sind Gegner, dann aber auf ähnlich extreme Weise. Letztere argumentieren, McCandless und Treadwell seien verantwortungslose, rücksichtslose Scharlatane gewesen, zwei Egoisten, die – wie manche behaupten – es nicht anders verdient hätten. Allerdings gibt es auch andere, die bemüht sind, einen etwas differenzierteren Blick auf das Schicksal der beiden Abenteurer zu werfen, darunter Herzog und Krakauer. Die Waldhüter in Alaska wiederum sind schlicht der Meinung, dass Menschen sich nicht mit Bären anfreunden können. Und dass man sich, will man in der Wildnis überleben, im Voraus die erforderliche Ausrüstung besorgen und das nötige Wissen aneignen muss. Chris McCandless, so die Waldhüter, verfügte weder über das eine noch das andere.

Der Autor des Buches, Jon Krakauer, ist selbst ein erfahrener Wanderer und Bergsteiger, und wenngleich er es nie explizit schreibt, so lässt er doch durchblicken, dass McCandless von etwas gerichtet wurde, was die alten Griechen als »Hybris« bezeichneten. Der Mensch soll seinen Platz im Kosmos kennen und sich entsprechend verhalten. Erzürnst du die Götter oder widersetzt du dich der kosmischen Ordnung, kann es dir schlecht ergehen. Krakauer schreibt: »Irgendwann probte Chris den Aufstand – und als er einmal damit angefangen hatte, tat er es mit der ihm eigenen Unerbittlichkeit.« McCandless' Schwester Carine, die ein enges Verhältnis zu ihm hatte, ist die wichtigste mündliche Quelle im Buch. Mehrmals wiederholt sie, dass dieser Mangel an Besonnenheit kennzeichnend für ihren Bruder gewesen sei, und irgendwann deutet sie an, sie habe ihr ganzes Leben lang befürchtet, dass er das tun könnte, was er schließlich getan hat.

Als Chris McCandless den Stampede Trail betrat, brach er alle Regeln für ein gelungenes Abenteuer in der Wildnis und pfiff auf das »Allzeit bereit« der Pfadfinder sowie auf sämtliche Verhaltensregeln. Er handelte wissentlich und in voller Absicht. Man bot ihm eine passende Ausrüstung an sowie Geld für Lebensmittel, aber er schlug beides aus. Ganz offensichtlich wollte er unvorbereitet sein. Möglicherweise bildete er sich ein, die Natur würde ihn mit offenen Armen empfangen.

McCandless war wie die Fliege, die ich im Februar sah: Er wollte die Natur und sich selbst herausfordern, er trug die Vorstellung von einer Art Einssein mit der Natur mit sich herum. Doch stattdessen endete die Geschichte damit, dass seine geliebte Natur ihn tötete. Die Parallelen zu Timothy Treadwell sind unverkennbar.

Der Übermut der Jugend wird sicherlich ein Grund gewesen sein, aber auch die langjährige Lektüre bestimmter Autoren mag seinen Teil dazu beigetragen haben. McCandless las die großen Klassiker, Dickens und H. G. Wells, Mark Twain, Tolstoi und Jack London. Laut einer der Zitierten in Krakauers Buch, einem der vielen Menschen, denen McCandless auf seiner Reise nach Alaska begegnete, wollte er alle, die er traf, davon überzeugen, Londons *Ruf der Wildnis* zu lesen.

In Krakauers Buch ist dieser Aspekt die ganze Zeit gegenwärtig, aus der Verfilmung ist er indes völlig verschwunden. Krakauer betrachtet McCandless' riskantes Projekt durchaus kritisch, bringt aber gleichzeitig Verständnis dafür auf. Er schreibt:

McCandless hegte seit seiner Kindheit eine besondere Vorliebe für Jack London. Londons kompromisslose Verdammung der kapitalistischen Gesellschaft, seine Verherrlichung der urzeitlichen Welt, des instinktiv handelnden Menschen, sein Engagement für die Armen und Entrechteten — in all dem spiegelten sich McCandless' Leidenschaften. (…) Die Geschichten hatten ihn so sehr in den Bann gezogen, dass er darüber ganz zu vergessen schien, dass es sich um Dichtung handelte, Konstrukte der Fantasie, die Londons romantischer Empfindsamkeit entsprungen waren und mit den realen Lebensumständen in der subarktischen Wildnis kaum etwas gemein hatten.

Am Palmsonntag machte ich mich auf den Weg zur dritten Übernachtung meiner Mikroexpedition. Es war kalt und windstill, keine Wolke am Himmel. Es gefiel mir nicht, dass ich an einem Feiertag in den Wald ging. Viel zu groß war das Risiko, dass es dort von Menschen nur so wimmeln würde; in dieser Hinsicht habe ich mit McCandless und Treadwell etwas gemein.

Es war so, wie ich befürchtet hatte. Der Parkplatz am Waldrand war voll mit Autos, es gab keinen freien Platz. Ich überlegte, ob ich so lange warten sollte, bis jemand aus dem Wald herauskommen und wegfahren würde, aber ich stand hier nicht vor einem Postamt. Ich hätte weiterfahren und mir einen anderen Parkplatz suchen können, aber das wollte ich auch nicht. Schließlich beschloss ich, Regeln und Vorschriften außer Acht zu lassen, quetschte meinen Wagen zwischen einer großen Fichte und einem Trafo-Häuschen hindurch und parkte auf einer Schneewehe. Dann setzte ich mir den Rucksack auf, schloss den Wagen ab und stapfte los.

Ich stieg dieselben Anhöhen wie beim letzten Mal hinauf, mit dem schweren Rucksack auf dem Rücken und der Mütze in der Hand. Der Rucksack und die Iditarod-Stiefel hatten sich meinem Körper und meinem Laufrhythmus anscheinend ein wenig angepasst, denn das Knirschen hatte nachgelassen. Ein Stück weit hinter den Bäumen konnte ich das Geräusch von Skiern hören, die sich über harte, spätwinterliche Loipen bewegten. Ich grüßte alle Freizeitsportler, die mir entgegenkamen, und lächelte sie freundlich an. Als ich zu einem zugefrorenen Weiher kam, traf ich auf einen Mann, der mich fragte, wieso ich denn zu Fuß unterwegs sei, wenn ich doch Skier benutzen könnte. »Warum gehen Sie?«, wollte er wissen, und ich musste zugeben, dass mir diese Frage nie in den Sinn gekommen war. Der Mann war ein klassischer Wintersportler: Mitte sechzig, ungewöhnlich braun gebrannt für die Jahreszeit, Mütze aus der Stirn gezogen, schmale Skier, teure Kleidung. *Ich gehe, also bin ich,* hätte ich am liebsten geantwortet, murmelte stattdessen aber, dass ich auch fotografieren wolle und Skier und Stöcke dabei eher hinderlich wären. Der Mann nickte, stieß sich vornübergebeugt mit den Stöcken ab und entschwand in westlicher Richtung. Vielleicht legst du dein Geld ja in hochriskanten Fonds an und verfügst über die richtige Lebenseinstellung, dachte ich, aber dein Stil, alter Mann, dein etwas zu schneller Rhythmus und diese kleinen Anzeichen schwindenden Gleichgewichts verraten, dass auch du von der Zeit eingeholt wirst.

Ich ging weiter. Je tiefer ich in den Wald kam, desto weniger Menschen begegneten mir. Ich kam in einiger Entfernung an meinem Lagerplatz vorbei, machte aber einen Bogen um ihn. Wenn ich jetzt Spuren im Schnee hinterließ, so mein Gedanke, könnte das zur Folge haben, dass vorbeikommende Langläufer der Art, wie ich eben einen getroffen hatte, stehen blieben und begeistert ausriefen: *Sieh nur, hier ist ein Mensch zu Fuß entlanggegangen. Zu Fuß! Und die Spuren wirken so frisch! Komm, wir sehen mal nach, wo sie enden!*

So etwas konnte ich einfach nicht riskieren. Außerdem war es um diese Jahreszeit bis spät in den Abend hinein hell, ich hatte also keine Eile. Das Zelt hatte ich zu Hause gelassen. Ich beabsichtigte, direkt im Schnee zu schlafen, und daher musste ich auch kein Lager aufbauen. Ich würde hierher zurückkommen, sobald die Dämmerung einsetzte und die Langläufer hoffentlich alle nach Hause gefahren waren.

Der März ist ein Übergang. Oder genauer: Der März markiert den Beginn einer Übergangsphase, die so lange andauert, bis Licht und Wärme ein für alle Mal Dunkelheit und Kälte vertrieben haben, was wir aber streng genommen erst dann mit Sicherheit feststellen können, wenn es auf den Juli zugeht. Im März kämpfen die alte und die neue Jahreszeit um die Vorherrschaft. In einem Augenblick friert man, im nächsten ist es einem zu warm. Die Temperaturunterschiede zwischen Sonne und Schatten sind enorm. Tagsüber können bis zu zwanzig Grad plus herrschen und in der Nacht zwanzig Grad minus. Das ist gar nicht ungewöhnlich. Müsste man dem März eine Diagnose stellen, würde sie »bipolare Störung« lauten. Meine Familie lag in den Siebzigerjahren mit ihren Ermahnungen demnach gar nicht so falsch.

Drei Tage waren jetzt seit Frühlingsanfang vergangen, diesem Zeitpunkt im März, wenn sich die Sonne genauso lang über wie unter dem Horizont befindet. Im Februar war das Licht das einzig erkennbare Anzeichen dafür gewesen, dass die Zeit fortschritt. Mittlerweile waren auch die nach Süden ausgerichteten Hänge schneefrei, wenngleich der Schnee im flachen Gelände immer noch hüfthoch lag. Unter der dünnen Schicht mit Neuschnee war der alte Schnee morsch und brüchig, und unter den Fichten war er von kleinen braunen Nadeln bedeckt.

Auf dieser Expedition nahm ich einen anderen Weg als in den Monaten zuvor. Ich ging eine Schleife, die ich vorab eingeplant hatte und die mich zurück zu dem See mit der offenen Flussmündung führen sollte. Dort würde ich sitzen und nach Forellen Ausschau halten. Vielleicht war es dafür noch zu früh, aber es war ein schöner Ort zum Rasten, und nichts ist besser als fließendes Wasser, wenn man etwas braucht, worauf der Blick ruhen kann. Stößt man im Wald auf einen alten Lagerplatz, liegt er mit großer Wahrscheinlichkeit an einem Weiher, einem Fluss oder einem Waldsee. Und wenn man dort auf einen Menschen trifft, hat er vermutlich das Gesicht dem Wasser zugewandt. Unsere Zuneigung zum Wasser hat zum Teil wohl praktische Gründe, denn wir brauchen es, um unseren Durst zu löschen. Aber ich glaube, dass hier auch ästhetische Gründe eine Rolle spielen; dass wir vom Wasser angezogen werden, weil wir es einfach so gern betrachten. Vielleicht liegt es tief in unseren Genen verankert, dass wir offene Gewässer stets dem dunklen, düsteren Wald vorziehen.

Überall sah ich Tierspuren. Sie führten hierhin und dorthin, verliefen kreuz und quer, es gab große und kleine, mit Pfoten und mit Krallen, alle in einem herrlichen Durcheinander. Elche und Rehe und Hasen. Bestimmt auch Füchse. Mäuse und Eichhörnchen und andere Kleintiere. Überall gab es Spuren von Vögeln; von kleinen Füßen, die vorsichtig umhergetrippelt, von schweren Flügeln, die im Schnee geschlagen worden waren. All die Spuren verrieten mir, dass im Wald jetzt rege Betriebsamkeit herrschte, eine Bewegung in der Natur, die mir zuvor nicht aufgefallen war. Reviere wollten verteidigt werden. Den Weibchen wurde der Hof gemacht. Der winterliche Stillstand würde bald von einer fast manischen Aktivität abgelöst werden, denn so ist das Leben in unseren Breitengraden, wo der Winter lang und das Klima subarktisch ist. Die kurze Zeit, die man zur Verfügung hat, muss genutzt werden, sofern man hofft, seine Gene weiterzugeben und selbst zu überleben.

Als ich zu der offenen Flussmündung kam, holte ich meinen Proviant aus dem Rucksack. Aus dem Schnee formte ich mir dann einen hübschen Sitz mit Arm- und Rückenlehnen und bedeckte ihn mit Fichtennadeln. Zwar sah ich keine Forellen an der Wasseroberfläche, aber an der Eiskante auf der anderen Seite des Flusses spielten zwei Wasseramseln. Ich saß da und beobachtete die schwarzweißen Vögel, die, wie es scheint, ihr ganzes Leben in dieser Übergangszone zwischen Wasser und Land verbringen. Der Uferbereich ist das natürliche Revier der Wasseramsel, hier findet sie alles, was sie braucht. Die beiden Vögel bewegten sich ruckartig entlang der Eiskante hin und her. Im einen Moment tauchten sie, im nächsten kamen sie wieder an die Oberfläche. Genauso, wie ich es einmal im Fernsehen bei Pinguinen gesehen hatte, stürzten sie sich kopfüber vom Eis ins Wasser. Ich vermutete, dass sie Zuckmücken jagten, kleine Insekten, die unabhängig von der Temperatur das ganze Jahr im Wasser brüten. Um ihre Brut aufzuziehen, braucht die Zuckmücke nur offenes Wasser. Und davon gab es hier reichlich.

🌰

Um Viertel nach sechs ging die Sonne unter. Der Abendhimmel färbte sich hellblau. Peu à peu wurde das Licht schwächer, die Temperatur sank, aber die beiden Wasseramseln tollten weiterhin an der Eiskante herum. Sie sprangen hin und her, tauchten ins kalte Flusswasser und trippelten wieder auf dem Eis umher. Hinein ins Wasser, wieder heraus, hinein ins Wasser, wieder heraus.

Das Eis begann zu knacken, und an der Flussmündung knirschte es, wenn sich neues bildete. Es stimmte mich fast ein bisschen wehmütig, denn das neue Eis würde nicht von Bestand sein. Die Wärme würde langsam die Oberhand gewinnen, aber das konnte das Wasser natürlich nicht wissen. Es folgte einfach nur den Naturgesetzen und veränderte seinen Aggregatzustand, sobald die Temperatur einen bestimmten Punkt erreichte. Frühling oder Herbst, das war dem Wasser herzlich egal. Schließlich wurde es so dunkel, dass ich die Wasseramseln nicht mehr sehen konnte. Aber immerhin konnte ich noch hören, wie sie vor sich hin zwitscherten, eine Mischung aus hellem Piepen und dunklerem Quaken.

Ich schulterte den Rucksack und begab mich zu meinem Lagerplatz. Auch ohne Stirnlampe war es kein Problem, sich zurechtzufinden. Der Schnee erhellte alles, und bald würden auch die Sterne am Himmel erscheinen. Es waren drei oder vier Tage bis Vollmond. Als ich zu der Stelle kam, wo ich den Forstweg verlassen musste, kletterte ich auf den Schneewall am Rand. Ich sprang von dort so weit wie möglich in den Wald hinein und landete unter einer großen Fichte. Für jeden, der mich gesehen hätte, wäre das wohl ein seltsamer Anblick gewesen. Ich kroch unter den niedrigsten Ästen bis dicht an den Stamm heran und kam mit einiger Mühe auf der anderen Seite wieder heraus. Dann bahnte ich mir im tiefen Schnee den Weg zu meinem Lagerplatz. Vielleicht war mein Vorgehen etwas übertrieben, aber so konnte ich sicher sein, dass ich nicht von einem Langläufer im Schlaf gestört werden würde, der meinte, aus reiner Neugier meinen Spuren folgen zu müssen. Ich wollte allein sein. Schließlich würde ich ohne Zelt übernachten, völlig ungeschützt und der Umgebung offen ausgeliefert.

Der Lagerplatz lag gänzlich unberührt da. Ich schnitt ein paar Fichtenzweige ab und verteilte sie über den Schnee, genau dort, wo mein Zelt im Februar gestanden hatte. Ich legte zwei Schichten übereinander und achtete darauf, sie so zu arrangieren, dass die geschwungenen Seiten nach oben wiesen. Auf diese Weise würden sie als leichte Federung dienen, und mein Bett würde sich viel weicher anfühlen. Dann legte ich die Liegematte auf die Zweige und den Schlafsack obenauf. Widerwillig zog ich Wanderjacke, Primaloft-Jacke und Allwetterhose aus, stopfte alles in den Rucksack und kroch, nur mit Strumpfhose, Pullover, Socken und Mütze bekleidet in meinen Schlafsack.

Vor dem Einschlafen versuchte ich, im Schein meiner Stirnlampe *In die Wildnis* zu lesen. Ich hatte nur Augen für meine Buchseiten. Der Wald um mich herum war nicht mehr als eine dunkle, diffuse Wand, und Gott weiß, was da womöglich alles drinhockte und mich anstarrte.

Die Verfilmung von Chris McCandless' Leben ist weitaus weniger differenziert als Krakauers Buch. Im Film wird McCandless als eindimensionaler Abenteurer dargestellt. Er rebelliert gegen seine Eltern und die

profitorientierte Wegwerfgesellschaft, in der er lebt. Die Gesellschaft ist der Feind, das Individuum ist der Held. Die Verfilmung der Geschichte ist eine Art romantische Tragödie, die den Zuschauer in einer Mischung aus Ehrfurcht, Trauer, Neid und Beschämung zurücklassen soll. Krakauers Buch hingegen zeigt auch andere Perspektiven auf. Er vergleicht Chris McCandless mit anderen Abenteurern, die ähnlich denken wie er. In der jungen Geschichte der USA gibt es viele davon, und einige fühlen sich von Alaska geradezu magnetisch angezogen. *The last frontier,* der einzige Ort, an dem es immer noch möglich ist, ein freies Leben zu führen, wie Henry D. Thoreau es in *Walden* beschreibt:

Ich ging in den Wald, weil ich den Wunsch hatte, mit Besonnenheit zu leben. Ich wollte zum Wirklichen, zum Kern des Lebens durchdringen, versuchen, ob ich nicht lernen könnte, was er zu lehren hat, damit ich, wenn es einmal ans Sterben ginge, nicht entdecken müsste, dass ich nicht gelebt hatte.

Chris McCandless hatte Thoreau natürlich gelesen. Während seines Aufenthaltes im Bus auf dem Stampede Trail fasst er sogar das berühmte Zitat in eigene Worte:

Mit Besonnenheit leben: bewusste Aufmerksamkeit den elementaren Dingen des Lebens gegenüber, und eine ständige Aufmerksamkeit dem direkten Umfeld gegenüber und dem, was es einem abverlangt (…) Der wahre Sinn liegt in dem persönlichen Verhältnis zu einem Phänomen, was es einem bedeutet.

Schon bald zeigte sich, dass sich die Lektüre überaus unpraktisch gestaltete. Wenn ich las, musste ich mir notwendigerweise das Buch vors Gesicht halten, und dazu musste ich die ganze Zeit mindestens einen Arm außerhalb des Schlafsacks haben. Hatte ich eine Seite gelesen und wollte zur nächsten umblättern, musste ich auch den anderen Arm hinausstrecken, und auf Dauer wurde es bei diesem Arrangement ziemlich kalt. Ich packte Buch, Stirnlampe und Lesebrille in den Schlafsack, zog mir die Kapuze dicht über den Kopf und die Mütze tief ins Gesicht und dachte stattdessen an andere Abenteurer, von denen ich gelesen hatte.

Richard Proenneke ist ein Mann, für den ich mich interessiere. Große Teile seines Lebens verbrachte er in der Wildnis Alaskas, ganz allein, an einem Ort, den er Twin Lakes taufte. Zum ersten Mal fuhr er Ende der Sechzigerjahre dorthin. Proenneke war ausgebildeter Mechaniker und Tischler, in jeder Hinsicht ein praktisch veranlagter Mensch. Ganz allein errichtete er eine Blockhütte, die heute eine Attraktion für Wandertouristen ist. Proenneke filmte seine Erlebnisse auch. Er filmte sich, während er die Hütte baute, während er im Kanu umherpaddelte, während er verschiedenste Gerätschaften aus Holz herstellte, während er draußen vor seiner Hütte saß und auf den See blickte. Die Erzählerstimme ist rau und nüchtern. Proenneke redet niemals über die Beweggründe seiner Expedition. Stets richtet er seine Aufmerksamkeit auf die Umgebung. Er erzählt, was er zu tun hat, wann er es tun muss und auf welche Weise. Die Blockhütte muss vor dem ersten Schnee fertig sein, der Bau soll so und so durchgeführt werden. Er wiederholt immer wieder, wie wichtig es sei, sich Zeit zu nehmen, die einzelnen Arbeitsschritte niemals zu überstürzen. Über andere Menschen redet er nur wenig, auch nicht über die politischen oder persönlichen Motive für seine Lebensweise.

Ich hatte auch einen Film über einen Iren gesehen, der sich im Sommer 2009 auf eine hunderttägige Expedition in Kanada begab. Auch der Ire filmte seine Aktivitäten; das Ergebnis – eine dreiteilige Dokumentation – wurde auf National Geographic Channel gezeigt. Der Ire hat einen völlig anderen Zugang zu diesem Expeditionsabenteuer. Er ist das genaue Gegenteil von Proenneke. Der Film beginnt im Flugzeug auf dem Weg in die Wildnis. Der Ire filmt ausschließlich sein eigenes Gesicht. Er ist gut gelaunt, erzählt, dass er schon früher viele ähnliche Dinge unternommen hat, ja sogar auf dem Mount Everest war. Wie sich allerdings diese hundert einsamen Tage in der Wildnis gestalten werden, kann er sich noch nicht recht vorstellen.

Das Wasserflugzeug setzt ihn am vereinbarten Ort ab und fliegt dann weiter. Lächelnd und bester Dinge fährt der Ire fort, sich zu filmen. Bereits an diesem Punkt des Films ahnt man, dass dieser Typ vor allem an seinen medialen Auftritt denkt, daran, dass dieser Film von Hunderttausenden Menschen gesehen werden soll.

Während Proennekes Aufmerksamkeit auf das Äußere gerichtet ist, auf die Umgebung und die praktische Arbeit, lenkt der Ire die ganze Zeit den Blick auf sein Innenleben. Er ist ein Narziss in der Wildnis, was mit Sicherheit nicht einfach sein kann. So häufig, dass es langweilig wird, wiederholt er, es gebe Bären in dieser Gegend und er sei ganz allein. Am ersten Tag paddelt er mit einer Angelrute auf einen See hinaus. Innerhalb kurzer Zeit fängt er drei Äschen, die er zubereitet und zum Abendessen verspeist. Ab diesem Punkt geht es bergab. Er weint in die Kamera, sagt, dass ihm Menschen fehlen, dass er es vermisse, jemanden in den Armen zu halten und mit jemandem zu reden. Zwei Wochen danach beklagt er sich über Hunger, was völlig unverständlich ist, da er sich mit einer Angelausrüstung am Ufer eines großen Sees in Kanada befindet. Er erlegt einen Igel und zwei Eichhörnchen und wartet darauf, dass die Lachse in den Flüssen auftauchen. Niemals filmt er, wenn er angelt. Er wird immer magerer und immer apathischer. Das Einzige, was ihn noch zu interessieren scheint, ist er selbst und sein Zustand. Nach fünfzig Tagen gibt er auf. Er schickt ein SOS-Signal über Funk, und als das Wasserflugzeug kurze Zeit später auf dem See landet, filmt er sich, während er weint und den Piloten in die Arme schließt.

Richard Proenneke hatte geplant, zwei Jahre in dieser Blockhütte an den Twin Lakes zu leben. Tatsächlich blieb er dreißig Jahre dort. Mit 82 zog er zu seinem Bruder nach Kalifornien, wo er seine letzten Lebensjahre verbrachte. Er starb 2003.

Ich schlief die ganze Nacht und erwachte erst, als mich mein Handy um vier Uhr weckte. Als das Wecksignal die große dunkle Stille durchbrach, entstand eine unfassbare Disharmonie. Aber ich wollte so gern den Sonnenaufgang erleben. Der Schlafsack war von dickem Raureif überzogen, doch ich fror überhaupt nicht. Im Lichtschein meiner Stirnlampe packte ich alles zusammen. Ich zündete ein Feuer an und kochte Kaffee. Dann ging ich entspannt in Richtung Parkplatz. Ermuntert durch das Erlebnis im Februar, hielt ich nach Elchen Ausschau. Am Himmel leuchteten unzählige Sterne. Wie reglose Schatten säumten die Fichten den Forstweg. Es kam mir vor, als ginge ich durch einen Tunnel oder als säße ich in einem Raumschiff, unterwegs zu neuen Galaxien. Alles, was ich in diesem schwachen Morgenlicht sah, glich Elchen, aber wenn ich dann stehen blieb, war es doch nur ein Stein oder ein Baum oder die Wurzel einer umgestürzten Fichte. Ein wenig abseits vom Weg kam ein Fuchs unbeschwert über eine Lichtung getrottet. Als er mich entdeckte, blieb er stehen und hob den Kopf. Dann verschwand er blitzschnell zwischen den Fichten. Elche sah ich keine. Leicht enttäuscht stapfte ich die letzten Anhöhen hinunter und dachte, dass ich hier wohl das Letzte vom Winter dieses Jahres zu Gesicht bekam.

Als ich den Parkplatz erreichte, war es taghell. Die Vögel sangen, und über den großen Anhöhen im Osten tauchte die Sonne auf. Der Parkplatz war leer, nur mein Auto stand noch da. Dann habe wohl nur ich heute Nacht im Wald geschlafen, dachte ich zufrieden. Ich startete den Wagen, pries die Erfindung der Heizung und fuhr in Richtung Stadt und Menschen.

FRÜHLING

Die Ruhe des Waldes

Es gibt nur wenige Dinge, die man sich schwerer vorstellen kann, als dass eine kalte und verschneite Landschaft, bis ins Mark leblos und still, nur wenige Monate später grün und fruchtbar und warm sein wird, von allerlei Leben vibrierend, von Vögeln, die von Baum zu Baum fliegen und singen, bis hin zu Insektenschwärmen, die an manchen Stellen in Trauben in der Luft hängen. Nichts in der Winterlandschaft kündigt den Geruch sonnenwarmen Heidekrauts und Mooses und saftstrotzender Bäume und offenen Wassers an, als füllten Frühling und Sommer sie (…) Es ist nicht da, es existiert nicht, alles ist weiß und still, und wird diese Stille einmal durchbrochen, dann von einem eisigen Wind oder dem Krächzen einer einsamen Krähe. Aber es kommt … es kommt …

Karl Ove Knausgård, *Sterben*

Allein im Wald zu übernachten oder zusammen mit anderen – der Unterschied zwischen diesen beiden Möglichkeiten ist so groß, dass er gar nicht genügend hervorgehoben werden kann. Es spielt keine Rolle, ob man einen Freund bei sich hat oder zwanzig. Allein oder nicht allein, das ist hier die Frage. Der Unterschied wirkt sich auf die winzigsten Details aus, doch am wichtigsten ist: Bist du allein, hören die Gespräche auf. Du verursachst keine anderen Geräusche als diejenigen, die entstehen, wenn deine Füße auf den Waldboden treffen. Und ganz instinktiv versuchst du, diese Geräusche so weit wie möglich zu begrenzen. Wenn du allein bist, schleichst du umher, ohne dir eigentlich darüber bewusst zu sein, insbesondere nachdem es dunkel geworden ist. Du willst nicht stören, und du willst nicht entdeckt werden. So einfach ist das. Diese

Behutsamkeit führt wiederum dazu, dass du viel mehr von dem siehst und hörst, was um dich herum vorgeht. Ohne Angst vor Übertreibung behaupte ich sogar, dass du nahezu alles siehst und hörst, wenn du allein im Wald bist, aber so gut wie nichts, wenn du mit anderen zusammen bist.

Es war ein mildes und sonniges Wochenende in der zweiten Aprilhälfte. Mit einem großen Rucksack zu meinen Füßen stand ich auf der Straße vor unserem Vierfamilienhaus. Das gelbe Vorjahresgras am Wegesrand hatte Gesellschaft von dem einen oder anderen grünen Halm bekommen, und die Knospen an den Bäumen waren in den letzten Tagen deutlich größer geworden. Der Asphalt war trocken und hell und strahlte eine angenehme Wärme aus. Aus den Gärten hörte ich Gelächter und Kindergeschrei, leises Geraune von den Stimmen der Erwachsenen, klirrende Kaffeetassen, das charakteristische Knirschen eines Trampolins, auf dem Kinder herumhüpften. Ich stand, wie es so schön heißt, an der Schwelle zu einer neuen Jahreszeit, der meistbejubelten von allen, dem Frühling. Eine Metapher für alle positiven Dinge auf Erden, für Geburt und Liebe und Hoffnung und Glück und neue Chancen, wo alte verspielt wurden.

Die vierte Etappe meiner Mikroexpedition unterschied sich von den drei vorangegangenen in zwei wesentlichen Punkten, und ich war, wenn ich ehrlich sein soll, beiden gegenüber skeptisch. Es war einzig und allein mein Fehler, doch als ich dort stand und wartete, konnte ich gar nicht mehr begreifen, wieso ich ausgerechnet jetzt, da wirklich alles richtig in Gang gekommen war, diese beiden Veränderungen zugelassen hatte. Zum einen würde ich in Begleitung unterwegs sein. Kristian, ein Fotograf, würde fotografieren und filmen und auf diese Weise das kleine Ereignis dokumentieren. Ich habe nichts an Kristian auszusetzen, er ist ein in jeder Hinsicht ausgezeichneter Mann, gleichwohl lässt sich nicht leugnen, dass er ein Mensch ist, und bislang war es ja gerade Sinn und Zweck gewesen, ohne andere Menschen klarzukommen. Zum anderen würde die Expedition zum ersten Mal nicht an den kleinen Waldsee führen. April ist der Monat, in dem die großen Waldvögel ihre uralten Paarungsrituale durchführen, und ein Ziel dieser Etappe war, einen sogenannten Balztanz zu beobachten. Birkhuhn oder Auerhahn oder beide. Wir würden es nehmen, wie es kommt. Der Lagerplatz am See war dafür kein geeigneter Ort, weswegen wir weiter in den nördlichen Teil der Nordmarka wandern wollten, in ein Gebiet, wo es bestimmt ein paar schöne Balzplätze geben würde.

Glück hatte, würde ich vier Stunden Schlaf bekommen, aber vier Stunden sind für einen japanischen Geschäftsmann gar nicht so übel.

Auf dem ganzen Weg durch den Wald regnete es. Ich war mittlerweile so durchnässt, dass ich nichts mehr zu verlieren hatte. Ein befreiendes Gefühl. Hier geht ein Mann, der nass bis auf die Haut ist, also fall nur, Regen, du kümmerst ihn nicht mehr! Unten an meinem Picknickplatz blieb ich stehen und zog die Gore-Tex-Jacke, die Regenhose und sogar die Unterhose aus. Sie war aus Baumwolle und triefnass. Jetzt hatte ich nur noch Wollsocken, Wollunterhemd und Wollstrumpfhose an. Alles war nass, wärmte aber dennoch. Ich lief weiter über den Forstweg und dachte an Freud und Fugelli.

Mir wohnt kein Todestrieb inne, über den ich reden müsste, und wesentlich aggressiver, als wenn ich das Jan-Baalsrud-Argument hervorkrame, werde ich selten. Es gefällt mir, nachts allein und nur in dünner Wollunterwäsche durch den Wald zu streifen, aber ich kann auch ein geselliger Typ sein. Im Mai besteht die Herausforderung darin, beides ausgewogen unter einen Hut zu bringen.

Als ich an einem Donnerstag im Januar diesen Forstweg entlanggegangen war, mit knirschenden Wanderstiefeln und einem schweren Rucksack auf den Schultern, war Fugellis Artikel in aller Munde, und ich hatte mir die unbequeme Frage gestellt: Woraus besteht eigentlich meine Herde? Die Antwort war einfach. Meine Herde, das sind Trude und die Kinder, nur diese drei. Neunzig Prozent meiner Zeit verbringe ich mit ihnen, und von den übrigen zehn würde ich gern einen Teil im Wald verbringen. Vielleicht gibt es noch andere, denen es wie mir ergeht, vielleicht bin ich auch bloß aus der Zeit gefallen. Wie dem auch sei, diese Etappe meiner Mikroexpedition möchte ich gern mit einem Zitat von jemandem abrunden, den ich einst kannte und der so gut wie alles, was er sagte, mit folgenden weisen Worten abschloss: *Die Menschen sind, wenn man alles berücksichtigt, oft ziemlich verschieden.*

der zwischen den kahlen Laubbäumen gerade noch erkennbar war. Es war ein alter Karrenweg, der laut Landkarte zu einem Gebiet mit drei kleinen Seen und einem großen, zusammenhängenden Moor führen sollte. Ganz bestimmt war dieses Gebiet ein bevorzugter Balzplatz für große Vögel. Auerhähne drinnen im Wald, Birkhühner im offenen Moor. Wir hatten nur wenige Kilometer vor uns und ließen uns daher Zeit. Wir hielten nach Leberblümchen Ausschau, entdeckten aber keine. Auf den nach Norden ausgerichteten Hängen lag immer noch hoher Schnee, wenngleich schon sehr sulzig. Wie es häufig vorkommt, wenn man an einem milden Frühlingstag durch den Wald geht, waren wir gut gelaunt, und gut gelaunte Menschen neigen zu ausgiebigen Gesprächen. Je mehr Geräusche wir verursachten, desto weniger Geräusche machte der Wald um uns herum. Und je mehr wir miteinander schwatzten, desto weniger wurde uns das bewusst. Wir warfen einen Blick auf die Landkarte und stellten fest, dass wir nicht aufgepasst hatten. Wir waren zu weit gegangen. Daher kehrten wir um und liefen zurück. Dann verließen wir den Pfad und bewegten uns hinunter zum Talgrund, wo wir die Seen und das große Moor vermuteten.

Wir kämpften uns durch einen dichten jungen Birkenwald. Nach einer Weile flachte das Terrain ab, und wir kamen zu einem offenen, von Kiefern dominierten Abschnitt. Das Land des Auerhahns dachte ich, und spähte aufmerksam nach allen Seiten. Kristian war direkt hinter mir. Mittlerweile unterhielten wir uns nur noch flüsternd. Es war unwahrscheinlich, dass wir jetzt, mitten am Tag, auf Auerhähne stoßen würden, aber mir gefiel die Art, wie wir uns vorwärtsschlichen. Außerdem hatte ich nach vielen Jahren als Fliegenfischer gelernt, dass man sich bei den Geschöpfen der Natur nie ganz sicher sein kann. Gar nicht so selten treiben sie höchst eigenartige Dinge, die allem üblichen Verhalten widersprechen, und die Waldvögel waren zu dieser Jahreszeit derart hormongesteuert, dass sie völlig verrücktspielten. Alles Mögliche konnte passieren, es galt also, vorbereitet zu sein. Weil Kristian mir mit seiner Filmkamera folgte, war ich versucht, mich auf möglichst graziöse und elegante Weise fortzubewegen, nicht unähnlich dem Iren in Kanada.

Ich sagte zu Kristian, dass wir ein paar vielversprechende Stellen ausmachen und sie früh am nächsten Morgen wieder aufsuchen sollten. So lautete mein Plan, und wenn man auf diese Weise nach

Wir fuhren mit zwei Autos, Geir und David im ersten, ich folgte mit meinem. Die beiden Freunde wollten abends wieder zu Hause sein, ich wollte bis zum nächsten Tag bleiben. Geir wusste von einem See, wo die größte aller Eintagsfliegen, *Ephemera vulgata*, zahlreich vorkommen sollte. Die zweite Junihälfte ist die Zeit, in der sie ihr letztes Entwicklungsstadium durchlaufen und für eine Weile zu einem landlebenden Insekt werden, um kurz darauf zu sterben. Die Fliegennymphen steigen an die Wasseroberfläche, und die fertigen Insekten krabbeln heraus. Sie können einige Zentimeter lang sein und sehen wie kleine Segelboote aus, wenn sie dann auf der Oberfläche sitzen und ihre Flügel trocknen lassen, ehe sie abheben und davonfliegen. Die Eintagsfliege *Ephemera vulgata* ist eine derart üppige und energiereiche Mahlzeit für die Forelle, dass diese gar nicht anders kann, als sie zu fressen. Das hatte ich im Kopf, als ich im Wagen in Richtung Norden fuhr. Die Voraussetzungen für diese Angeltour waren denkbar einfach: Falls *Ephemera vulgata* heute schlüpfte, würden die größten Forellen an die Oberfläche des Sees steigen.

Wir fuhren an den Satellitenstädten im Norden Oslos vorbei, hinter den dicht belaubten Bäumen waren die großen Wohnblöcke kaum zu erkennen. Es war bewölkt und nahezu windstill. Weiter im Norden hing der Nebel dicht über den Berghängen. Nieselregen fiel auf die Windschutzscheibe. Ich hörte Countrymusik und verspürte zunehmend Vorfreude. Milde Luft und leichter Regen – ein Wetter, bei dem die Fische sicher anbissen, wie ich glaubte.

In seinem Vortrag »Wissenschaft als Beruf« sagte der deutsche Soziologe Max Weber, unsere Zeit sei mehr als alles andere von Rationalisierung und Intellektualisierung und vor allem von der Entzauberung der Welt gekennzeichnet. Zu dem Ausdruck »Entzauberung der Welt« habe ich das gleiche Verhältnis wie zu Freuds »Unbehagen in der Kultur«, das mich im Mai so beschäftigt hatte. Ich erinnere mich nur noch bruchstückhaft, was der Begriff bedeutet, denke aber ständig daran und interpretiere ihn vielleicht auch auf meine ganz eigene Weise.

Wenn ich es richtig in Erinnerung habe, hebt Weber hervor, dass mit der wissenschaftlichen Revolution eine wichtige Bedeutungsdimension im Leben des Menschen verloren ging. Früher war der Mensch gezwungen gewesen, den ihm unbegreiflichen Naturphänomenen einen Sinn zuzuschreiben. Daher erschuf er Erzählungen und Mythen, um sich diese Naturphänomene verständlich zu machen, und diese Erzählungen hatten oftmals eine normative Wirkung auf das Leben des Menschen. Ein Gewitter, ein Vulkanausbruch, eine Überschwemmung konnten als Zorn der Götter gedeutet werden, und die Menschen mussten in sich gehen und sich fragen: Was haben wir getan, das den Zorn der Götter erregte? Haben wir diese Grausamkeit verdient? Und was können wir tun, um in Zukunft von ihnen verschont zu werden?

Mit der wissenschaftlichen Revolution verfügte man nun über rationale Erklärungen: elektrische Entladungen in der Atmosphäre; Ausbruch von flüssigem Gestein aus dem Innern der Erde, der von hohem Druck verursacht wird; Schneeschmelze im Gebirge, die mit niedrigem Luftdruck und großen Niederschlagsmengen zusammenfällt.

Wo die Welt einst mystisch, ja, magisch war, wurde sie nach der wissenschaftlichen Revolution geradezu trivial. Es gab keine Bedeutungsdimensionen mehr, nur trockene, empirische Fakten. Hatte der Mensch früher sein Leben sogenannten äußeren Instanzen unterworfen (Gott, Kosmos, Natur), war er plötzlich selbst die Krone der Schöpfung. Die wissenschaftliche, industrielle und technologische Revolution« bildete damit die Grundlage für die massive Ausbeutung der Natur, wie wir sie heute erleben. Plötzlich waren

Wo noch vor wenigen Wochen alles tot und still war, wimmelt es nun von Leben. Der Grund dafür ist so einfach wie offensichtlich. In unseren nördlichen Breitengraden muss alles im Laufe dieser kurzen Frühlingswochen geschehen, damit die Nachkommen genügend Kraft für den Winter sammeln können. Deshalb ist jetzt Multitasking unerlässlich. Sich auf eine bestimmte Sache zu konzentrieren ist in der Natur gleichbedeutend mit Unachtsamkeit. Sich von einem einzigen Vorhaben leiten zu lassen bedeutet den sicheren Tod. Die Bewohner der Natur müssen jetzt einen Gefährten finden, einen Hausstand gründen, ihren Besitz verteidigen, Konkurrenten fernhalten, andere Bewohner fressen, dabei aber vermeiden, selbst gefressen zu werden. Die Vorstellung von der Ruhe des Waldes trifft niemals weniger zu als im Frühjahr. Von morgens bis abends herrscht Chaos und Betriebsamkeit, ein Wirrwarr aus intensivem Tatendrang, knappen Zeitfristen, ehrgeiziger Gründertätigkeit, Eigentumsstreitigkeiten und Muskelspielen. Und unter all dem lauert der ewige Geschlechtstrieb, Ursache der meisten Konflikte und zugleich unabdingbar für die Fortsetzung des Lebens.

Wir setzten unseren Weg durch den Wald fort. Ganz still. Vielleicht hatte das Skelett damit zu tun, jedenfalls hatte der Fund einen gewissen Eindruck bei uns hinterlassen. Ungeachtet dessen nahm der Gesang der Vögel um uns herum zu – oder vielleicht war er auch die ganze Zeit schon dagewesen, ohne dass es uns aufgefallen war.

Kristian und ich stapften hintereinander durch dieses Sirren und Flirren des neuen Lebens, die Sonnenstrahlen schnitten durch den lichten Wald und ließen den feuchten Boden glitzern und funkeln. Wir kamen zum ersten See, durchquerten das erste Hochmoor, liefen weiter durch ein Gehölz und erreichten ein größeres Moor, das zu einem weiteren Gewässer führte. An einigen Stellen lagen zwischen Ufer und Waldrand dreißig bis vierzig Meter. Im Sommer würde hier alles voller Leben sein, jetzt aber wirkte das Moor starr und leblos. An einigen Stellen war der Boden aufgeweicht, an anderen noch immer gefroren. Wir fanden einen Platz, der zur Errichtung unseres Lagers geeignet war: eine kleine Erhebung im Moor, auf der ein paar Birken wuchsen. Hier war der Boden härter und trockener. Außerdem lag die Stelle nicht allzu weit von dem Gebiet entfernt, von dem ich annahm, dass es die großen Waldvögel anziehen würde. Möglicherweise lag ich auch völlig daneben. Vielleicht hatten wir uns mitten auf dem Balzplatz niedergelassen, aber ein gewisses Risiko ist im Leben unumgänglich, und irgendwo mussten wir schließlich hin.

Kristian wollte filmen, wie ich Holz sammelte. Ich benahm mich wieder wie der Ire in Kanada. Es gelang mir nicht, eine gewisse Pose zu vermeiden. Ich wollte so gern, dass alles so wirkte, als ginge ich ganz alltäglichen und vertrauten Tätigkeiten nach, besonders weil es im Film gezeigt werden würde. Ich versuchte mich an ein paar trockenen Ästen einer alten, knorrigen Fichte. Die Äste waren ziemlich dick und knochenhart, es krachte laut, als sie schließlich abbrachen. Einer der Äste rammte sich in meine Hand und fügte mir einen tiefen Schnitt zu, der heftig zu bluten begann. Es tat höllisch weh, aber ich tat so, als wenn nichts wäre. Ich war der neue Lars Monsen. »Seht nur«, würden die Zuschauer vielleicht ausrufen, »das Blut trieft ihm von der Hand, und er bemerkt es noch nicht mal! Das ist ein Mann, der lange im Wald gelebt hat!«

Während wir uns dort im Moor befanden, ging der Nachmittag langsam in den Abend über. Die Sonne stand noch immer über dem Hang und sorgte für eine behagliche Wärme. Wir richteten uns ein und bereiteten unser Nachtlager. Ein Stapel trockenen Hol-

Terrain etwas welliger. Dort befand sich eine Art Insel aus schwimmendem Torf, dahinter gab es kleine Buchten mit hohen grünen Gräsern im Wasser. Ein paar umgestürzte alte Bäume. Vereinzelte Seerosen.

Wir setzten unsere Rucksäcke ab und bauten unsere Ausrüstung zusammen, ohne dabei den See aus den Augen zu lassen. Es gibt wohl kaum eine Situation, in der ich mich heimischer fühle, als wenn ich mit dem Angeln beginne. Ausreichend Zeit. Grenzenloser Optimismus. Nichts eilt. Alles kann passieren.

Als wir dort saßen, wussten wir, dass es der richtige Zeitpunkt im Jahr war, dass es der richtige Zeitpunkt des Tages war und dass die Wetterverhältnisse optimal waren. Alles stimmte – etwas, das einem Fliegenfischer so gut wie nie passiert. Wir montierten Ruten und Rollen, befestigten unsere *Vulgata*-Imitationen am Ende des Vorfachs und warteten. So eine Imitation ist die naturgetreue Nachbildung des echten Insekts, und da die Eintagsfliege in ihrem letzten Stadium vor dem Tod auf der Wasseroberfläche sitzt, wird mit diesen schwimmenden Imitationen gefischt. Das bezeichnet man als Trockenfliegenfischen. Man wirft den Köder nur aus, wenn die Fische an die Oberfläche steigen. Kein Fisch, kein Wurf. Ich hatte schon viele Angeltouren erlebt, die dieser enttäuschenden Kategorie zuzuordnen waren.

Eintagsfliegen sind uralte, primitive Insekten, von denen es über 3000 Arten gibt und die über weite Teile der Erde verbreitet sind. In Norwegen sind circa fünfzig verschiedene Arten bekannt. Die Bezeichnung »Eintagsfliege« und ihre metaphorische Verwendung in unserer Alltagssprache deuten an, dass diesen Insekten nur ein kurzes Leben beschieden ist. Das trifft auch zu, allerdings währt es länger als einen Tag, und was man als fertiges Insekt an einem

Waldsee im Juni beobachten kann, verkörpert nur das allerletzte, kurze Stadium im Leben dieser Geschöpfe. Was wir sehen, wenn sie mit ihren großen, durchsichtigen Flügeln über das Wasser tanzen, ist ihre Vollendung, und ihre einzige Aufgabe besteht darin, ihre Eier abzulegen. In der Gewissheit, dass ihr Lebenszweck erfüllt ist, können sie danach sterben.

Das letzte Stadium der Eintagsfliege wird in der Fachsprache Imago genannt. Bevor sie dieses Stadium erreichen, haben die Insekten als Nymphen existiert, kleine längliche und flügellose Geschöpfe in der Größe von Ameisen, tief unten im Wasser und vor den Menschen gut verborgen. Wenn die Eintagsfliege schlüpft, steigt die Nymphe vom Grund des Sees auf und setzt sich an der Wasseroberfläche fest. Das fertige Insekt kriecht dann aus dem Nymphenkokon. Es durchbricht die Wasseroberfläche und verweilt dort dann eine Weile, während es die Flügel trocknen lässt und sich – so könnte man sagen – an die neuen Lebensbedingungen gewöhnt.

Irgendwann hebt die Eintagsfliege vom Wasser ab und fliegt in Richtung Land. Doch zuvor verkörpert sie die perfekte Mahlzeit für die Forellen im Wasser. Siehst du im Juni einen Fisch an die Oberfläche steigen, schnappt er sich mit großer Wahrscheinlichkeit gerade eine Eintagsfliege. Im Laufe des Sommers befinden sich auch zahlreiche andere Insektenarten auf der Wasseroberfläche. Einige deswegen, weil ihr Lebenszyklus dem der Eintagsfliege gleicht (Köcherfliegen, Steinfliegen, Zuckmücken), andere, weil sie schlichtweg Pech hatten und während eines Ausflugs auf der Wasseroberfläche gelandet sind (Wespen, Schnaken, Haarmücken, Flugameisen, Motten).

Die Eintagsfliege ist so weit und so zahlreich verbreitet, dass sie im Sommer die wichtigste Nahrungsquelle für die Forelle darstellt. Es ist geradezu undenkbar, dass das Trockenfliegenfischen ohne Eintagsfliegen überhaupt entstanden wäre. Eben wegen jener In-

nicht eher wach, bis irgendwo in den Tiefen meines Schlafsacks der Handywecker klingelte.

Es war vier Uhr und immer noch dunkel. Der Schlafsack war von Raureif überzogen, aber ich fror nicht. Die Temperatur musste bei circa zehn Grad minus liegen, der Mond schwebte groß und weiß über der Anhöhe im Westen, die letzte Glut des Feuers war erloschen. Ich stützte mich auf die Ellbogen. Kristian lag in seinem blauen Schlafsack auf der Seite und hatte mir den Rücken zugekehrt. Ich sprach ihn an, erst leise, dann lauter. Er fing an zu grunzen. »Gott verflucht, was hab ich gefroren«, sagte er. »Ich hab die ganze Nacht kein Auge zugemacht!« Er sah völlig gerädert aus, und ich kapierte schnell, dass jetzt keine Zeit für Scherze war. Ich wusste ja, wie es ihm ergangen war. Wir zündeten ein Feuer an, was das Kältegefühl relativ schnell vertrieb. Wir frühstückten und packten unsere Sachen zusammen. Es wurde langsam hell, wir unterhielten uns leise. Kristian sagte, er wolle sich als Erstes einen neuen Schlafsack kaufen, sobald er in die Stadt zurückkomme. Ich hielt das für eine gute Idee. Dann setzten wir unsere Rucksäcke auf und begaben uns in dieselbe Richtung, aus der wir gekommen waren.

Als erwachsener Mensch habe ich niemals den Balztanz eines Auerhahns gesehen, meine mich aber zu erinnern, ihn als Kind zusammen mit meinem Großvater erlebt zu haben. Er sah sich das

mitunter so fokussiert auf eben jenes Insekt werden, dass sie jedes andere Angebot ablehnt. Hat sich die Forelle einmal dazu entschlossen, millimetergroße Zuckmückenpuppen zu fressen, kann es passieren, dass sie einen großen fetten Regenwurm ignoriert, auch wenn der Angler ihr diesen zehn Zentimeter vor die Nase hängt. Und das geschieht ganz einfach deshalb, weil die Forelle in diesem Moment den Regenwurm nicht als etwas Essbares wahrnimmt. Die Menge ist ausschlaggebend. Das Insekt, von dem am meisten vorhanden ist, wird für die Forelle dann zur Nahrung per se. Es ist ungefähr so, als müsstest du deinen Kindern jeden Morgen zwanzig Butterbrote mit Nutella schmieren, bevor sie begreifen, dass es sich um Nahrung handelt, und sie mit dem Essen anfangen.

Die früheren englischen Imitationsfliegen waren manchmal bunt bis an die Grenze der Geschmacklosigkeit. Besonders die Lachsfliegen erinnern an die Kostüme alter, westdeutscher Grand-Prix-Teilnehmer. Die Imitationen der Eintagsfliegen hingegen wirken heutzutage erstaunlich naturgetreu und tragen poetische Namen. *Pale morning dun, Blue dun* oder *Greenwells glory.* Sie ähneln ihren Vorbildern in der Natur, daher ist die Annahme nachvollziehbar, dass sie als deren Imitationen gefertigt wurden, um die Forellen in den englischen Flüssen zu täuschen.

Diese Arten der Fliegen-Imitationen gibt es allerdings erst seit den Achtzigerjahren. Bis zu dieser Zeit waren die meisten Köder reine Fantasieprodukte, auch wenn sie von den Fischen mit echten Fliegen verwechselt wurden. Aber die Forelle verfügt schließlich nicht über die Voraussetzungen, um zwischen echt und unecht unterscheiden zu können.

Mit der Entwicklung moderner Imitationen hielt auch die Wissenschaft Einzug in den Angelsport. Der Fliegenfischer warf nicht mehr aufs Geratewohl mit einer willkürlichen Fliege am Ende des Vorfachs aus. Jetzt bildete er sich ein, die Natur bis ins kleinste Detail erklären, sie nach ihren eigenen Prämissen täuschen und damit jegliches Scheitern nahezu ausschließen zu können. Das Fliegenfischen wurde zu einer Tätigkeit, bei der genaue Vorausberechnungen zu einem wissenschaftlich korrekten Ergebnis führen sollten. Bei dieser historischen Entwicklung ist Max Weber deutlich spürbar, doch glücklicherweise zeigte sich, dass die wissenschaftlichen Fähigkeiten des Menschen auch hier an ihre Grenzen stießen. Unter der Wasseroberfläche lauern unzählige Unwägbarkeiten, die der Fliegenfischer nicht in seine Berechnungen mit einbeziehen kann.

An der Südseite der Landspitze verging die Zeit nur langsam. Die intensive Wachheit, die ein Insekt auf dem Wasser beim Fliegenfischer hervorruft, kann nicht ewig anhalten. Konzentration ist anstrengend. Es handelt sich um einen eher flüchtigen Gemütszustand. Es ist ziemlich anspruchsvoll, die ganze Zeit dazusitzen und aufs Wasser zu starren, ohne die Gedanken abschweifen zu lassen.

Die Eintagsfliegen schlüpften fleißig aus, doch kein einziger Fisch ließ sich blicken. Zunächst waren wir verwundert und dachten, dass sich die Forellen eben nur etwas verspätet hätten, dass sie eine gewisse Anzahl an Insekten brauchten, um loszulegen. Nach einer Weile aber kam uns der Gedanke, dass vielleicht ohnehin nichts geschehen würde.

Nachdem er sich ein paar Stunden auf einer der schwimmenden Torfinseln aufgehalten hatte, kam Geir zurück. Dort hatte er ganz ruhig gesessen und gewartet. Das macht er in der Regel ganz gern, und wie ich ihn kenne, hätte es ihm wohl auch nichts ausgemacht, dort sitzen zu bleiben und bis zum nächsten Jahr auf das Schlüpfen

Mai

Das Unbehagen in der Kultur

Wenn der Frühling kam (…) gab es keine Probleme außer dem, wo man am glücklichsten sein würde. Das einzige, was einen Tag verderben konnte, waren Menschen, und wenn man vermeiden konnte, Verabredungen zu treffen, so war jeder Tag ohne Grenzen.

Ernest Hemingway, *Paris – Ein Fest fürs Leben*

Für jeden, der sich selbst genug ist, stellt der Mai eine Herausforderung dar. Es ist die Zeit der großen Interessenkonflikte. Maiglöckchen wollen gepflückt werden, doch dann zeigt sich, dass Ottos Neffe genau an dem Tag Konfirmation feiert, wenn sie aus dem Boden schießen. Die ersten Eintagsfliegen brüten, wenn die ganze Familie bei Halvorsen unten in der Straße zu Kaffee und Kuchen eingeladen ist. Der Balztanz des Birkhuhns muss abgeschrieben werden, weil Onkel Rolf eine ganze Handvoll Eintrittskarten für den Jahrmarkt bekommen hat und alle zum Mitkommen einlädt.

So ist der Mai. Er ist ein Monat, der so vollgestopft mit Ereignissen sowohl in der Natur als auch in der Kultur ist, dass Konflikte unausweichlich sind. Und wie nicht anders zu erwarten, zieht die Natur dabei immer den Kürzeren. Ziellos und allein im Wald herumzustreifen wird weder in unserem Land noch vermutlich in irgendeinem anderen als sozial erbauliche oder gesellschaftlich konstruktive Tätigkeit betrachtet. In unserer Kultur gibt es kein Verständnis dafür, dass manche Menschen ihre Zeit lieber allein in einem kleinen Kuppelzelt verbringen möchten, anstatt mit fünfzig Artgenossen unter einem großen Partyzelt. Das Bedürfnis nach Alleinsein wird einfach nicht ernst genommen.

Mein Traum von einem temporären Reservat, zwölf Tagen, die nur mir allein gehörten, stieß im Laufe des Jahres niemals auf größere Herausforderungen als im Mai. Alles passierte gleichzeitig, sowohl in der Natur als auch in der Kultur. Es gab zu viel von allem. Ich reagierte mit Wut und Frustration. Der Mai ist der willkommenste aller Monate des Jahres, wie keine andere Jahreszeit animiert er zu Liedern und Gedichten. Und diese handeln ausschließlich davon, wie schön und mild dieser Monat ist, wie die Vögel ihre Nester bauen, während der Ruf des Kuckucks durch den Wald schallt. Doch was nützt es, wenn niemand da ist, um es zu bezeugen?

🌰

Im Winter war das Leben einfach gewesen. Ich hatte so gut wie keine Verabredungen, und die wenigen stattfindenden Ereignisse wiederholten sich im Wochenturnus. Sie waren reine Routine, und von mir wurde nicht mehr erwartet, als dass ich sie nicht vergaß. Als der Silvesterabend überstanden war, lag eine lange Reihe von fast hundert Werktagen vor mir, eintönig und übersichtlich wie eine stille, schneebedeckte Hochebene.

Ruhe überkam mich. Ich war in meinem Element. Ein Tag war wie der andere, und da die Veränderungen in dieser Jahreszeit von einem Tag auf den nächsten so gering sind, war es einfach, ihnen zu folgen. Mal lag mehr Schnee, mal weniger. Rosa Sonnenaufgänge über den Hausdächern im Osten oder ein weißer, konturloser Himmel. Eine neue Vogelart auf dem Futterbrett. Ein eiskalter Nordwind. Seit der Wintersonnenwende war jeder Tag vier Minuten länger als der vorangegangene.

＊

Solange ich zurückdenken kann, habe ich mir jeden Winter gesagt: Jetzt musst du aufpassen, jetzt musst du auf die Details achtgeben; dir die kleinen Momente, die du nur jetzt und niemals sonst erlebst, fest ins Gedächtnis einprägen. Sie waren gestern nicht da und werden morgen nicht mehr hier sein.

Jeden Winter sage ich mir das, doch wenn der Frühling kommt und ich diese Aufmerksamkeit mehr denn je brauche, entgleitet sie mir. Ich falle in eine Art Schlummer, ich sehe nichts mehr, ein Tag folgt auf den anderen, bis ich dann irgendwann in der Straßenbahn sitze und gereizt feststelle, dass mir zu warm ist.

Auch in diesem Jahr ist es so gekommen. In der ersten Maihälfte hatte ich frustrierend viel Arbeit, die ich irgendwie bewältigen musste. Einige Dinge hatten sich verzögert, Abgabefristen wurden verkürzt, neue Aufgaben tauchten auf. Mehr und mehr störte ich mich an dem sozioökonomischen Umstand, dass wir fast unser ganzes Leben mit Arbeit verbringen, und daran, wie sinnlos manche dieser Tätigkeiten mitunter erscheinen, meine eigene inbegriffen.

Mein E-Mail-Postfach quoll über vor Nachrichten, so gut wie jeder wollte etwas von mir. Es waren Mitteilungen über immer neue gesellschaftliche oder berufliche Veranstaltungen, über Treffpunkte und angemessene Garderobe und Verantwortungsbereiche. Ich druckte Anhänge mit Excel-Tabellen voller Termine aus, die ich anschließend in meinen Kalender eintrug. Im Mai ist die Gefahr, etwas zu vergessen, am größten, und ich hasse es, Dinge zu vergessen. Ich war reizbar, fühlte mich eingesperrt und ärgerte mich wie so oft über die alles überschattende Tatsache, dass den meisten Menschen so viel an Verabredungen liegt. Dass sie auf Teufel komm raus alle möglichen Dinge mit anderen feiern möchten. Es konnte mich schier verrückt machen zu wissen, dass ich ganze Tage auf diese Weise vergeudete, weil die Geschehnisse in der Natur so schnell vorübergehen und man dann bis zum nächsten Jahr warten muss. Wobei dann allerdings die Chancen genauso gering sind, dass man es rechtzeitig in die Natur hinaus schafft.

Mai ist der Monat, in dem sich mir die Geschwindigkeit und Vergänglichkeit des Lebens am deutlichsten offenbaren. Nicht September und Oktober, wie viele in solchen Zusammenhängen vielleicht denken mögen, sondern Mai. Für mich ist das der Monat, der mir am klarsten zeigt, dass das Leben kurz ist, nichts ewig währt und eines Tages alles vorbei sein wird.

Die erste Woche im Mai war besonders schlimm. Ich wollte in den Wald. Ein paar Bekannte von mir hatten schon längst ihre erste Forelle mit einer Trockenfliege gefangen. Ich hoffte, das Eis auf dem Waldsee wäre geschmolzen und dass die Temperatur im See schnell um die Grade ansteigen würde, die nötig sind, damit die ersten Eintagsfliegen des Frühjahrs brüten. Aber es gab da noch meine Arbeit. Und die familiären Angelegenheiten. Also all das, was in diesem Buch mit Kultur bezeichnet wird.

Ich arbeitete wie besessen am Computer, und in jeder Pause saß ich da und starrte auf den Kalender. Ich versuchte, Freiräume im überfüllten Alltag zu finden, kleine Augenblicke, in denen ich alles zusammenbringen und die nächste Tour planen konnte. Doch es endete jedes Mal damit, dass mir als einziger Freiraum nur die Zeit blieb, die ich zum Schlafen brauchte.

Ich führte eine neue Regel ein: Jeden Morgen stand ich um fünf Uhr auf, arbeitete bis halb sieben, weckte anschließend den Rest der Familie und begann mit der üblichen Morgenroutine. Wenn die anderen dann zur Arbeit, in den Kindergarten und in die Schule gegangen waren, kehrte ich zu meiner gewohnten Arbeit zurück, und auf diese Weise, so rechnete ich aus, würde ich siebeneinhalb Stunden, also einen normalen Arbeitstag, zusätzlich pro Woche herausschlagen. Ich wurde noch gereizter und blaffte bei jeder sich bietenden Gelegenheit herum. Und ich wurde müde. Ich hatte die Arbeitszeit eines japanischen Geschäftsmanns, verdiente aber so gut wie nichts. Mein Ein-Mann-Betrieb gehörte wohl zu den weltweit missglücktesten Geschäftsideen. Es machte mich rasend.

Ich brüllte die Kinder an, weil sie von mir morgens in die Schule und den Kindergarten gefahren werden wollten. Ja, gut, vielleicht regnete es ein bisschen, vielleicht blies ein kalter Frühlingswind. Ich sagte, dass wir aber trotzdem zur Schule laufen müssten, da Autofahren nun mal umweltschädlich sei. Sie erwiderten, dass Schuhe das auch seien, denn schließlich hinterließen sie Gummi auf dem Asphalt. »Denkt an Jan Baalsrud!«, rief ich, *er* schnitt sich die abgefrorenen Zehen ab und lief auf Skiern nach Schweden, während ihm die Deutschen dicht auf den Fersen waren. Aber meine Kinder schaffen es nicht, bei fünfzehn Grad plus sechshundert Meter zur Schule zu laufen?

Ich führe stets Jan Baalsrud ins Feld, wenn die Kinder nicht laufen wollen. Baalsrud ist bei uns zu einer Art Hausfreund geworden, und die Kinder lassen sich schon längst nicht mehr vom dramatischen Schicksal des norwegischen Widerstandskämpfers im Zweiten Weltkrieg beeindrucken. Ich meckerte und blaffte herum, tagein, tagaus. Und natürlich war es mein Fehler.

Der Nationalfeiertag am 17. Mai rückte näher. Das japanische Schlafreglement galt ganze zwei Wochen, dann gab ich auf. Ich litt an Schlafmangel, Stress und einem allgemeinen Unwohlsein. Ich saß den ganzen Tag drinnen und schrieb, vermutlich war ich der blasseste Mann in der ganzen Nachbarschaft, meine Muskeln und

Gelenke schmerzten, besonders wenn ich mich morgens um fünf an den Schreibtisch setzte. Ein paar Leute meinten, es könne sich um Vitamin-D-Mangel handeln, ich säße ja immer im Haus, sagten sie. Ich gab ihnen recht und dachte an Sigmund Freud.

In einem kleinen Buch mit dem Titel *Das Unbehagen in der Kultur* betont er, dass zwischen dem Individuum und der Gesellschaft stets ein grundsätzlicher Konflikt herrsche. Damit eine Gesellschaft funktioniere und die Dinge nicht aus dem Ruder liefen, müsse zwischen den Bürgern eine Art Pakt eingegangen werden, müssten bestimmte Verhaltensrichtlinien festgelegt werden. Um mit anderen einvernehmlich leben zu können, muss das Individuum viele seiner natürlichen Triebe unterdrücken, darunter den sogenannten Todestrieb, die Aggression, die auf den Widerstand der Kultur trifft. Bei den meisten Individuen funktioniere das gut, sagt Freud, doch bei einigen könne es zu Neurosen und Psychosen führen. Ich hatte dieses Buch vor vielen Jahren während des Studiums gelesen, und um ehrlich zu sein, hatte ich davon nur noch wenig in Erinnerung. Doch mir gefiel der Titel, und im Mai dieses Jahres dachte ich viel daran. Entspann dich, sagte ich mir, als ich krummgebeugt über der Tastatur hockte. Es ist bloß das Unbehagen in der Kultur. Du bist weder neurotisch noch psychotisch, du willst bloß auf eine Tour in den Wald.

Die Tage vergingen. Ich war ein verbissenes und unaufmerksames Arbeitstier, aber ein bisschen bekam ich gleichwohl mit. Die Wärme bemerkte ich zum ersten Mal am 7. Mai, einem Dienstag. Unverhofft kündeten die Temperaturen vom Sommer, und die Luft war so mild, dass die Kinder ihren Pullover auszogen, nur im T-Shirt in den Garten stürmten und riefen: »Früüühling!« Am folgenden Tag wurde es wieder kalt. Es war, als hätte es den Tag zuvor überhaupt nicht gegeben, und so ging es weiter, bis ich am Nachmittag des 16. Mai draußen im Garten stand und mit meinem guten Nachbarn Dagur ein Partyzelt aufbaute. Plötzlich und unvorbereitet strich eine milde Brise über uns hinweg. Dieser Wind war so völlig anders, und unsere Körper reagierten instinktiv darauf. Da standen zwei Männer auf dem Rasen und rackerten sich mit Zeltstangen und Leinen ab, der Wind kam, und sie ließen alles fallen und hoben gleichzeitig abrupt den Kopf wie zwei grasende Rehe, die gerade drüben am Waldrand ein beunruhigendes Geräusch gehört hatten.

Das ist der Wendepunkt, dachte ich. Genau hier und genau jetzt kommt der Sommer.

Im Laufe weniger Stunden war die kalte Luft durch warme ersetzt worden. Die Temperatur stieg von knapp unter zehn auf über zwanzig Grad. An mehreren Orten im Land wurden Hitzerekorde verzeichnet, und im Internet las ich, dass in der Hafenstadt Namsos 27 Grad gemessen worden waren.

Als ich dann schließlich eine Lücke fand und wieder an den Wald denken konnte, standen mir wie üblich nur noch wenige Tage des Monats zur Verfügung. Ich hatte schlechte Laune. Ich wusste, dass ich eigentlich zu Hause bleiben musste, denn ich hatte noch reichlich Arbeit zu erledigen, und am folgenden Tag sollte ich um acht Uhr morgens in einer Besprechung unten in der Innenstadt sitzen. Mein Ausflug in den Wald würde vermutlich ziemlich zurechtgestutzt ausfallen, und deshalb beschloss ich, ganz früh am Morgen aufzubrechen, noch bevor die anderen aufgestanden waren. Im schlimmsten Fall müsste ich spätabends zurückkehren, es gäbe somit dieses Mal keine Übernachtung, aber immerhin hatte ich fast einen ganzen Tag im Wald vor mir.

Obwohl dunkle Wolken über Ostnorwegen hinwegzogen, war es immer noch warm. Es herrschte mäßiger Wind, dennoch war das Wetter unbeständig und drückend warm. Am Vorabend packte ich einen kleinen 32-Liter-Rucksack, doch nur mit dem absolut Notwendigsten: Sonnensegel, Liegematte und Schlafsack. Eine Wollstrumpfhose, ein Wollunterhemd, Socken und eine dünne Regenhose. Eine Packung Knäckebrot, einmal Käse in der Tube, zwei Portionen gefriergetrocknetes Mittagessen. Fliegenrute und Fliegenrolle sowie eine Streichholzschachtel mit ein paar Trockenfliegen darin. Bevor ich schlafen ging, überprüfte ich die Wettervorhersage im Internet. Bis zum Abend des nächsten Tages wurden große Niederschlagsmengen angekündigt.

In einem kurz vor Weihnachten 2012 erschienenen Artikel in der Tageszeitung *Dagbladet*, zu der Zeit also, als ich die letzten Vorbereitungen zu meiner Mikroexpedition durchführte, schrieb Per Fugelli, Arzt und Professor für Sozialmedizin: *Seien Sie kein Einzelgänger. Kümmern Sie sich um Ihre Herde.* Der Artikel traf einen Nerv und fand sehr schnell Eingang in das norwegische Weisheitsrepertoire.

Als ich mich auf den Weg zu meiner ersten einsamen Januarübernachtung gemacht hatte, war der Ausdruck »Kümmern Sie sich um Ihre Herde« bereits zum geflügelten Wort geworden, und daher kam ich mir selbst recht unzeitgemäß vor, als ich nun ganz allein im Wald herumstreifte und dabei war, einen Traum zu verwirklichen, der auf diametral entgegengesetzten Bedürfnissen beruhte. Auch wenn es sich keineswegs wie eine von Aggression oder Todestrieb gesteuerte Handlung anfühlte, erschien es mir gleichwohl irgendwie abweichend.

Menschen, für die das Zusammensein mit Freunden die bevorzugte Freizeitaktivität darstellt, empfinden da ganz anders. Diese Menschen sind die perfektesten Geschöpfe unserer Zeit, optimal angepasst an das globale Zeitalter. Erfolg wird an der Anzahl der Freunde gemessen – oder an der Größe des Netzwerks, wie das heute genannt wird –, als hätte das Ganze mit Stromversorgung oder Datenkapazität zu tun. Wir leben in einer Zeit, in der Menschen mit der größten sozialen Reichweite als Vorbilder gepriesen werden. Diese Menschen sind für uns alle ständig sichtbar, immer

und überall tauchen sie auf, in Debatten und auf Veranstaltungen und in Interviews und bei gesellschaftlichen Anlässen. Folgt man ihnen in den sozialen Medien, stellt man schnell fest, dass sie problemlos an zehn oder fünfzehn Debatten gleichzeitig teilnehmen und im Sekundentakt den einen in den höchsten Tönen loben und den anderen in Bausch und Bogen verurteilen. Es gibt nichts, worüber diese Menschen keine Meinung haben, ja, sogar Freizeitaktivitäten an frischer Luft haben sie mittlerweile für sich vereinnahmt. Ich habe einmal einen bekannten Norweger in einem Wochenmagazin entdeckt, wo er unter dem Titel: EIN BEGEISTERTER ANGLER interviewt wurde. Das dazugehörige Foto zeigt ihn lächelnd und in makellosem Angel-Outfit. Er hält eine sogenannte Spinnrute in den Händen, bei der mit einer Rolle gefischt wird, die unter der Rute hängt. Auf dem Foto sitzt die Rolle am oberen Ende der Rute und ist außerdem falsch herum montiert. Um es auch denjenigen zu illustrieren, die keine Ahnung vom Angeln haben: Es ist ungefähr so, als stünde jemand auf Langlaufskiern, deren Spitzen nach hinten weisen und deren Bindungen in den Schnee hineinragen – und er riefe: »Ich bin begeisterter Langläufer!«

Von außen betrachtet scheint es nichts zu geben, was diese Menschen nicht zu beherrschen glauben, keine Arena, in der sie sich nicht zu Hause fühlen, und ich frage mich immer wieder: Sind die denn niemals allein? Sind die nie zu Hause? Muss irgendjemand auf ihre Herde aufpassen, während sie in Fernsehinterviews darüber schwadronieren, wie wichtig es ist, sich um seine Herde zu kümmern? Haben sie ein Kindermädchen engagiert, während sie Artikel darüber schreiben, wie unabdingbar es ist, Zeit mit den Kindern zu verbringen? Oder denken sie, dass ihre Herde aus der gesamten Bevölkerung besteht, und sehen sie es deshalb als ihre Pflicht an, so viel Zeit wie nur möglich in der Öffentlichkeit zu verbringen, sodass die ganze Herde sie sehen und sich somit einigermaßen sicher fühlen kann?

Was ist mit uns, die wir nicht im Besitz solch sozialer Kapazitäten sind? Was machen wir, wenn die Herde zu groß wird, wenn wir den Überblick über sie verlieren, wenn sie letztlich Menschen mit einschließt, die wir kaum kennen? Was tun wir, wenn all diese soziale Wohltätigkeit überhandzunehmen droht, wenn wir das Gefühl haben, in wohlgemeinten Einladungen und übertriebener Anteilnahme zu ertrinken? Was macht derjenige, der auch gern mal allein ist?

Die Uhr zeigte fünf Uhr morgens. Das Licht ergoss sich bereits scharf und weiß über die Hausdächer. Mit dem Rucksack auf dem Rücken lief ich in nördliche Richtung. Rechts von mir befand sich eine große Freizeitanlage. Kaum einer war um fünf Uhr morgens schon wach, nur die Möwen kreisten über den Fußballplatz, auf der Jagd nach Regenwürmern im taufrischen Gras. An einem Kiosk stand ein Taxi mit eingeschaltetem gelbem Licht auf dem Dach. Der Fahrer hatte den Kopf zurückgelehnt und sah aus, als ob er schliefe. Er hatte dunkles Haar und trug ein weißes Hemd. Vielleicht stammte er aus dem Iran. Vielleicht aus Afghanistan. Vielleicht war er ein geselliger Typ, der gern auf Partys ging. Vielleicht war er auch ein selbstgenügsamer Einzelgänger. Höchstwahrscheinlich war er irgendetwas dazwischen, aber jetzt schlief er.

Ich lief weiter, Richtung Norden, bergauf, ich überquerte Kreisverkehre und Blumenrabatten, es waren so gut wie keine Autos unterwegs. Ich blieb an einem blauen Bushäuschen stehen, dahinter verschwand ein schmaler Pfad zwischen den Bäumen. Hier begann der Wald. Hier begann die Nordmarka. Oslo lag jetzt unter mir, nur wenige Kilometer entfernt. Schon bald würde die Stadt zum Leben erwachen, Menschen würden zur Arbeit eilen, vor roten Ampeln stehen bleiben, auf grünes Licht warten, ihre Sprösslinge im Kindergarten abliefern, sie von der Nachmittagsbetreuung abholen, telefonieren, mailen, herumlaufen, einkaufen. Der Asphalt war von der nächtlichen Feuchtigkeit kalt und dunkel geworden. Es roch intensiv nach feuchter Erde und Fichtenwald. Ich überquerte die

Straße und drehte mich noch einmal um. Dann schlüpfte ich zwischen den Bäumen hindurch und verschwand im Wald, als wäre ich durch einen magischen Spiegel im Märchen getreten, als wäre ich ein Mann aus einer anderen Zeit.

Den ganzen Tag war ich mit meiner Angelrute unterwegs. Es regnete leicht, danach war es weiter bewölkt, aber trocken. Dann fing es wieder an zu regnen. Der Gesang der Vögel war anders als im April, auch wenn ich damals so etwas nicht für möglich gehalten hätte. Es schien so, als wäre mitten im Wald eine Wand aus Geräuschen, und die Laubbäume, die im April noch kahl gewesen waren, schimmerten jetzt im ersten zarten Grün. An einigen Stellen hatten sich die Blätter schon fast vollständig entfaltet, an anderen waren die Bäume immer noch mit winzigen Knospen gespickt. Es war Spätfrühling. Ich blickte auf Abhänge, die in zehn verschiedenen Grüntönen erstrahlten, vom hellsten Birkengrün bis hin zu dunkelstem Fichtennadelgrün.

Ziellos lief ich umher und kam schließlich zu einem Pfad, den ich noch nie zuvor betreten hatte. Die Buschwindröschen bildeten einen dichten Teppich. An den kleinen Bächen wuchsen Sumpfdotterblumen, und überall hörte ich das charakteristische Flöten der Schwarzdrossel. Wenn ich stehen blieb und versuchte, die Geräuschquelle genauer auszumachen, fand ich sie fast immer in den Wipfeln der hohen Fichten.

Ich lief weiter den Pfad entlang, überprüfte die Landkarte und stellte fest, dass mich der Pfad offenbar zurück zu dem alten Forstweg und dann hinauf zu meinem festen Lagerplatz führen würde. Es gab keinen Grund, weswegen ich an diesem Tag dorthin gehen sollte, eigentlich hatte ich mir den Ort ausgesucht, weil im Winter so hoher Schnee gelegen hatte. Jetzt aber wollte ich trotzdem dahin, weil ich im April nicht da gewesen war, weil ich nachsehen wollte, ob in dem kleinen See die Forellen nach Insekten an die Oberfläche stiegen, und weil ich seltsamerweise dieses unbedeutende Fleckchen mit Wald und Moor und Wasser vermisste.

Um drei Uhr nachmittags kam ich dort an. Es hatte aufgehört zu regnen, und sogar ein bisschen blauer Himmel war zu sehen. Ich nutze die Gelegenheit, um mein Tarp aufzubauen. Ein Tarp ist ein rechteckiges Segeltuch mit Schnüren an allen vier Ecken und den beiden Längsseiten. Es kann im Prinzip überall errichtet werden und schützt vor Regen und Wind. Man kann es auch als zusätzliches Vorzelt verwenden oder als Dach über dem Essensplatz, es

dient als Unterstand oder auch als Zelt. Das Tarp ist der einfachste und beste Ausrüstungsgegenstand, den ich besitze. Ich erwähne es ständig, und da nur wenige es kennen und so gut wie niemand es je benötigt, sehen mich die meisten Leute recht komisch an. Aber davon lasse ich mich nicht stören, es gibt schließlich schlimmere Themen, mit denen man seine Mitmenschen quälen kann.

Ich beschloss, mir ein Zelt aus dem Tarp zu bauen. Es würde bestimmt wieder regnen, vermutlich sogar heftig, daher wäre es vernünftig, die Seiten so dicht wie möglich zu schließen. Ich schlug einen anderthalb Meter langen Holzstock dreißig Zentimeter tief in die Erde. Dann einen weiteren, nur halb so langen Stock ebenfalls dreißig Zentimeter tief. Nun spannte ich das Tarp über die beiden Stöcke, sodass deren Spitzen mittig zu liegen kamen. Anschließend zog ich das Tarp zu beiden Seiten nach unten und befestigte die Halteleinen am Boden. Am Ende hatte ich ein niedriges, trapezförmiges Zelt. Zwar konnte man darin nicht sitzen, weil die Zeltleinwand ja auf beiden Seiten bis zum Boden reichen sollte und ich somit ein Stück Deckenhöhe opfern musste, aber das Tarp bot einen guten Platz zum Liegen, und das reichte mir.

Das Zelt sah so einladend aus, dass ich gleich Lust bekam, es auszuprobieren. Ich kroch hinein und legte mich bäuchlings auf die Liegematte. Später erhitzte ich Wasser auf dem Gaskocher und behielt währenddessen den Waldsee im Auge. Bis jetzt hatte sich noch keine Forelle gezeigt, aber es waren auch keine Insekten zu sehen. Als das Wasser kochte, drehte ich das Gas ab. Ich öffnete die Packung meiner gefriergetrockneten Mahlzeit, gab kochendes Wasser dazu und rührte alles mit einem Holzstückchen kräftig um. Dann verschloss ich die Packung wieder und ließ den Inhalt fünf oder sechs Minuten durchziehen.

Gefriergetrocknetes Essen ist recht teuer, sodass du es nur auf Wanderungen mitnehmen solltest, bei denen du entweder viel zu tragen hast und auf das Gewicht achten musst oder dich möglichst wenig mit der Essenszubereitung beschäftigen willst. Es schmeckt aber gut und soll, wenn man dem Werbetext auf der Verpackung Glauben schenken darf, für den Rest des Tages ungeahnte Energie spenden.

*

Nach dem Essen blieb ich unter dem Tarp liegen und blickte wieder auf den See hinunter. Die Bewölkung nahm zu, und kurz darauf fing es zu regnen an. Die Folgen des japanischen Schlafreglements und ein langer Tag im Wald hatten mich müde gemacht. Ich bekam Lust auf Kaffee, hatte aber kein Wasser. Während ich da lag und überlegte, ob ich mir die Mühe machen sollte, etwas zu holen, schlief ich ein, und das Problem löste sich von selbst.

Als ich nach einer Weile erwachte, regnete es stärker. Ich wusste nicht, wie lange ich geschlafen hatte, vielleicht eine Stunde. Ich lauschte dem Regen und blieb dann mit geschlossenen Augen liegen, während ich verfolgte, wie er an Heftigkeit zunahm. Für gewöhnlich kann man sich vom Geräusch der auf das Zeltdach fallenden Regentropfen leicht täuschen lassen, meist wirkt es dann so, als fände dort draußen ein wahrhafter Wolkenbruch statt. Als ich nun dort lag, war es allerdings gar nicht so weit davon entfernt. Der Regen prasselte aufs Zeltdach. Dann lief von der Zeltöffnung Wasser ins Innere, zwar nicht viel, aber genug, dass ich mich allmählich unwohl fühlte.

Um sechs Uhr ließ der Regen wieder nach. An Ellbogen und Schenkeln war ich bereits nass. Der Schlafsack war feucht, die Liegematte ebenfalls. Doch es war nicht kalt und eigentlich ganz gemütlich. Im Januar war ich zu dieser Tageszeit schon steifgefroren gewesen, ich hatte das Eis auf dem See knacken hören, und es war schon längst dunkel gewesen. Sogar im April waren die Temperaturen unter null gefallen, sobald die Sonne unterging. Jetzt herrschten fünfzehn Grad plus, obwohl die Sonne sich kaum gezeigt hatte.

Bis acht Uhr lag ich unter dem Tarp. Dann nahm ich meine Angel und lief hinunter zum See. Ich unternahm ein paar Versuche am Rand des Moors und probierte alle Fliegen aus, die ich dabeihatte. Erst ein paar Insekten-Imitationen, die so aussahen, als könnten sie gerade brüten, und die deshalb auf der Speisekarte der Forellen stehen könnten. Zuckmücke und die Eintagsfliege *Leptophlebia marginata*. Dann versuchte ich es mit ein paar sogenannten Reizfliegen, großen, borstigen Dingern, die zwar zu dieser Jahreszeit nicht auf der Speisekarte der Fische standen, aber möglicherweise deren Neugier oder Angriffslust wecken könnten. Ein paar Stunden lang lief ich um den ganzen See herum, aber kein einziger Fisch zeigte sich.

Sobald die Dämmerung einsetzte, fing es wieder an zu regnen. Meine Klamotten waren schon seit vielen Stunden feucht, und dann spürte ich, dass mir langsam kalt wurde. Meine orangefarbene Gore-Tex-Jacke konnte die Feuchtigkeit nicht länger zurückhalten, auch wenn es eine teure Jacke von guter Qualität war. In der Produktbeschreibung stand, sie werde besonders häufig von professionellen Bergführern in den Alpen benutzt, und vielleicht hatte mich gerade das veranlasst, sie zu kaufen. Ich falle so gut wie immer auf solche Tricks herein. Möglicherweise funktionierte die Jacke ja in den Alpen, für die Nordmarka war sie hingegen nicht geschaffen. Der Regen drang einfach ein, und besonders an den Schultern war es schlimm. Mir war bewusst, dass es sich bei dieser Körperpartie um die größte Herausforderung für Gore-Tex-Produzenten handelte. Denn die Schultern einer Jacke werden nicht nur durch die Riemen eines Rucksacks besonders in Mitleidenschaft gezogen, sondern der Stoff liegt dort auch dicht auf den Schultern auf, was es besonders schwierig macht, das Wasser abzuhalten. Ungeachtet dessen sollte eine so teure Jacke trotzdem bessere Dienste leisten, als sie es gerade tat. Ich verfluchte meine Anfälligkeit, mich von Produktbeschreibungen verführen zu lassen, und stapfte weiter über das Moor und zurück zum Lagerplatz.

Auch im Zelt war alles nass. Ich kroch hinein und legte mich hin. Mehrere Stunden harrte ich dort im Stockdunkeln aus und lauschte dem Regen. Zwar war es nicht sonderlich gemütlich, aber immerhin eine schöne Abwechslung vom Schreibtisch und den gesellschaftlichen Aktivitäten.

Um ein Uhr nachts beschloss ich, den Heimweg anzutreten, denn am folgenden Morgen musste ich zu der Besprechung in die Stadt. Es waren noch sieben Stunden bis zu diesem Termin. Ich hatte zwei Stunden Fußmarsch vor mir, außerdem stank ich vermutlich und brauchte daher vorher noch eine Dusche. Klamotten und Ausrüstung mussten auch noch zum Trocknen aufgehängt werden. Und ich musste meine E-Mails checken, um herauszufinden, wo überhaupt die Besprechung stattfinden sollte. Vielleicht müsste ich mich auch noch ein bisschen vorbereiten. Wenn ich

Glück hatte, würde ich vier Stunden Schlaf bekommen, aber vier Stunden sind für einen japanischen Geschäftsmann gar nicht so übel.

Auf dem ganzen Weg durch den Wald regnete es. Ich war mittlerweile so durchnässt, dass ich nichts mehr zu verlieren hatte. Ein befreiendes Gefühl. Hier geht ein Mann, der nass bis auf die Haut ist, also fall nur, Regen, du kümmerst ihn nicht mehr! Unten an meinem Picknickplatz blieb ich stehen und zog die Gore-Tex-Jacke, die Regenhose und sogar die Unterhose aus. Sie war aus Baumwolle und triefnass. Jetzt hatte ich nur noch Wollsocken, Wollunterhemd und Wollstrumpfhose an. Alles war nass, wärmte aber dennoch. Ich lief weiter über den Forstweg und dachte an Freud und Fugelli.

Mir wohnt kein Todestrieb inne, über den ich reden müsste, und wesentlich aggressiver, als wenn ich das Jan-Baalsrud-Argument hervorkrame, werde ich selten. Es gefällt mir, nachts allein und nur in dünner Wollunterwäsche durch den Wald zu streifen, aber ich kann auch ein geselliger Typ sein. Im Mai besteht die Herausforderung darin, beides ausgewogen unter einen Hut zu bringen.

Als ich an einem Donnerstag im Januar diesen Forstweg entlanggegangen war, mit knirschenden Wanderstiefeln und einem schweren Rucksack auf den Schultern, war Fugellis Artikel in aller Munde, und ich hatte mir die unbequeme Frage gestellt: Woraus besteht eigentlich meine Herde? Die Antwort war einfach. Meine Herde, das sind Trude und die Kinder, nur diese drei. Neunzig Prozent meiner Zeit verbringe ich mit ihnen, und von den übrigen zehn würde ich gern einen Teil im Wald verbringen. Vielleicht gibt es noch andere, denen es wie mir ergeht, vielleicht bin ich auch bloß aus der Zeit gefallen. Wie dem auch sei, diese Etappe meiner Mikroexpedition möchte ich gern mit einem Zitat von jemandem abrunden, den ich einst kannte und der so gut wie alles, was er sagte, mit folgenden weisen Worten abschloss: *Die Menschen sind, wenn man alles berücksichtigt, oft ziemlich verschieden.*

Geheimnisse der Natur

Die Tage stürmten davon wie wilde Pferde über die Hügel.

Charles Bukowski

Die Entwicklungen in der Natur gingen immer schneller vonstatten. Es wurde Juni. Alle hatten sich an die neue Jahreszeit gewöhnt. Nichts war mehr neu, und der Winter nur noch eine ferne Erinnerung. Ein Tag löste den anderen ab. Der 21. Juni, der hellste Tag des Jahres und damit einer der großen Wendepunkte des Kalenderjahres, näherte sich. Die Natur ist voll von Zäsuren, jeden Tag, jede Stunde geschieht etwas Unvorhersehbares. Allerdings gibt es nur zwei übergeordnete Wendepunkte, die von Jahr zu Jahr stabil bleiben, denn so ist die elementare Logik der Natur: Es wird so lange immer heller, bis es dann wieder dunkler wird. Es wird immer wärmer, bis es wieder kälter wird.

Die Unbeständigkeit, die im Mai vorherrschend gewesen war, setzte sich in den Juni hinein fort. Jeder Tag hatte mindestens fünf verschiedene Wetterarten im Angebot, und keine von ihnen hielt länger als eine Stunde an. In der Kultur beruhigten sich die Dinge. Es gab nicht mehr so viele Veranstaltungen und Ereignisse. Die Menschen schienen sich mit Würstchen und Eis und Weißwein in Plastikbechern zu begnügen. Vielleicht sehnten sie sich ja nach Ferien und Ruhe und ein paar Wochen Freiheit voneinander.

Der Juni begann mit den gleichen milden Temperaturen, die auch die zweite Maihälfte geprägt hatten. Zu Anfang des Monats herrschte schönes Wetter, und die Natur wurde immer grüner. Dann kam der Regen. Große Niederschlagsmengen trafen auf die nun rasch einsetzende Schneeschmelze in den Bergen, was Überflutungen in großen Teilen Ostnorwegens zur Folge hatte. Darin manifestiert sich die Trägheit des Systems, über die Meteorologen niemals reden, dachte ich, als ich zu Hause an meinem Schreibtisch saß und die Online-Ausgaben der Zeitungen las. Wenn es endlich Sommer geworden ist, kommt der letzte Rest des Winters zur Hintertür herein, in Gestalt von eiskaltem, trübem Hochwasser, das Täler und Kellerwohnungen flutet und auf seinem Weg zum Meer Felder, Bauernhöfe und Parkplätze überschwemmt.

Es war früher Morgen am längsten Tag des Jahres. Wie bereits im April hatte ich ein anderes Gebiet als den kleinen Waldsee ins Auge gefasst, auch diesmal aus dem Grund, weil ich auf etwas Bestimmtes aus war, das es dort nicht gibt. Aber anders als im April, als ich Auerhähne beobachten wollte, fühlte ich mich jetzt auf der sicheren Seite, auch war mir nicht mehr so unwohl bei dem Gedanken daran wie im Mai. Freuds Theorien über Aggression und das konfliktreiche Verhältnis zwischen Individuum und Gesellschaft waren mittlerweile vergessen. Jetzt freute ich mich einfach auf das Kommende.

Ich fuhr mit meinen beiden Kumpeln Geir und David in Richtung Norden. Wir sind Fliegenfischer, der Juni ist unsere Zeit. Im Laufe weniger kurzer Wochen finden in diesem Monat die wichtigsten Ereignisse im Leben eines Fliegenfischers statt. Und der wichtigste Grund dafür ist, neben der Forelle, die sagenumwobene Eintagsfliege.

Wir fuhren mit zwei Autos, Geir und David im ersten, ich folgte mit meinem. Die beiden Freunde wollten abends wieder zu Hause sein, ich wollte bis zum nächsten Tag bleiben. Geir wusste von einem See, wo die größte aller Eintagsfliegen, *Ephemera vulgata*, zahlreich vorkommen sollte. Die zweite Junihälfte ist die Zeit, in der sie ihr letztes Entwicklungsstadium durchlaufen und für eine Weile zu einem landlebenden Insekt werden, um kurz darauf zu sterben. Die Fliegennymphen steigen an die Wasseroberfläche, und die fertigen Insekten krabbeln heraus. Sie können einige Zentimeter lang sein und sehen wie kleine Segelboote aus, wenn sie dann auf der Oberfläche sitzen und ihre Flügel trocknen lassen, ehe sie abheben und davonfliegen. Die Eintagsfliege *Ephemera vulgata* ist eine derart üppige und energiereiche Mahlzeit für die Forelle, dass diese gar nicht anders kann, als sie zu fressen. Das hatte ich im Kopf, als ich im Wagen in Richtung Norden fuhr. Die Voraussetzungen für diese Angeltour waren denkbar einfach: Falls *Ephemera vulgata* heute schlüpfte, würden die größten Forellen an die Oberfläche des Sees steigen.

Wir fuhren an den Satellitenstädten im Norden Oslos vorbei, hinter den dicht belaubten Bäumen waren die großen Wohnblöcke kaum zu erkennen. Es war bewölkt und nahezu windstill. Weiter im Norden hing der Nebel dicht über den Berghängen. Nieselregen fiel auf die Windschutzscheibe. Ich hörte Countrymusik und verspürte zunehmend Vorfreude. Milde Luft und leichter Regen – ein Wetter, bei dem die Fische sicher anbissen, wie ich glaubte.

In seinem Vortrag »Wissenschaft als Beruf« sagte der deutsche Soziologe Max Weber, unsere Zeit sei mehr als alles andere von Rationalisierung und Intellektualisierung und vor allem von der Entzauberung der Welt gekennzeichnet. Zu dem Ausdruck »Entzauberung der Welt« habe ich das gleiche Verhältnis wie zu Freuds »Unbehagen in der Kultur«, das mich im Mai so beschäftigt hatte. Ich erinnere mich nur noch bruchstückhaft, was der Begriff bedeutet, denke aber ständig daran und interpretiere ihn vielleicht auch auf meine ganz eigene Weise.

Wenn ich es richtig in Erinnerung habe, hebt Weber hervor, dass mit der wissenschaftlichen Revolution eine wichtige Bedeutungsdimension im Leben des Menschen verloren ging. Früher war der Mensch gezwungen gewesen, den ihm unbegreiflichen Naturphänomenen einen Sinn zuzuschreiben. Daher erschuf er Erzählungen und Mythen, um sich diese Naturphänomene verständlich zu machen, und diese Erzählungen hatten oftmals eine normative Wirkung auf das Leben des Menschen. Ein Gewitter, ein Vulkanausbruch, eine Überschwemmung konnten als Zorn der Götter gedeutet werden, und die Menschen mussten in sich gehen und sich fragen: Was haben wir getan, das den Zorn der Götter erregte? Haben wir diese Grausamkeit verdient? Und was können wir tun, um in Zukunft von ihnen verschont zu werden?

Mit der wissenschaftlichen Revolution verfügte man nun über rationale Erklärungen: elektrische Entladungen in der Atmosphäre; Ausbruch von flüssigem Gestein aus dem Innern der Erde, der von hohem Druck verursacht wird; Schneeschmelze im Gebirge, die mit niedrigem Luftdruck und großen Niederschlagsmengen zusammenfällt.

Wo die Welt einst mystisch, ja, magisch war, wurde sie nach der wissenschaftlichen Revolution geradezu trivial. Es gab keine Bedeutungsdimensionen mehr, nur trockene, empirische Fakten. Hatte der Mensch früher sein Leben sogenannten äußeren Instanzen unterworfen (Gott, Kosmos, Natur), war er plötzlich selbst die Krone der Schöpfung. Die wissenschaftliche, industrielle und technologische Revolution bildete damit die Grundlage für die massive Ausbeutung der Natur, wie wir sie heute erleben. Plötzlich waren den Menschen nicht nur das Wissen und die Mittel zu eigen, um sich die Natur untertan zu machen und sie nach ihrem Willen zu formen, sondern auch die Unbesonnenheit.

Der Rest ist Geschichte. Naturphänomene wurden bis ins kleinste Detail analysiert und erklärt. Die alten Erzählungen traten in den Hintergrund. Die Welt wurde entzaubert, und eine grundlegende Bedeutungsdimension im Leben der Menschen ging für alle Zeit verloren. Sagt Max Weber. Und ich auch. Wenn auch auf etwas andere Art.

Es war ein ganz geheimer See, von dem Geir wusste. *Ephemera vulgata* ist eine Eintagsfliege, die bestimmte Umweltbedingungen braucht, um sich wohlzufühlen. Daher gibt es sie auch nicht über-

all. Doch an diesem See gedieh sie ausgezeichnet, und das war ein Wissen, das Geir unter keinen Umständen mit allen teilen wollte. Seine Vorstellung von der Herde ist vermutlich noch begrenzter als meine und meilenweit von der Fugellis entfernt.

Wir erreichten den See an der Südseite. Von Norden blies ein schwacher Wind, insofern war es also der perfekte Ort, um loszulegen. Die frisch geschlüpften Eintagsfliegen wogen nicht mehr als ein oder zwei Gramm, und wenn der Wind sie ergriff, würden die, die nicht sofort abhoben und wegflogen, mit der Windrichtung ganz hinein in die Buchten und auf die andere Seite des Sees getrieben werden. Das wussten wir. Und das wussten die Forellen.

Wir überquerten einen alten Damm und eine lichte Kiefernheide, entdeckten eine flache, felsige Landspitze, auf der die eine oder andere hohe schlanke Kiefer wuchs. Auf der Westseite dieser Landzunge lag eine große flache Bucht, auf der Ostseite war das

Terrain etwas welliger. Dort befand sich eine Art Insel aus schwimmendem Torf, dahinter gab es kleine Buchten mit hohen grünen Gräsern im Wasser. Ein paar umgestürzte alte Bäume. Vereinzelte Seerosen.

Wir setzten unsere Rucksäcke ab und bauten unsere Ausrüstung zusammen, ohne dabei den See aus den Augen zu lassen. Es gibt wohl kaum eine Situation, in der ich mich heimischer fühle, als wenn ich mit dem Angeln beginne. Ausreichend Zeit. Grenzenloser Optimismus. Nichts eilt. Alles kann passieren.

Als wir dort saßen, wussten wir, dass es der richtige Zeitpunkt im Jahr war, dass es der richtige Zeitpunkt des Tages war und dass die Wetterverhältnisse optimal waren. Alles stimmte – etwas, das einem Fliegenfischer so gut wie nie passiert. Wir montierten Ruten und Rollen, befestigten unsere *Vulgata*-Imitationen am Ende des Vorfachs und warteten. So eine Imitation ist die naturgetreue Nachbildung des echten Insekts, und da die Eintagsfliege in ihrem letzten Stadium vor dem Tod auf der Wasseroberfläche sitzt, wird mit diesen schwimmenden Imitationen gefischt. Das bezeichnet man als Trockenfliegenfischen. Man wirft den Köder nur aus, wenn die Fische an die Oberfläche steigen. Kein Fisch, kein Wurf. Ich hatte schon viele Angeltouren erlebt, die dieser enttäuschenden Kategorie zuzuordnen waren.

Eintagsfliegen sind uralte, primitive Insekten, von denen es über 3000 Arten gibt und die über weite Teile der Erde verbreitet sind. In Norwegen sind circa fünfzig verschiedene Arten bekannt. Die Bezeichnung »Eintagsfliege« und ihre metaphorische Verwendung in unserer Alltagssprache deuten an, dass diesen Insekten nur ein kurzes Leben beschieden ist. Das trifft auch zu, allerdings währt es länger als einen Tag, und was man als fertiges Insekt an einem

Waldsee im Juni beobachten kann, verkörpert nur das allerletzte, kurze Stadium im Leben dieser Geschöpfe. Was wir sehen, wenn sie mit ihren großen, durchsichtigen Flügeln über das Wasser tanzen, ist ihre Vollendung, und ihre einzige Aufgabe besteht darin, ihre Eier abzulegen. In der Gewissheit, dass ihr Lebenszweck erfüllt ist, können sie danach sterben.

Das letzte Stadium der Eintagsfliege wird in der Fachsprache Imago genannt. Bevor sie dieses Stadium erreichen, haben die Insekten als Nymphen existiert, kleine längliche und flügellose Geschöpfe in der Größe von Ameisen, tief unten im Wasser und vor den Menschen gut verborgen. Wenn die Eintagsfliege schlüpft, steigt die Nymphe vom Grund des Sees auf und setzt sich an der Wasseroberfläche fest. Das fertige Insekt kriecht dann aus dem Nymphenkokon. Es durchbricht die Wasseroberfläche und verweilt dort dann eine Weile, während es die Flügel trocknen lässt und sich – so könnte man sagen – an die neuen Lebensbedingungen gewöhnt.

Irgendwann hebt die Eintagsfliege vom Wasser ab und fliegt in Richtung Land. Doch zuvor verkörpert sie die perfekte Mahlzeit für die Forellen im Wasser. Siehst du im Juni einen Fisch an die Oberfläche steigen, schnappt er sich mit großer Wahrscheinlichkeit gerade eine Eintagsfliege. Im Laufe des Sommers befinden sich auch zahlreiche andere Insektenarten auf der Wasseroberfläche. Einige deswegen, weil ihr Lebenszyklus dem der Eintagsfliege gleicht (Köcherfliegen, Steinfliegen, Zuckmücken), andere, weil sie schlichtweg Pech hatten und während eines Ausflugs auf der Wasseroberfläche gelandet sind (Wespen, Schnaken, Haarmücken, Flugameisen, Motten).

Die Eintagsfliege ist so weit und so zahlreich verbreitet, dass sie im Sommer die wichtigste Nahrungsquelle für die Forelle darstellt. Es ist geradezu undenkbar, dass das Trockenfliegenfischen ohne Eintagsfliegen überhaupt entstanden wäre. Eben wegen jener Insekten entwickelten Mitte des 19. Jahrhunderts die Engländer diese Sportart (oder wie immer man das bezeichnen soll). Zu jener Zeit wurde mit Sperrholzruten geangelt, die aus dreieckigem zusammengeleimtem Bambusholz gefertigt wurden, sowie mit Seidenschnüren, die mit Tierfett eingerieben werden mussten, damit sie schwammen. Die Fliegen wurden aus natürlichen Materialien gebunden, hauptsächlich aus Vogelfedern. Das britische Reich hatte aufgrund seiner zahlreichen Kolonien unbegrenzten Zugang zu buntesten Federn aus fernsten Gefilden, die das Aussehen der Fliegen bestimmten.

Die Engländer setzten auch Forellen in den Flüssen eben jener fernen Gefilde aus, was zur Folge hatte, dass diese Fischart zur weltweit meistverbreiteten wurde. Ohnehin sind die Engländer bekanntermaßen nicht eben unbescheiden aufgetreten, wenn es darum ging, sich in der Welt zu Hause zu fühlen und anderen ihre seltsamen Gepflogenheiten aufzuzwingen.

Wir saßen auf der Landspitze und starrten auf die Wasseroberfläche. Die erste Eintagsfliege tauchte nach zehn Minuten auf. Erst war nichts zu sehen, dann saß plötzlich eine *Vulgata* da. Sie war groß und prachtvoll, ja so groß, dass sie schon beinahe erschreckend wirkte, und wenn du nach einem langen Winter zum ersten Mal eine *Vulgata* siehst, meinst du vergessen zu haben, wie groß sie eigentlich werden kann.

Keiner von uns sagte etwas. Wir saßen bloß da und starrten. Dann entdeckten wir noch eine. Plötzlich sahen wir fünf. Dann fünfzehn. Mit einem Mal wimmelte es in der kleinen Bucht von *Vulgata*, eine Forelle hatte sich hingegen bis jetzt noch nicht gezeigt, was uns aber nicht überraschte. Es muss nicht unbedingt so sein, aber häufig dauert es eine Weile, bis die Forellen steigen, nachdem die Insekten geschlüpft sind. Natürlich müssen sie die Insekten entdecken, aber genauso wichtig ist, dass die Forellen mit ihren winzig kleinen Köpfen begreifen, dass es sich bei diesen Insekten um Nahrung handelt. Die Forelle hat ein Gehirn in der Größe einer Erbse, und es ist eher unwahrscheinlich, dass sie über ein gut entwickeltes Erinnerungsvermögen verfügt. Eher wirkt es so, als ob sie so gut wie alles vergisst, oder dass die Erfahrungen, für die sie nicht zu jeder Zeit Verwendung hat, aus Kapazitätsgründen in die dunkelsten Winkel des Gedächtnisses verschoben werden. Wenn etwas Neues geschieht, was die Forelle zwar nicht zum ersten Mal, aber eben irgendwann in der Vergangenheit einmal erlebt hat, muss die Information über dieses Neue erst wieder aus der Erinnerung hervorgekramt werden – was dann eben eine Weile dauern kann. Ich stelle mir das Gedächtnis einer Forelle gern wie einen Raum vor, der so klein ist, dass immer nur ein Ding hineinpasst. Soll die Eintagsfliege hinein, muss die Flugameise heraus, soll die Zuckmücke hinein, muss die Köcherfliege heraus. Ich weiß nicht, ob das genauso vonstattengeht, aber der Gedanke erscheint mir plausibel. Außerdem stimmt er mit dem überein, was ich beim Schlüpfen der Insekten beobachten konnte.

Damit die Forelle sich daran erinnert, dass die *Vulgata* – die sie vermutlich seit dem letzten Jahr nicht mehr gesehen hat – Nahrung bedeutet, bedarf es einer ausreichenden Menge an Fliegen auf dem Wasser. Die schiere Menge führt dazu, dass das Reptiliengehirn der Forelle das Signal sendet: Aha, da gibt's was zu fressen! Und wenn der Fisch dann erst mal mit seiner Mahlzeit beginnt, ist er oft nicht mehr zu stoppen. Andererseits vergisst die Forelle dann gern, dass alles andere, was sie für gewöhnlich frisst, ebenfalls Nahrung ist. All dieses andere muss, um bei dem Bild zu bleiben, den kleinen Raum verlassen, und dann kann das eintreten, was beim Fliegenfischen Selektivität genannt wird. Schlüpft ein bestimmtes Insekt in einem bestimmten Stadium in großem Umfang, kann die Forelle mitunter so fokussiert auf eben jenes Insekt werden, dass sie jedes andere Angebot ablehnt. Hat sich die Forelle einmal dazu entschlossen, millimetergroße Zuckmückenpuppen zu fressen, kann es passieren, dass sie einen großen fetten Regenwurm ignoriert, auch wenn der Angler ihr diesen zehn Zentimeter vor die Nase hängt. Und das geschieht ganz einfach deshalb, weil die Forelle in diesem Moment den Regenwurm nicht als etwas Essbares wahrnimmt. Die Menge ist ausschlaggebend. Das Insekt, von dem am meisten vorhanden ist, wird für die Forelle dann zur Nahrung per se. Es ist ungefähr so, als müsstest du deinen Kindern jeden Morgen zwanzig Butterbrote mit Nutella schmieren, bevor sie begreifen, dass es sich um Nahrung handelt, und sie mit dem Essen anfangen.

Die früheren englischen Imitationsfliegen waren manchmal bunt bis an die Grenze der Geschmacklosigkeit. Besonders die Lachsfliegen erinnern an die Kostüme alter, westdeutscher Grand-Prix-Teilnehmer. Die Imitationen der Eintagsfliegen hingegen wirken heutzutage erstaunlich naturgetreu und tragen poetische Namen. *Pale morning dun, Blue dun* oder *Greenwells glory*. Sie ähneln ihren Vorbildern in der Natur, daher ist die Annahme nachvollziehbar, dass sie als deren Imitationen gefertigt wurden, um die Forellen in den englischen Flüssen zu täuschen.

Diese Arten der Fliegen-Imitationen gibt es allerdings erst seit den Achtzigerjahren. Bis zu dieser Zeit waren die meisten Köder reine Fantasieprodukte, auch wenn sie von den Fischen mit echten Fliegen verwechselt wurden. Aber die Forelle verfügt schließlich nicht über die Voraussetzungen, um zwischen echt und unecht unterscheiden zu können.

Mit der Entwicklung moderner Imitationen hielt auch die Wissenschaft Einzug in den Angelsport. Der Fliegenfischer warf nicht mehr aufs Geratewohl mit einer willkürlichen Fliege am Ende des Vorfachs aus. Jetzt bildete er sich ein, die Natur bis ins kleinste Detail erklären, sie nach ihren eigenen Prämissen täuschen und damit jegliches Scheitern nahezu ausschließen zu können. Das Fliegenfischen wurde zu einer Tätigkeit, bei der genaue Vorausberechnungen zu einem wissenschaftlich korrekten Ergebnis führen sollten. Bei dieser historischen Entwicklung ist Max Weber deutlich spürbar, doch glücklicherweise zeigte sich, dass die wissenschaftlichen Fähigkeiten des Menschen auch hier an ihre Grenzen stießen. Unter der Wasseroberfläche lauern unzählige Unwägbarkeiten, die der Fliegenfischer nicht in seine Berechnungen mit einbeziehen kann.

An der Südseite der Landspitze verging die Zeit nur langsam. Die intensive Wachheit, die ein Insekt auf dem Wasser beim Fliegenfischer hervorruft, kann nicht ewig anhalten. Konzentration ist anstrengend. Es handelt sich um einen eher flüchtigen Gemütszustand. Es ist ziemlich anspruchsvoll, die ganze Zeit dazusitzen und aufs Wasser zu starren, ohne die Gedanken abschweifen zu lassen.

Die Eintagsfliegen schlüpften fleißig aus, doch kein einziger Fisch ließ sich blicken. Zunächst waren wir verwundert und dachten, dass sich die Forellen eben nur etwas verspätet hätten, dass sie eine gewisse Anzahl an Insekten brauchten, um loszulegen. Nach einer Weile aber kam uns der Gedanke, dass vielleicht ohnehin nichts geschehen würde.

Nachdem er sich ein paar Stunden auf einer der schwimmenden Torfinseln aufgehalten hatte, kam Geir zurück. Dort hatte er ganz ruhig gesessen und gewartet. Das macht er in der Regel ganz gern, und wie ich ihn kenne, hätte es ihm wohl auch nichts ausgemacht, dort sitzen zu bleiben und bis zum nächsten Jahr auf das Schlüpfen der *Vulgata* zu warten. Wir sparten uns die Frage, ob er etwas gefangen habe. Es sah nicht so aus, und Geir machte auch nicht den Eindruck, als ob er uns irgendetwas Spannendes zu berichten hätte. Wir streiften ein wenig über die Landspitze. David kochte Kaffee auf einem dieser modernen Druckkocher, die seit einiger Zeit erhältlich sind, ein Propanbrenner, bei dem die Kocheinheit direkt am Brenner festgeschraubt wird. Das Wasser kochte innerhalb einer Minute, dreimal schneller, als es mit meinem traditionellen Gaskocher der Fall ist.

Hier und da schlüpften weiterhin ein paar *Vulgata*. Bevor sie abhoben, saßen sie ein paar Minuten auf dem Wasser, aber keine von ihnen wurde gefressen. Übereinstimmend stellten wir fest, so etwas noch nie zuvor erlebt zu haben und dass es sich dabei um einen klaren Vertragsbruch vonseiten der Natur handelte.

Nach und nach tauchten vereinzelte Köcherfliegen auf dem Wasser auf. Dieses Insekt schlüpft ebenfalls an der Wasseroberfläche, doch von da an unterscheidet sich sein Verhalten erheblich von dem der Eintagsfliege. Während die Eintagsfliege wie ein elegantes Segelboot auf dem Wasser sitzt, braust die Köcherfliege wie ein kleines kompaktes Motorboot umher. Verglichen mit der Eintagsfliege haftet ihr etwas Verbissenes und Malocherhaftes an, sie unterscheiden sich wie Elfen und Zwerge in »Der Herr der Ringe«.

Sobald die Köcherfliege aus ihrem Kokon geschlüpft ist, macht sie sich in schwindelerregendem Tempo auf den Weg. Sie wirkt planlos, denn erst vor wenigen Sekunden hat sie eine grundlegende körperliche Metamorphose durchlebt und kann somit keine klare Vorstellung davon haben, was sie jetzt genau unternehmen soll. Sie ist groß und unförmig und verursacht kleine Wellen und ein riesiges Theater, sie ist bemüht, Richtung Land zu gelangen, ihr Instinkt sagt ihr vermutlich unüberhörbar, dass sie sich so schnell wie möglich unter Steinen oder im Gras oder im Schilf verstecken muss, aber bei Weitem nicht allen Köcherfliegen gelingt dieses Vorhaben. Ich saß da, betrachtete sie und sinnierte darüber, dass auch die Natur ihre Mängel hat. Nicht alles geht so vonstatten, wie es soll, und vermutlich ist das auch beabsichtigt, denn eine gewisse Anzahl an frisch geschlüpften Köcherfliegen soll eben auch als Nahrung für die Forellen dienen.

Ein paar Köcherfliegen steuerten weiter aufs Wasser hinaus. Ziemlich weit sogar, bevor sie schließlich einsahen, dass sie auf dem Holzweg waren, und ihren Kurs berichtigten. Wir saßen auf der Landspitze und verfolgten ihr wildes Treiben über der glänzenden Wasseroberfläche. Dort draußen war das Wasser kaum mehr als zwei Meter tief, und unter normalen Umständen hätten sich die Köcherfliegen in akuter Lebensgefahr befunden. Aber nicht an diesem Tag. An diesem Tag herrschte Waffenruhe. Alle kamen mit dem Leben davon. Den Köcherfliegen war das natürlich nicht bewusst, aber sie hatten sich zum denkbar günstigsten Zeitpunkt zum Schlüpfen entschieden. Was die Forellen dort unten in der Dunkelheit trieben, vermochte keiner von uns zu sagen. Zweifellos musste es sich um etwas Wichtiges gehandelt haben. Ansonsten hätten sie sich diesen Festschmaus nicht entgehen lassen. Nicht eine einzige Köcherfliege wurde gefressen. Sie brausten nur einfach weiter durch das schräg einfallende Nachmittagslicht, und nach einer Weile verloren wir das Interesse und ließen sie ungestört ihrer Beschäftigung nachgehen.

Ich saß ganz für mich allein an der äußersten Spitze der Landzunge. Geir und David befanden sich ein Stück weiter landeinwärts und bereiteten das Essen. Gerade als ich aufstehen und mir die Beine vertreten wollte, sah ich unter einer Birke, deren Äste über das Wasser hingen, eine winzige Bewegung; ein Fisch war an die Oberfläche gekommen. Ich konnte nicht sehen, was sich der Fisch da schnappte, aber es konnte kaum eine Köcherfliege sein, weil der Fisch sich so vorsichtig bewegte. Am Ende meiner Schnur hatte ich eine *Vulgata*-Imitation. Ich warf aus. Die Fliege landete ganz sanft genau an der Stelle, wo ich den Fisch gesehen hatte. Dann verschwand sie unter die Wasseroberfläche. Behutsam, aber entschieden wurde sie hinabgezogen. Kein Platschen, kein Spektakel.

Wer schon einmal Forellen mit Trockenfliegen gefischt hat, weiß, dass die visuelle Komponente einerseits den ganz besonderen Reiz ausmacht, andererseits aber auch sehr frustrierend sein kann. Angelst du mit einem Köder unter Wasser, siehst du nicht, dass der Fisch die Fliege, den Blinker oder den Wurm schnappt. Du merkst es erst dann, wenn der Fisch fest am Haken sitzt. Wenn du hingegen mit Trockenfliegen angelst, siehst du, wie der Fisch zuschnappt, aber wenn du dann zu schnell an der Angelschnur ruckst, riskierst du, dem Fisch die Fliege wieder aus dem Maul zu reißen, bevor er richtig zugebissen hat. Genau das bereitet jedem Fliegenfischer das größte Kopfzerbrechen, denn dein Instinkt sagt dir, sofort an der Schnur zu rucken, wenn du die Bewegung im Wasser siehst. Und einen körperlichen Reflex auf diese Weise und in solch einer Situation zu kontrollieren ist nun einmal keine einfache Sache.

Allerdings ging diesmal alles gut, was vielleicht daran lag, dass ich so viele Stunden untätig auf der Landspitze gesessen hatte. Ich war ein wenig träge, aber offenbar genau auf die richtige Weise, und der Fisch saß fest. Mein Kopf war auf eine Forelle vorbereitet, ich hatte überhaupt nicht an eine andere Möglichkeit gedacht, doch sobald der Fisch im Wasser zu kämpfen begann, kapierte ich, was ich da am Haken hatte. Es war ein kleiner Flussbarsch. Silbergrauer Bauch und grauschwarze Zeichnungen an den Seiten. Ein Hauch von Grün am Rücken und die charakteristischen rotorangefarbenen Brust- und Bauchflossen. Ich zog ihn aus dem Wasser und brach ihm das Genick. Dieser Flussbarsch sollte mein Mittagessen sein. Ich legte ihn ins Moos, und an meinen Fingern haftete der unverkennbare Geruch eines in kaltem, frischem Frühlingswasser gefangenen Flussbarschs.

Als ich klein war, lebten meine Großeltern an einem großen See, in dem es viele Flussbarsche gab, und gemäß der Tradition in dieser Gegend wurde er mit Wurm und Schwimmer ab dem Johannistag gefischt, niemals jedoch früher. Großvater war Bauer. Im Sommer arbeitete er auf den Feldern. Im Winter schlug er Holz und transportierte es mit einem Pferd aus dem Wald. Er war, so wie ich mich erinnere, ein sanfter und arbeitsamer Mann, und wenn er frei hatte – der norwegische Philosoph Arne Næss bezeichnet das als *Leben mit Überschuss* –, dann zog er in den Wald. Und nicht selten, um zu fischen.

Was das Fischen von Flussbarschen betraf, hatte Großvater zwei Regeln. Regel Nummer eins: Das Fischen mit Würmern durfte niemals vor dem Johannisabend beginnen. Regel Nummer zwei: Es ist immer am besten, wenn es regnet. Wenn es regnete, hatte Großvater den Glauben, wie er sagte. Ich nahm das als gegeben hin, ohne dass ich den Zusammenhang zwischen Flussbarsch, Johannisabend, Regenwetter und Großvaters Glauben je durchschaut hätte.

Die meisten Menschen sind der Ansicht, dass es im Sommer in Norwegen viel zu viel regnet. Das mag vielleicht auch so sein, aber wenn du ein kleiner Junge bist und an nichts anderes denkst als an Flussbarsche, und wenn du von deinem Großvater gelernt hast, dass der Flussbarsch am besten bei Regen beißt, dann findest du, dass es in Norwegen im Sommer viel zu wenig regnet. Jeden Abend fragst du dich: Wie wird das Wetter morgen, gibt es Regen, gibt es Regen? Natürlich wünscht du dir kein Unwetter, bei dem es stürmt und wie aus Eimern schüttet, aber du wünscht dir den warmen

Sommerregen, der sanft vom Himmel fällt und plätschernd auf die Wasseroberfläche trifft, sodass unmöglich zu erkennen ist, wo der See aufhört und wo der Himmel beginnt.

Auf diesen Regen wartest du, und schon bald machst du die Erfahrung, dass er genauso selten ist wie die strahlenden Sonnentage. Wenn so ein Tag erst einmal kommt, musst du die Gelegenheit beim Schopf packen. Das wusste auch Großvater. Er ließ die Arbeit Arbeit sein, grub hinter der Scheune ein paar Würmer aus und ruderte hinaus.

Wir beide saßen in dem Ruderboot, das mein Urgroßvater eigenhändig gebaut hatte. Großvater saß an den Rudern, ich saß hinten. »Sieh nur«, sagte er, »jetzt habe ich den Glauben.« Ich nickte, und eine große Freude überkam mich sowie etwas, das vermutlich ein Gefühl der Gewissheit war. Ich *wusste*, dass der Flussbarsch an einem Regentag wie diesem anbeißen würde, daran hatte ich nicht den geringsten Zweifel. Großvater und ich blickten einander an. Dann

richteten wir unsere Aufmerksamkeit auf die weißen und roten Schwimmer, die auf der grauen Wasseroberfläche trieben. Ich kann mich nicht erinnern, dass wir jemals mit leeren Händen zurückgerudert wären.

Für mich war dieses Flussbarschangeln ein Abenteuer. Für Großvater war es ein Teil der Ernte. Die Fische im See bildeten einen wichtigen Ernährungsbeitrag zur Lebensmittelproduktion auf dem Hof, insbesondere während des Krieges. Großvater hatte sich seinerzeit als junger Mann anwerben lassen. Nun lag der Krieg schon lange zurück, doch Großvater hatte ihn genauso wenig vergessen wie jeder andere, der daran teilgenommen hatte. Jetzt versuchte er in seinen Mußestunden Flussbarsche mit Würmern zu angeln, und jeder Fisch wurde von Großmutter sorgfältig ausgenommen und gebraten.

Die Jahre vergingen. Die beiden Regeln bestanden weiterhin. Ich hingegen konnte Großvaters festen Glauben an die Traditionen nicht akzeptieren. Als Kind der Siebzigerjahre, das gelernt hatte, anerkannte Wahrheiten zu hinterfragen, lag mir diese Art zu denken wohl einfach nicht. Mittlerweile wusste ich, dass der Johannisabend zum Gedenken an die Geburt Johannes des Täufers gefeiert wurde, und ich dachte: Wie kann es sein, dass sich der Flussbarsch bei seiner Nahrungsaufnahme nach dem Gedenktag für einen katholischen Heiligen richtet? Worin besteht der Zusammenhang zwischen einem Fisch und einer Weltreligion?

Als der Frühling kam und es wieder auf den Johannistag zuging, konfrontierte ich Großvater mit meinen Überlegungen. Ich schlug vor, dass wir früher mit dem Angeln beginnen und auf diese Weise die endlose Warterei umgehen könnten. Soweit ich mich erinnere, zeigte er keinerlei Interesse. Ich fand bei Großvater keine Unterstützung für meine Ideen, es lag ihm völlig fern, mit den alten Traditionen zu brechen, die er von meinem Urgroßvater übernommen hatte, der sie seinerseits von seinem Vater gelehrt bekommen hatte.

Möglicherweise begriff er sie gar nicht mal als überlieferte Traditionen, sondern einfach als die einzig mögliche angemessene Vorgehensweise.

Ich konnte nicht von dem Gedanken lassen, dass irgendetwas an diesen Regeln nicht stimmte. Zu jener Zeit war ich außerdem alt genug, um allein fischen zu gehen, ich brauchte dazu keinen Erwachsenen mehr. Ich nahm die Angelrute und eine Dose voll Würmer. Es war ein Junitag mit blauem Himmel und scharfem Wind. Absolut kein Tag, an dem Großvater seinen Glauben gehabt hätte, selbst wenn der katholische Feiertag bereits begangen worden wäre. Ich scherte mich weder um Wetter noch Datum. Ich dachte: Wieso behaupten alle Menschen in dieser Gegend, dass der Flussbarsch nicht vor dem Johannistag beißt? Kann es daran liegen, dass bisher niemand versucht hat, ihn früher zu angeln?

Ich ruderte zu einer Stelle hinaus, die ich in guter Erinnerung hatte. Eine Stunde später hatte ich mit der Tradition gebrochen. Auf dem Boden des Ruderboots zappelte eine Handvoll kleiner Flussbarsche, und ich nahm den besonderen Geruch dieses Fisches wahr, wenn er aus kaltem Frühsommerwasser gezogen wird. Es war genau derselbe Geruch, der Jahre später an meinen Fingern haftete, als ich auf einer Landzunge an einem See in der Nordmarka saß, und ich bin sicher, dass ich diesen Geruch wann und wo auch immer auf der Welt identifizieren könnte.

Die allseits anerkannte Theorie war widerlegt. Ich ruderte zurück, zog das Boot ans Ufer und vertäute es vorschriftsmäßig. Ich hängte die Fische an einen gegabelten Ebereschenzweig, wie ich es von Großvater gelernt hatte, und schlenderte zum Hof hinauf, während ich darüber nachdachte, wie ich den Fang erklären könnte. Großvater war inzwischen kein Bauer mehr. Er hatte das Land verpachtet und Arbeit in einer Fabrik in der Stadt angenommen. Als ich zum Hof kam, war er nicht zu Hause. Großmutter berichtete, er habe vor wenigen Minuten angerufen und Bescheid gegeben, dass er Überstunden machen müsse. Großmutter schien es nicht zu stören, dass die Flussbarsche vor dem Johannistag geangelt worden waren, oder vielleicht sah sie auch bloß, wie glücklich ich war, und ließ sich deshalb nichts anmerken. Gemeinsam nahmen wir die Fische aus. Erst schnitten wir ihnen die Köpfe ab, dann entfernten wir die Rückenflossen vom Schwanz bis zum Kopf. Danach packten wir dort, wo der Kopf gesessen hatte, die Haut an einer Ecke und zogen sie mit einer einzigen, bestimmten Bewegung ab. Zum Schluss schnitten wir die Schwänze ab und entfernten die wenigen Eingeweide. Nachdem alle Flussbarsche gesäubert waren, verpackten wir sie in Plastik und legten sie in die Gefriertruhe. Ich weiß nicht mehr, ob ich Großvater von den Fischen erzählte, als er nach Hause kam, oder ob Großmutter und ich sie ein paar Wochen in der Gefriertruhe liegen ließen, bis der Johannistag vorbei war und sie Gesellschaft von anderen, korrekt geangelten Flussbarschen bekamen, unter denen sie nicht weiter auffielen.

An dem See in der Nordmarka war es später Nachmittag geworden. Mit steifen Gelenken stand ich auf und ging hinüber zu den anderen. Keiner von uns glaubte mehr daran, dass die Forellen auftauchen würden. Wir lagen faul herum und starrten zu den Baumkronen hinauf. Ich dachte an Flussbarsche. Und ich dachte an Gunnar Larsen, den legendären Nachrichtenredakteur bei *Dagbladet*, der seinerzeit auch ein paar ziemlich gute Bücher geschrieben hatte. Larsen hat einmal gesagt, die Idee zu einem seiner Romane sei ihm gekommen, als er eine Angelschnur fürs Flussbarschfischen gereinigt habe. Als er mit dem Säubern anfing, habe er überhaupt nichts im Kopf gehabt, doch als er damit fertig war, sei die Romanidee geboren, überarbeitet und komplett fertig gewesen. Sie musste nur noch niedergeschrieben werden.

Geir und David begannen, ihre Sachen zusammenzupacken. Eine ganze Weile schon hatte es deutlich in der Luft gelegen, dass dieser Tag kein erfolgreicher Angeltag zu werden versprach, also hatten sie sich entschieden, nach Hause zu fahren. Sie schulterten ihre Rucksäcke, verabschiedeten sich und verschwanden über die Kiefernheide.

An diesem hellsten Abend des Jahres senkte sich langsam Ruhe über Wald und Wasser. Mit einem wachsenden Gefühl von Wehmut und Sinnlosigkeit, wie man es immer verspürt, wenn man al-

lein im Wald ist, blieb ich auf der Landspitze sitzen. Da ich bis eben noch mit zwei Menschen zusammen gewesen war, spürte ich es stärker als sonst. Es gab keinen Grund mehr, etwas zu sagen, und sobald man schweigt, richtet sich die Aufmerksamkeit auf die Umgebung. Langsam wurde es dunkler, das Licht schmolz dahin. Noch immer war die Umgebung erkennbar, aber körniger, wie auf einem alten Foto.

Ich saß auf einem Felsen, der zum Wasser hin abfiel. Grauer Stein, grünes Moos, dunkle Flechten. Die Bäume spiegelten sich im Wasser. Die Sonne war schon längst untergegangen. Es war Nacht, aber dennoch war der Himmel hell. Auf der anderen Seite des Sees sah ich an einer Landzunge ein paar Fische steigen. Sie steigen immer auf der anderen Seite des Sees.

An einem kleinen Felshang auf der Landspitze schlug ich mein Tarp auf. Wie im Mai wurde es ein trapezförmiger Unterschlupf, mit einem ein Meter langen Stock an dem einen Ende und einem fünfzig Zentimeter langen am anderen. Ich breitete Liegematte und Schlafsack aus und sammelte meine Sachen ein. Füllte Wasser in den kleinen Topf, in dem ich am nächsten Morgen Kaffee kochen würde. Ich kramte die Angelsachen zusammen, nahm die Rute auseinander und legte die Fliegen zurück in ihre Schachtel. Die *Vulgata*-Imitationen waren in diesem Jahr zum ersten und letzten Mal benutzt worden. Diese Insekten waren vielleicht eine Woche im Wald zu sehen gewesen und würden vielleicht noch eine weitere Woche da sein, bevor ihre Zeit über Wasser vorbei war und sie nach der Paarung sterben und als tote Tiere herabfallen würden. Das war die diesjährige Generation der *Ephemera vulgata*, und mehr würde ich von ihnen nicht zu Gesicht bekommen. Wenn ich das nächste Mal Ende Juli in den Wald käme, wären sie schon längst verschwunden.

Ich verzehrte mein Knäckebrot mit Tubenkäse und trank Moorwasser zum Abendessen. Mag sein, dass Moorwasser in großen

Mengen ungesund ist, ich weiß es nicht, aber ich hatte nichts anderes. In der stillen Sommernacht waren meine Kaugeräusche laut und krachend. Wenn es Waldelfen gab, würden sie mich jetzt bestimmt hören. Und der Nöck, natürlich, der Nöck! Langsam senkte sich der Nebel über den See, grauweiß und mystisch hob er sich von den schwimmenden Torfinseln ab. Das bedeutete, dass das Wasser nun wärmer war als die Luft. Mitternacht war längst vorüber, die Uhr ging auf eins zu, der dunkelste Moment am hellsten Tag des Jahres, obwohl es überhaupt nicht richtig dunkel wurde. Dennoch herrschte eine magische Stimmung, die mich unmittelbar daran glauben ließ, dass es die Elfen und den Nöck vielleicht doch gab.

Ich kroch in meinen Schlafsack und dachte an Max Weber. Der Soziologe hatte sich wohl nicht vorstellen können, dass es trotz aller wissenschaftlichen Erklärungen und allen Wissens, über das wir verfügen, nur einer einsamen Sommernacht an einem Waldsee bedarf, damit die Welt uns mystisch erscheint. Es ist wohl das, was man als »Wiederverzauberung der Welt« bezeichnet, und es ist erstaunlich, wie wenig nötig ist, um in einen völlig anderen Zustand als den gewöhnlichen, kritisch-rationalen versetzt zu werden. Als ich unter meinem Tarp lag und auf das Wasser blickte, erschienen mir wissenschaftliche Erklärungen völlig unbrauchbar. Wenn jetzt der Nöck aufgetaucht wäre, tropfend nass und riesig, wäre mir das nicht im Mindesten seltsam vorgekommen.

❧

Um vier Uhr wurde ich wach. Das heißt, eigentlich war ich schon gegen zwei von einem eigenartigen, langgezogenen Vogelruf geweckt worden, einem wehmütigen Heulen – *ouuu, ouuu* –, das mehrmals hintereinander erklang. Ich war liegen geblieben, hatte diesem Heulen gelauscht und auf den stillen See hinausgeblickt, der glänzend und geheimnisvoll dalag. Dann war ich wieder eingeschlafen, aber um vier Uhr war die Zeit zum Aufstehen gekommen.

Es war bereits hell. In einer Kiefer gleich neben dem Lagerplatz hatte sich ein Kohlmeisenpaar mit seinen Jungen eingenistet. Sie waren Hausbesetzer. Aus purer Faulheit hatten sie die Nisthöhle eines größeren Vogels übernommen, was an dem überdimensionierten Eingangsloch erkennbar war. Ich hatte sie bereits am Tag zuvor beobachtet. Unermüdlich flogen sie mit Insekten, Larven, Würmern und Käfern im Schnabel hin und her, raus aus dem Nest und wieder hinein. Sie landeten auf einem Ast, reckten den Kopf, sahen sich nach Gefahren um, schlüpften ins Loch, kamen wieder heraus, und dann ging die ganze Prozedur von vorn los. Erst gegen zehn am Abend legten sie eine Pause ein.

Als ich um Viertel nach vier aus dem Tarp kroch, waren sie schon wieder umtriebig zugange. Sie tauchten in dem Loch im Baum auf, hielten in alle Richtungen Ausschau nach potenziellen Feinden, dann flogen sie davon, und nach kurzer Zeit kehrten sie mit etwas Essbarem im Schnabel zurück.

Ich kochte Kaffee, saß da und beobachtete sie. Diese Kohlmeisen müssen immer auf der Hut sein und ständig mit dem Schlimmsten rechnen. Sie dürfen sich weder in ihren Aktivitäten verlieren noch Zeit und Ort vergessen, andernfalls laufen sie Gefahr von jemandem gefressen zu werden, der größer ist als sie. Und im Wald gibt es viele Tiere, die größer sind als eine Kohlmeise.

Der Tod lauert immer und überall in der Natur. Die Großen fressen die Kleinen und werden wiederum von anderen gefressen, die noch größer als sie selbst sind. So lebt jeder einzelne Waldbewohner auf dem ihm zugeteilten Platz in der Nahrungskette. Am Abend zuvor hatte ich in einer Bucht an der südöstlichen Seeseite zwei Biber bemerkt, und mir fiel auf, dass die beiden Nagemaschinen erstaunlich befreit von diesem ewigen Multitasking wirkten. Sie waren emsig mit ihrem Bau beschäftigt, widmeten sich aber ausschließlich dieser einen Aufgabe und schienen die Umgebung nicht sonderlich genau zu beachten. Vielleicht haben die Biber in einem ostnorwegischen Wald auch keine natürlichen Feinde, denn wer sollte das sein? Welches Wesen in diesem Wald wäre wohl in der Lage, einen Biber zu jagen und zu fressen? Keines, würde ich vermuten, und daher hat der Biber auch keinen ausgeprägten Angstinstinkt. Er ist mit einem Vertrauen in die Umgebung und dem Glauben gesegnet, dass er sich jederzeit auf seine Aufgabe konzentrieren, in Frieden an ihr arbeiten und sie vollenden kann, ohne jemals dabei gestört zu werden. Für die Kohlmeise und die meisten anderen Geschöpfe verhält es sich genau umgekehrt.

Ich packte Tarp und Angelausrüstung zusammen und setzte den Rucksack auf. Der See lag still da, auf der anderen Uferseite reichte dichter Nebel ein Stück weit landeinwärts. Dann ging die Sonne über den Gipfeln im Osten auf. Die ersten Strahlen ließen die Gräser auf dem Moor wie Diamanten funkeln. In diesem Moment befand ich mich an einem Wendepunkt. Am folgenden Tag würde die Natur die einzig andere Richtung einschlagen, die ihr zu Gebote stand. Mit jedem Tag würde es ein bisschen früher dunkler werden, und so würde es weitergehen bis zum 21. Dezember und meiner letzten Übernachtung in diesem Jahr.

Am hellsten Tag des Jahres kann man schnell ein wenig wehmütig werden. Es ist ganz leicht, sich Pessimismus und negativen Gedanken hinzugeben, allerdings ist es in der Natur so, dass sich die tatsächlich erlebte Jahreszeit erst nach der astronomischen einstellt.

So wie die von der Schneeschmelze in den Bergen verursachte Überschwemmung erst im Juni eintrifft, macht sich die Wärme der Sonne erst im Juli und August richtig bemerkbar. Gewässer und Berge und Landmassen müssen aufgewärmt und abgekühlt und wieder aufgewärmt und abgekühlt werden. Es braucht nicht viel Fantasie, um zu verstehen, dass diese Prozesse eine gewisse Zeit in Anspruch nehmen.

Um halb sechs Uhr morgens setzte ich mich ins Auto und fuhr nach Hause. Anders als im Mai empfand ich nun keine Gereiztheit mehr, wie Nebel in der Sonne hatte sie sich aufgelöst, und ich fühlte mich glücklich und ausgeglichen. Jetzt habe ich die Hälfte hinter mir, dachte ich zufrieden, während mein Wagen über den schmalen Forstweg rumpelte. Die Hälfte habe ich hinter mir. Bis jetzt ist alles gut gegangen. Und von nun an wird es immer dunkler.

Am Tag nach meiner Rückkehr von der Juni-Übernachtung telefonierte ich mit meinem Kumpel Tarje. Ich erzählte ihm von dem seltsamen, langgezogenen Vogellaut, der mich mitten in der Nacht geweckt hatte. Tarje hat weitaus mehr Nächte als ich in der Nordmarka verbracht, er fragte, wo ich übernachtet hätte, und als ich es ihm sagte, wurde er ganz still. Dann sagte er: »Du bist dir darüber im Klaren, dass es eine Legende über diesen Ort gibt?« »Nein«, erwiderte ich, »ich weiß von keiner Legende.« Dann erzählte er: »Angeblich soll einmal eine junge Frau ihr Kind in dem See ertränkt haben, und die Leute sagen, sie spukt dort herum.« Ich dankte Tarje für die Information und sagte, ich sei froh, dass er damit gewartet habe, bis ich wieder nach Hause gekommen sei. Ich erklärte ihm, dass solche Sachen schnell etwas zu viel für mich werden könnten und dass ich beispielsweise ganz bewusst darauf verzichtete, mir *Blair Witch Project* anzusehen, weil ich Angst hätte, der Film könne mir einen wichtigen Teil meines Lebens verleiden; dass er mich dazu bringen würde, mich gänzlich anderen Interessen als Walderkundungen zuzuwenden, also etwas, dass irgendwo drinnen und in beleuchteten Umgebungen stattfand, Squash oder Areobic oder Bingo oder Weinproben. Tarje kicherte ins Telefon. »Nichts gegen Weinproben«, sagte ich, »aber das wäre einfach nicht dasselbe.«

SOMMER

Juli

Leben im Freien

Im Wald und in den Bergen, auf den weiten Ebenen in der großen Ein-
samkeit fühlt man sich wie ein natürlicherer, gesünderer Mensch, man
fühlt, man habe etwas, das in einem verborgen liegt und das wirkliche Ich
ist, und man kehrt zurück mit einem frischeren und gesünderen Blick auf
das ganze Dasein, als es sich drinnen in den Städten zeigt. Seht, in der
Wildnis, in der Einsamkeit des Waldes, mit Blick auf die weiten Ebe-
nen, werden Persönlichkeiten geformt, die unsere Zeit so dringend benötigt.

Fridtjof Nansen

Die Mikroexpedition ist zur Hälfte bewältigt. Sechs Monate
sind überstanden, sechs stehen noch aus. Seit ich zu meiner
ersten Übernachtung im Januar auszog, habe ich mir oftmals dieselbe Frage gestellt: Was treibst du da eigentlich? Eine Nacht pro
Monat allein im Wald schlafen, wozu soll das gut sein? Bis jetzt ist
mir noch keine bessere Antwort eingefallen, als dass ich immer
gern im Wald war, dass ich ihn immer als einen Ort der Erholung
betrachtet habe. Frische Luft, sich körperlich betätigen, der Umgebung größere Aufmerksamkeit widmen, angeln, fotografieren,
Feuer entzünden, im Freien schlafen. Das ist natürlich ein Klischee,
und ein großes noch dazu. Aber es ändert nichts an den Tatsachen.

Viele Norweger denken wie ich, und Juli ist der Monat, in dem
die meisten von uns die Träume des Winters Wirklichkeit werden

lassen. Zu keinem anderen Zeitpunkt im Jahr übernachten mehr Menschen im Zelt. Rucksack, Mückenspray, Schlafsack, Liegematte, Gaskocher, Kaffeetopf und Angelrute – all dies gehört zu der Grundausrüstung, die man unbedingt besitzen zu müssen glaubt, sofern man in Norwegen ein vollwertiges Leben führen möchte.

Ganz so ist es natürlich nicht. Diese Vorstellung resultiert aus einer ganz bestimmten historischen Tradition und einem speziellen Naturverständnis. Ich habe den größten Respekt vor allen, die den Wald Wald sein lassen und es vorziehen, ihr Leben in der Stadt zu verbringen. Ich glaube nicht daran, dass der Aufenthalt in der Natur uns zu glücklicheren oder besseren Menschen macht. Dieser Ansicht war der Zoologe und Polarforscher Fridtjof Nansen. Arne Næss ebenfalls. Ich persönlich halte das für ein wenig übertrieben. Es geht nicht darum, ein besserer oder schlechterer Mensch zu sein oder ein vollwertiges oder eingeschränktes Leben zu führen. Es geht darum, wie man sich fühlt und was einem Freude bereitet. Manche begeben sich lieber auf Shoppingtouren in den großen Weltmetropolen. Für andere sind einsame Übernachtungen im Wald das Richtige. Und auf sehr viele trifft beides zu.

Menschen, die ihre Freizeit gern im Wald verbringen, lassen oft durchblicken, dass sie dieser Betätigung einen höheren Wert beimessen als anderen Freizeitbeschäftigungen. Sie neigen irritierenderweise dazu, anderen ihre eigenen Vorlieben aufzwingen zu wollen, was sowohl für den Einzelnen als auch für ganze Familien gilt. In Norwegen haben solche Menschen eine starke Position. Sie wissen die Tradition hinter sich, die jedoch jüngeren Datums ist, als viele glauben. Stets lautete die vorherrschende Meinung, dass man all seine Freizeit in der Natur verbringen solle. Dabei ist auch dieses Leben im Freien, wie wir es kennen, eine Erfindung der Neuzeit.

Vor tausend, ja, noch vor dreihundert Jahren lebten die Menschen ohnehin in der Natur. Dort wurden sie geboren, dort starben sie auch. Sie kannten gar nichts anderes, weswegen die Vorstellung, ein Leben im Freien stelle eine Art Gegenentwurf zu ihrem alltäglichen Leben dar, schlichtweg ins Leere läuft.

Juli ist der Monat, in dem die meisten Norweger die meiste Zeit im Freien verbringen. Es ist warm, es ist hell, es sind Sommerferien. Obwohl es abends bereits früher dunkler wird und es tatsächlich schon auf den Winter zugeht, erreicht der nordische Sommer seinen Höhepunkt. Juli ist der Monat, in dem die Vegetation in voller Blüte steht, im Juli erreicht alles in der Natur seine höchste Temperatur, bevor es sich dann wieder langsam abkühlt. Berge und Gewässer, ja sogar der Boden sind um diese Zeit am wärmsten.

Ab Anfang Juli sollte unsere Familie vier Wochen in der Ferienhütte am Meer verbringen. Bis zu unserer Abreise regnete es nahezu ununterbrochen. Aber am Tag, als wir unseren Wagen vollpackten, war der Himmel blau und wolkenlos, und so blieb es bis zum Ende der Ferien. Dreißig Tage mit Sonnenschein und kaum Wind. Wir konnten uns nicht erinnern, so etwas schon früher einmal erlebt zu haben. Wir streiften durch die Küstenlandschaft, jeder Tag begann ohne einen konkreten Plan, alles ergab sich wie von selbst, und diese Tage ähnelten einander so sehr, dass jegliches Zeitgefühl verloren ging und Geist und Körper zu einem Rhythmus fanden, der sich nur einstellt, wenn ausreichend Zeit zur Verfügung steht. Ausreichend Zeit und keine Verabredungen.

Der Juli war der reine Gegensatz zum Mai. Es herrschte keinerlei Unbehagen in der Kultur, ja, eigentlich konnte von Kultur überhaupt nicht die Rede sein. Im Großen und Ganzen gab es nur uns vier. Wir badeten und angelten und grillten, fuhren mit dem Boot hinaus, wir paddelten im Kanu umher, machten Ausflüge, luden Freunde ein und aßen Eis. Nachdem eines Abends die Kinder schlafen gegangen waren und braun gebrannt und nackt unter ihren Bettdecken lagen, nahm ich meinen Computer hervor und warf einen Blick auf die Bilder, die ich bei meinen Übernachtungen im Winter gemacht hatte. Es war eine merkwürdige Erfahrung. Hunderte von nahezu identischen Motiven. Schnee. Spuren im Schnee. Eiszapfen. Bäume mit Schnee. Habe ich diese Fotos gemacht?, dachte ich. Bin ich da wirklich gewesen? In diesem Moment erschienen mir die Motive geradezu unwirklich. Gleichwohl fühlte ich mich seltsam angezogen von dieser Landschaft, der ihr innewohnenden Ruhe, dem Dramatischen und Kompromisslosen.

Schon Mitte Juli begann sich der Charakter der Küstenlandschaft langsam zu verändern. Wo es zu Ferienbeginn noch grün geleuchtet hatte, war jetzt ein leichter Hauch von Gelb zu erkennen. In dieser Gegend, wo die Felsenküste das Terrain dominiert und der Boden nicht sonderlich fruchtbar ist, vollzieht sich dieser Übergang besonders schnell. Natürlich hatte das auch mit dem ausgebliebenen Regen zu tun, aber ebenso mit der Tatsache, dass sich der Sommer auf dem Höhepunkt befand. Bis zur siebten Etappe meiner Mikroexpedition hatte ich noch ein paar Tage Zeit, und ich lief umher und fragte mich, wie es wohl jetzt im Wald aussähe. Würde es anders als im Juni sein? Wäre dort ebenfalls alles gelb und trocken?

An einem späten Nachmittag brach ich schließlich auf. Ich fühlte mich ungewöhnlich glücklich. Eine einsame Übernachtung im Juli. Ein Urlaub im Urlaub, ein Privileg im Privileg, ein Glück inmitten des Glücks.

Ich wollte zurück zu meinem Waldsee, plante aber, mich ihm dieses Mal von einer anderen Seite zu nähern. Ich hatte mir vorab die Landkarte angesehen und ein paar Pfade entdeckt, zwischen denen ich wählen konnte. Mir war klar, dass ich auf dem Weg, für den ich mich schließlich entschied, an ein paar anderen kleinen Gewässern vorbeikommen würde. Zwei davon werden häufig von Familien, Sportfischern, Beerensammlern und ganz gewöhnlichen Campingtouristen aufgesucht.

Ich stellte den Wagen ab, schulterte den Rucksack und lief los. Zunächst über einen auf allen Seiten von grüner Vegetation gesäumten Kiesweg. Ich wanderte unter Baumkronen, die sich über meinem Kopf in die Höhe reckten, die Luft reinigten und den lebensspendenden Sauerstoff für alle Erdenbewohner produzierten. Es waren riesige, rauschende Kronen voller Vögel und Insekten und dichtem Laubwerk. Auf der Westseite des Wegs war der Waldboden moosbewachsen, auf der Ostseite lag ein Bach, der jetzt, nach Wochen ohne Niederschlag, leise vor sich hin rieselte.

Ich drang tiefer in den Wald ein und dachte an Peter Christen Asbjørnsen, den Märchensammler, der genau hier in der ersten Hälfte des 19. Jahrhunderts so viel Zeit verbracht hatte, zu einem Zeitpunkt also, als der Begriff *Leben im Freien* noch nicht zum Alltagsvokabular der Norweger gehörte. Zu Asbjørnsens Zeiten führten die meisten Menschen ein Leben im Freien, und das wortwörtlich. Sie lebten draußen, nicht drinnen. Irgendwann setzte sich dann der von Arne Næss geprägte Begriff »*Leben mit Überschuss*« durch, wenn man von der Zeit sprach, in der man nicht arbeitete. Freizeit also. Die korrekte Bezeichnung könnte daher *Freizeitleben im Freien* lauten.

Diese ganz neue Art und Weise, die Natur zu verstehen und sich in ihr aufzuhalten, wurde von Touristen nach Norwegen gebracht, meist Engländern, von denen viele aus der Oberschicht stammten. Lachsfischer und Bergsteiger, die sich in die unberührte Natur begaben und die ortsansässige Bevölkerung als Reiseführer anheuerten. Als Bergführer. Als Fährleute auf den Flüssen. Der 1882 erstmals erschienene Reisebericht *Three in Norway by Two of Them* von A. J. Lees und W. J. Clutterbuck bietet einen einzigartigen Einblick in diese Tradition und schildert auf faszinierende Weise, wie die noblen englischen Schriftsteller aus der Oberschicht die wesentlich weniger vornehme Lokalbevölkerung betrachteten.

Henrik Ibsen gilt als derjenige, der den Begriff *Leben im Freien* (im Original: *friluftsliv*) als Erster verwendete. Er wird in dem 1859 erschienenen Gedicht »På Viddene« (Auf den Höhen) erwähnt. 1868, nur neun Jahre danach, wurde der Norwegische Wanderverein gegründet. Das Leben im Freien, wie wir es heute kennen, wurde also erst in der zweiten Hälfte des 19. Jahrhunderts erfunden und organisiert. Gleichwohl war es Fridtjof Nansen, der am deutlichsten formulierte, was seitdem als die herrschende norwegische Vorstellung vom Leben im Freien gilt und mit Begriffen wie Natürlichkeit, Aufrichtigkeit, Gesundheit und Identität verbunden ist.

Ähnliche Gedanken finden sich bei Arne Næss und den sogenannten Ökosophen in den Siebzigerjahren:

Je deutlicher die Schattenseiten der urbanen Lebensform in den Industriestaaten zutage getreten sind, desto wichtiger ist die Rolle geworden, die das Leben im Freien spielt. Wie Fridtjof Nansen bemerkt, ist das Leben im Freien teilweise die Wiederaufnahme einer früheren Lebensform. Die Menschen waren im Laufe ihrer gesamten Existenz, ja noch bis vor Kurzem, Jäger und Sammler, haben also in der Natur gelebt und gearbeitet. In einer Zeitspanne, die kaum mehr als ein Tausendstel ihrer Geschichte umfasst, haben sie sich an einer Lebensform versucht, die durch Technik und beengte Umgebungen geprägt ist.

Trotz ihrer sensibleren Seiten waren Fridtjof Nansen und Arne Næss auch klassische maskuline Abenteurer, für Großtaten geschaffen und mit einer Ausdrucksfähigkeit, einer Beobachtungsgabe und Weltanschauung ausgerüstet, die ihnen ihren Platz in der norwegischen Geschichte gesichert haben. Als ich über einen Pfad in Richtung meines Waldsees ging, dachte ich allerdings mehr an den Märchenerzähler Peter Christen Asbjørnsen. Der war hier nämlich vor mehr als 150 Jahren oft selbst entlanggewandert. Und seine Motive dafür waren den meinen erstaunlich ähnlich.

Asbjørnsen hat ebenfalls seinen unangefochtenen Platz in der norwegischen Geschichte, ist aber in erster Linie als Märchensammler bekannt. Nicht viele allerdings wissen, dass er zu den Ersten in der norwegischen Literaturgeschichte gehört, die einige jener Gedanken formuliert haben, welche seither die Grundlage unseres Verhältnisses zur Natur sowie unseres Verständnisses von ihr ausmachen. Zunächst in der Erzählung »Sommernatt på Krogskogen« (Eine Sommernacht im Krüppelwald), später in »En natt i Nordmarken« (Eine Nacht in der Nordmarka). Beide sind in der Sammlung *Norske Huldre-Eventyr og Folkesagn* (Norwegische Volksmärchen) vertreten, die erstmals 1845 beziehungsweise 1848 in zwei Bänden erschien – also ein Jahrzehnt bevor Ibsen den Begriff *friluftsliv* zum ersten Mal verwendet hat. Asbjørnsen benutzt diesen Ausdruck nicht, dennoch wird damit genau das beschrieben, was er selbst betreibt. »En natt i Nordmarken« beginnt mit folgenden Sätzen:

Ein Julitag, durchsichtig klar wie ein Tag im September, ein Sonnenstrahl über den Hügeln von Bærum, ein zufälliger Duft nach Fichten inmitten der heißen Sommerzeit in dieser stickigen Stadt weckte meine Wanderlust und all meine Sehnsucht nach Wald und Land. Ich musste und wollte hinaus und diesen frischen Luftzug von Fluss und Fichten einatmen.

Allein diese Einleitungssätze fassen die Werte zusammen, die viele von uns dem Leben im Freien zuschreiben: Freizeit, Freiheit, Ruhe, Kontemplation, ein dem Ursprünglichen angenäherter Zustand, der Ort, von dem wir eigentlich kommen. Es findet sich eine erstaunliche Übereinstimmung zwischen dem Grundgedanken in diesen Sätzen und den späteren, programmatisch ausgerichteten Essays von Nansen und Næss. Ich mag Asbjørnsens Erzählung nicht nur deshalb besonders, weil sie vor Nansen und Næss niedergeschrieben wurde, sondern auch weil sie um einen eher kleinen Waldspaziergang kreist. Asbjørnsen kann nicht viel Zeit erübrigen, also begibt er sich auf eine Mikroexpedition. Wobei es seinerzeit allerdings mehr Wildnis zwischen der Karl-Johann-Straße in Oslo und dem Herzen der Nordmarka gab, als es heute der Fall ist. Schon oben auf Sankt Hanshaugen machten die Menschen auf ihrem Sonntagsspaziergang kehrt, weil sie fürchteten, von wilden Tieren angegriffen zu werden.

🌰

Asbjørnsens Weg durch den Wald ist meinem nicht unähnlich. Er startete unten in Kristiania, muss dann das Villenviertel durchquert haben, in dem ich heute wohne, und weiter hinauf nach Maridalen gegangen sein; dann auf die Anhöhe über Kamphaug, wo er den See Skjærsjøen zwischen den Kiefern erblickt haben muss, entlang des Bjørnsjø-Flusses bis zum gleichnamigen See und von dort aus weiter in den Wald hinein.

Hier begegnet er zwei Waldbewohnern, dem Fischer Elias und einem Mann, den er nur den *Hadelending*, also den Mann aus Hadeland nennt. Es wird Abend, Asbjørnsen bleibt mit den beiden am Feuer sitzen, sie erzählen sich Geschichten, das heißt, der Fischer Elias erzählt, die anderen hören zu. Er erzählt von der Waldelfe, von Schätzen und Schatzsuchern, von einer baumstammdicken Silberader am Grund des Sees Blankvann, von blauen, unerklärlichen Lichtern im nächtlichen Wald, vom mythischen Julbock (Weihnachtsbock) und von Bären und riesigen Ungeheuern, er erzählt vom Kobold, der in Sandungen hausieren ging, und von noch »viel mehr, was sich in alten Tagen in der Nordmarka zugetragen hat«. Trotz Aberglaube, Dunkelheit und Elias' beunruhigenden Geschichten ist die Erzählung von einer stillen, friedvollen Stimmung getragen.

🌰

Für meine Juli-Übernachtung hatte ich so gut wie nichts dabei. Ich trug keinen Ranzen, wie Asbjørnsen ihn hatte, aber einen kleinen Rucksack mit dem Allernotwendigsten. Nach zwei Wochen Hüttenurlaub mit Holzhacken, Schubkarreneinsatz und sonstigen Aktivitäten fühlte sich mein Körper leichter und stärker an. Ich war sogar versucht, eine kurze Strecke zu rennen, war aber schnell erschöpft und nahm wieder Vernunft an.

Im Gegensatz zur Landschaft an der Küste gab es im Wald keine Anzeichen von Trockenheit. Alles war grün und frisch, alles duftete und lebte und atmete. Nur eines war anders: Es gab mehr Gräser. Im Juni bemerkt man sie kaum, vielleicht sieht man sie auch einfach nicht, weil sie so grün sind wie alles andere. Nun jedoch hatten sie eine schwache Gelbtönung angenommen, wo-

durch sie aus allem Grünen hervorstachen. Sie zitterten in der schwachen Nachmittagsbrise und filterten das schräg einfallende Sonnenlicht, das über ihnen lag, als wolle es dort ausruhen.

Ich kam zu einer hellen Lichtung und setzte mich auf einen Stein, um Rast zu machen und etwas zu essen. Als ich dort saß, hörte ich zum ersten Mal in diesem Jahr die Heuschrecken zirpen. Vielleicht gibt es ja eine heimliche Verbindung zwischen gelben Gräsern und Heuschrecken, ich weiß es nicht, aber ich kann mich nicht erinnern, je das eine gesehen ohne das andere gehört zu haben. Mein Eindruck ist, dass die Heuschrecken ungefähr zur selben Zeit ihr Lied anstimmen, in der auch die Gräser ihr erstes Gelb tragen, und vielleicht gibt es dafür eine ganz natürliche Erklärung. Es ist das Geräusch des Hochsommers, eines der ersten Anzeichen dafür, dass auch diese Jahreszeit irgendwann ein Ende hat.

Jedes Jahr stellen Menschen fest, dass sie die Heuschrecken nicht mehr hören können. Der hochfrequente Ton wird mit zunehmendem Alter und der nachlassenden Hörfähigkeit von ihnen nicht mehr wahrgenommen. Ich dachte an meine Großmutter. Ich erinnere mich noch, dass sie mir erzählte, wie sie es plötzlich bemerkt habe. Damals fiel mir überhaupt zum ersten Mal auf, dass das Erleben der Natur davon abhängig ist, welche Sinne bei einem Menschen intakt sind. »Jetzt höre ich die Heuschrecken nicht mehr«, sagte Großmutter. Sie klang ein wenig wehmütig, als wüsste sie, dass die Insekten, obwohl sie sie nicht hören konnte, da waren, weil die Natur eben so aussah, wie sie nun einmal aussieht, wenn die Heuschrecken zirpen. Relativ leicht bemerkt man, wenn dem Vordergrund eines alt vertrauten Bildes etwas Neues hinzugefügt wird. Entfernt man jedoch ein kleines, immer da gewesenes Detail aus dem Hintergrund des Bildes, fällt das wesentlich weniger auf. Großmutter fiel es auf. Sie stand an einem Spätsommerabend auf der Terrasse und begriff, dass etwas Wichtiges verschwunden war. Die Natur war zu einer Filmszene geworden, der der wichtigste Soundtrack abhandengekommen war. Großmutters Körper hatte sich im Laufe von achtzig Jahren daran gewöhnt, dass ihre Ohren die Heuschrecken hörten, wenn ihre Augen gelbe Gräser und einen roten Mond erblicken. Jetzt versagten die Ohren. Die Heuschrecken waren zwar noch da, aber nicht mehr für sie. Letztlich ist das nur eine Version derselben alten Geschichte: Die Zeit vergeht, und alles hat ein Ende.

Als die Sonne sich anschickte, hinter den Hügeln im Westen zu verschwinden, kam ich an einem großen See vorbei. Er ist äußerst beliebt bei Menschen, die zum Übernachten in den Wald kommen, und im Juli finden sie sich zahlreich ein. Ein Paar mit auffällig großem Altersunterschied, vielleicht waren es auch Mutter und Sohn, hatte an der ersten sich anbietenden Lagerstelle ein Zelt aufgeschlagen. Ich lief in großem Bogen um sie herum, da ich keine Lust hatte, mich mit irgendjemandem zu unterhalten. Das Paar hatte ein Feuer entfacht und eine Wäscheleine zwischen zwei Bäume gespannt. Die Leine war übervoll mit Kleidungsstücken, die beiden wirkten, als wären sie schon eine ganze Weile an diesem Ort. Vielleicht hatten sie auch nur einen ungewöhnlich großen Bedarf an Kleidungsstücken, weil sie trotz des Altersunterschieds möglicherweise frisch verliebt waren, sich unentwegt füreinander hübsch machen wollten und immer wieder ins Zelt verschwinden mussten, um sich umzuziehen.

Ich lief an der Ostseite des Sees weiter und begegnete einer dreiköpfigen Familie. Mutter, Vater und eine kleine Tochter. Das Mädchen stapfte unter den aufmerksamen Blicken von Mutter und Vater am Seeufer umher. Sie standen dort wie zwei Graureiher, ganz steif und mit aufgerissenen Augen, hellwach, denn das Wasser war dunkel und der Seeboden morastig, und ich dachte, dass ich genau wusste, was gerade in ihnen vorging. Sie hatten ein Zelt aufgebaut und wollten dort offenbar übernachten.

Ein Stückchen weiter kam ich an einem Mann mit einer ebenfalls kleinen Tochter vorbei, auch sie hatten ein Zelt aufgeschlagen. Dann traf ich auf vier Freunde, die im Halbschlaf im Gras lagen, jeder mit einer Angelrute neben sich. Sie ließen mich an die vier Freunde in Lars Saabye Christensens Roman *Yesterday* denken. Auch sie waren in den Sommerferien durch die Nordmarka gestreift.

Ich nickte den vieren grüßend zu und ging weiter zu einer Halbinsel. An der äußersten Spitze der Halbinsel stieß ich auf eine hübsche Bucht mit sonnenwarmen Felsen, die schräg zum tiefblauen Wasser hin abfielen. Ohne genau zu wissen, weshalb, ließ ich mich dort nieder. Ich hatte keine anderen Pläne, als eine Weile sitzen zu bleiben, bevor ich den See umrunden und weiter zu meinem Waldsee gehen würde.

Den ganzen Tag über hatte eine leichte Landbrise geweht, der Himmel war wolkenlos gewesen. Die Schwalben flogen hoch, und auf der anderen Seeseite schwebte ein Mäusebussard über der Anhöhe.

Nachdem die Sonne hinter den Hügeln im Westen verschwunden war, wurde es vollkommen still. Es war einer dieser Abende, an denen alles in der Natur beständig und vorhersehbar erscheint. Der See lag spiegelglatt da, die Bäume ragten schweigend in die Höhe, im Osten wurde der Himmel dunkler, und man konnte sich nur schwer vorstellen, dass die Natur jemals anders aussehen könnte als in diesem Augenblick.

Doch jedes Idyll wird irgendwann zerstört. Am gegenüberliegenden Ufer begann der Vater der dreiköpfigen Familie, seine Tochter auszuschimpfen. Er wollte unbedingt, dass sie sich für ein Foto aufstellte, aber die Kleine hörte nicht richtig zu. »Stell dich da hin! Genau so, ja! Ganz ruhig jetzt! Nein, nein, nein!«, schrie der Vater, dem offenbar nicht bewusst war, wie gut stehende Gewässer den Schall weitertragen. Seine Stimme wurde immer verzweifelter und durchdringender. Seine Tochter sagte nichts. Die Mutter sagte auch nichts. Konnte er dieses Fotoprojekt nicht einfach aufgeben?

Wusste er nicht, dass kleine Kinder niemals so exakt vor der Kamera posieren können? War ihm nicht klar, dass alles bloß mit einem künstlich wirkenden Motiv und einem missvergnügten Modell enden würde?

Der Vater fuhr unbeirrt fort herumzumeckern, immer lauter und durchdringender. Ich war überzeugt, dass dieser Ausflug ursprünglich seine Idee gewesen war. Die Tochter konnte sich natürlich keine Vorstellung vom *Leben im Freien* machen, und die Mutter hatte vermutlich alles vorhergesehen. Vielleicht hatte sie sich auch davor gefürchtet, weil sie wusste, dass sich ihr Mann in seinem Eifer nicht würde zügeln können, dass er sich endlich einmal als der Boss fühlen wollte, der ihnen jetzt das raue und gnadenlose Dasein näherbringen konnte, während sich sonst doch immer alles nur ums Windelnwechseln und um morgendliche Gespräche mit dem Kindergartenpersonal über Lebensmittelallergien oder die Konsistenz der kindlichen Ausscheidungen drehte.

Ich sah sie vor mir. Vielleicht war ihnen dort drüben am gegenüberliegenden Ufer alles zu viel geworden. Vielleicht hatten sie begriffen, dass Übernachtungen im Zelt niemals so ablaufen, wie man sie sich zu Hause vorstellt und plant. Ich erkannte mich in ihnen wieder. Es hätte auch ich sein können.

Das Wenige, was von diesem Idyll in der Bucht noch übrig war, wurde im selben Moment von einem Schwarm Kriebelmücken zunichte gemacht, der sich offenbar meinen Kopf zum bevorzugten Aufenthaltsort an diesem Sommerabend auserkoren hatte. Zunächst ließ ich sie gewähren und hegte die vergebliche Hoffnung, dass sie schon weiterfliegen würden, wenn ich ihnen einfach keine Aufmerksamkeit schenkte. Aber Kriebelmücken sind nun mal Kriebelmücken. Sie sind keine Kinder und auch keine Handyverkäufer. Eine Kriebelmücke gibt niemals auf. In konzertierter Aktion bohrte sich jede Einzelne in die Körperöffnungen, in Augen, Nase, Ohren, sie brauchten nur ein paar Sekunden, schon waren sie da, und sie waren so klein, dass es völlig nutzlos war, sich zielgerichtet verteidigen zu wollen, wie es zumindest unter normalen Umständen gegenüber gewöhnlichen Mücken zweckmäßig sein kann. Wenn ich die Hände länger als drei Sekunden ruhen ließ,

waren die Biester überall. Ich wusste, dass sie sich bei zunehmender Dunkelheit zurückziehen würden, aber so lange wollte ich nicht warten.

Ich schulterte den Rucksack und betrat einen schmalen Waldpfad, der auf einen Hügel hinaufführte. Es war jetzt deutlich dunkler als im Juni zur gleichen Tageszeit, aber immer noch so hell, dass ich keinen Gedanken an die Stirnlampe verschwendete. Nachdem ich die Hügelspitze erreicht hatte, folgte ich dem Kamm, bis ich mich ungefähr auf derselben Höhe mit dem kleinen See wusste. Ich stieg über ein paar Blaubeersträucher und durchquerte ein kleines Moor. Als ich meinen Lagerplatz erreichte, war es so dunkel geworden, wie ich es von dieser Jahreszeit erwartet hatte. Ich machte ein Feuer und baute mein Tarp auf, und als die Feuerglut fast verloschen war, kippte ich Wasser darüber und legte mich schlafen.

Wie immer wurde ich früh wach. Das Wetter hatte sich gehalten: klarer Himmel, kein Wind. Allerdings hatte die Feuchtigkeit zugenommen, die Unterseite des Tarps war nass, und in den Gräsern auf dem Moor blitzten die Tautropfen zwischen den Spinnweben. Ich erhitzte Wasser auf dem Gaskocher und kochte Kaffee. Das Leben war schön. Ich würde nicht zurück zu meinem Arbeitszimmer fahren, sondern zur Hütte am See, zurück in die Ferien.

Asbjørnsen muss es bei seiner Wanderung durch die Nordmarka ganz ähnlich ergangen sein, jedenfalls deutet der Tonfall seiner Erzählung an, dass er ganz in seinem Element war. Er stellt keine langatmigen Analysen darüber an, weswegen er sich im Wald so wohlfühlt, sondern konstatiert ganz einfach, dass die Stadt stickig und bedrückend ist und der Wald das genaue Gegenteil. Doch zwischen den Zeilen ist durchaus zu lesen: Er hat eine schöne Zeit mit ungekünstelten Menschen verbracht. Sie müssen nichts vortäuschen, sie geben sich nüchtern pragmatisch und verkörpern in dieser Hinsicht das Ideal für die kultivierte städtische Elite. Hierbei entsteht auch die Vorstellung, dass die Zivilisation etwas verloren habe, dass die Natur echt und aufrichtig sei, wohingegen das moderne, schmutzige Stadtleben eine Art Sündenfall darstelle. Eine Vorstellung, die von Nansen, Næss und vielen anderen geteilt und weitervermittelt wurde und die heute den Kern dessen ausmacht, was wir mit dem Leben im Freien verbinden.

Asbjørnsens Wanderung durch die Nordmarka fand in einer Zeit statt, in der die Industrialisierung Norwegens bereits Fahrt aufgenommen hatte und die von Max Weber festgestellte Entzauberung der Welt in hohem Tempo fortschritt. Asbjørnsen seinerseits trägt zum Gegensätzlichen bei, seine Märchen stehen für eine Wiederverzauberung der Welt, die erneut mit Aberglaube – und daher vielleicht auch mit Sinn – gefüllt wird. Für den Fischer Elias ist die Nordmarka offenbar ein Ort, wo sich hinter jedem Baum ein Märchen verbirgt.

Asbjørnsens Erzählung weist einige ganz charakteristische Züge auf. Zunächst einmal ist sie ausgesprochen romantisch, wie es Erzählungen aus jener Zeit oft sind. Auf seiner Wanderung begegnet Asbjørnsen einigen Waldbewohnern, die alle als nüchterne Naturmenschen gezeichnet sind, mit ganz eigenen Kenntnissen und Weisheiten, die dem Stadtmenschen fremd sind. Zu keiner Zeit drückt der Text irgendein Missfallen aus, nirgendwo finden sich negative Beschreibungen, sieht man von den Einleitungssätzen ab, in denen sich allerdings jedwede Ablehnung ausschließlich auf die Stadt bezieht. Asbjørnsen war ein Naturromantiker, der in erster Linie nur das sah, was er sehen wollte. In »En natt i Nordmarken« gibt es aber noch etwas, das mir aufgefallen ist. Die Version, die ich gelesen habe und bei der es sich vermutlich um den Originaltext handelt, ist voller Schreibfehler. Sowohl im Hinblick auf Zeichensetzung als auch auf Grammatik wirkt der Text so unaufgeräumt und brüchig, dass es mitunter gar nicht so einfach ist, dem Inhalt zu folgen. Die Ursache dafür stelle ich mir gern folgendermaßen vor: Vielleicht kehrte Asbjørnsen von seiner Wanderung zurück und setzte sich in Kristiania in seine Mansarde, um seinen Text zu verfassen. Vielleicht schrieb er die Geschichte in einem Zug herunter, entdeckte ein paar Fehler, verspürte aber das Bedürfnis nach neuen

Geschichten und dachte: Pfeif auf die Rechtschreibung, darum können sich andere kümmern! Ich ziehe lieber in den Wald und suche eine neue Geschichte!

Am selben Nachmittag war ich wieder zurück in der Ferienhütte und setzte den Urlaub exakt da fort, wo ich ihn tags zuvor unterbrochen hatte. Alles war wie zuvor. Es war so, als wäre ich überhaupt nicht weg gewesen, Trude und die Kinder nahmen mich kaum zur Kenntnis, ich glitt einfach wieder in dieselbe Rolle, und so blieb es.

Die Tage vergingen, und ich verwandelte mich mehr und mehr in einen typischen Hüttenmenschen. Meine einzige Sorge war die Vertäuung des Bootes, dann fand ich schließlich auf einem Felsen gleich unterhalb der Ferienhütte eine Stelle, wo ich faulenzen und gleichzeitig das Boot im Auge behalten konnte. An einem ganz be-

stimmten Punkt gab es eine kleine Öffnung im Blattwerk, die mir freie Sicht auf das kleine Boot mit Außenbordmotor gewährte. Somit war auch dieses Problem aus der Welt geschafft.

Es passierte rein gar nichts Unvorhergesehenes, außer dass das Wetter ungewöhnlich schön war. Unsere Familie ist wie jede andere. Wir kommen mit bestimmten Erwartungen zur Ferienhütte. Die Familie hat kollektive Erwartungen (gemeinsam essen, gemeinsam spielen, wandern, lange schlafen), und jedes Mitglied hegt seine persönliche Erwartung (ein Holzpodest zimmern, sich mit einer Krabbe anfreunden, einen Küchengarten anlegen, ein Raumschiff bauen). Die Erwartungen werden im Laufe eines langen Winters sorgfältig genährt, doch wenn sie dann auf die Realität der Sommerferien treffen, lösen sie sich rasch in Luft auf. Sie geraten in Vergessenheit oder verschwinden einfach, es scheint so, als lasse das Tempo des Hüttenlebens solch konkrete Wünsche nicht zu. Nach ein paar Tagen schlurfen alle in ihrem eigenen Tempo umher, niemand erinnert sich, was er eigentlich tun wollte, und fragte sie jemand, was sie eigentlich getrieben hatten, bevor sie hierhergekommen waren, würden sie um Bedenkzeit bitten. Dies ist in den Ferien genau der Punkt, an dem jegliches Zeitgefühl verloren geht. Blickst du am Ende der Ferien zurück, kannst du dich an die ersten Tage recht gut erinnern, weil sie von konkreten Tätigkeiten geprägt waren: Ankunft, Koffer auspacken, Boot herausnehmen, der erste Grillabend und das erste Bad im Meer. Die übrigen Tage aber gehen fließend ineinander über.

Möchte man das Vergehen der Zeit erleben, muss man sich an die Natur halten. Als wir ankamen, war es Anfang Juli, fast noch Frühsommer, alles war grün. Nach und nach wurden erst die Heidelbeeren reif, dann die Himbeeren, und die Makrelen kamen näher an die Küste. Dann tauchte der Hornhecht auf, dieser schlanke, silbrige Fisch, der so ungewöhnlich und tropisch aussieht. Spätabends konnten wir sie unten im Wasser nach Heringen jagen sehen, sie schossen hierhin und dorthin, immer unterwegs. Ungefähr zur selben Zeit verließen die Möwenjungen zum ersten Mal die Felseninseln, auf denen sie geschlüpft waren. Sie schwebten über der Hütte, erst vorsichtig, dann immer waghalsiger, bis es zum Schluss so aussah, als wären sie schon immer dort oben gewesen. Überall blühten Blumen. Die Schwanenjungen schwammen in der Bucht noch immer in Begleitung ihrer Eltern umher, wuchsen jedoch zusehends, und die Eltern achteten immer weniger darauf, sie alle in einer Schar zusammenzuhalten. Die grünen Gräser in den Spalten der kleinen Felseninseln wurden langsam gelb. Es geschah so langsam, dass wir es kaum bemerkten, bis uns dann eines Tages auffiel, dass es da unten viel mehr Gelb und Rot als Grün gab, und wir nachdenklich hinunterblickten und uns fragten, ob das schon länger so war. Dann verfärbten sich die Vogelbeeren in ihr charakteristisches Orange, und schließlich sahen wir die reifen Wacholderbeeren, von denen es dort unten im Süden so viele gibt. Im Morgentau glitzerten sie wie Edelsteine. Jetzt ist Spätsommer, dachten wir und verspürten die erste Wehmut.

An einem der letzten Abende kurz vor Ferienende lief ich noch einmal zu meinem Beobachtungsposten hinunter. Es war zehn Uhr, vielleicht auch schon halb elf oder elf, und das Wasser war so ruhig, dass das Boot auch ohne Vertäuung sicher dagelegen hätte. Es war fast dunkel, aber diese Dunkelheit war eine andere als bei unserer Ankunft. Sie kam nicht nur früher, sondern war auch kompakter, weniger durchscheinend. Auch sie ist ein deutliches Anzeichen für den Spätsommer, genau wie die gelben Gräser und die langen Schatten. Und die Heuschrecken, die zirpen, als hinge ihr Leben davon ab, was vielleicht auch der Fall ist. Ich sagte mir dasselbe wie im Jahr zuvor: Du musst dir ein Buch über Heuschrecken kaufen, du musst herausfinden, weshalb sie genau jetzt zu zirpen anfangen und wo sie eigentlich in der ersten Sommerhälfte sind. Als ich Ende Juli dort stand, erschien es mir einleuchtend, ein Buch über Heuschrecken zu kaufen, aber so war es im Jahr zuvor ebenfalls gewesen, und ich kaufte das Buch nicht, denn sobald ich nach Hause kam, vergaß ich die Heuschrecken und erinnerte mich erst im folgenden, also in diesem Jahr, wieder an sie. Dasselbe Schicksal erleiden die anderen Insekten, sie sind mir nur in den kurzen Wochen bewusst, in denen sie hier sind. Jetzt taumeln sie umher, verwirrt und ziellos, und gemahnen damit schon an den Herbst. Allen voran die Motten. Abends werden sie von den Lichtquellen angezogen, sie können nicht anders, irgendetwas tief in ihnen Verankertes scheint zu sagen: Dort sollst du hinfliegen, kleine Motte, immer und immer wieder. Am Morgen sind sie dann zu müde, um auch nur irgendetwas anzustellen, also hängen sie einfach nur wie festgeklebt an den Hüttenwänden, bis sie schließlich zu fortgeschrittener Stunde die Flügel spannen und in ein Gebüsch oder ins Gras hinübertorkeln.

Und dann der Vollmond. Der letzte war gelber als der davor, und der Gedanke an den kommenden weckte in mir eine Sehnsucht nach dem Herbst.

Aber erst einmal wollte ich gern noch etwas mehr Sommer genießen, ich wollte gern länger bleiben und dann, sobald es möglich war, wieder zurück zu dieser Ferienhütte. Nachdem wir den Wagen gepackt hatten und nach Hause gefahren waren, nachdem die Post durchgesehen und der Rasen gemäht war und die Kinder zu ihren Spielen zurückgekehrt waren, an die sie sich kaum noch erinnerten, da dachte ich: O Mist, ich habe bestimmt vergessen, das Boot reinzuholen.

August

Das Erbe

Ich war schon in ziemlich jungem Alter hier. Ich bin dann viele Male wiedergekommen. Meist in Gedanken. Wenn es Kampf und Streit gab. Oder nachts, wenn ich nicht schlafen konnte. Dann habe ich mich über halb unsichtbare Pfade fantasiert, zu geheimen Lichtungen und stillen Waldseen. Menschenlos, aber voller Leben, Vögel und Insekten, das Geräusch eines Sommerwaldes: Das Summen von Wespen und Fliegen, große lila Käfer, wie fliegende Edelsteine zwischen den grauschwarzen Baumstämmen, über gärende Sümpfe und Senken. Und es musste ein alter, rätselhafter Elch hier stehen und an einem dunklen Gebüsch kauen, und das Glucksen der großen Vögel musste widerhallen. Der Sommer musste zum Herbst werden, mit Reif und erstem Frost im verwelkten Weidenröschen. Ich konnte alles ganz deutlich sehen. Den Schnee, der an einem frühen, frühen Wintermorgen hier im Wald fiel. Und das Geräusch der Bäche im Frühling. Balzende Auerhähne. Ich lag in meinem Bett und wusste, wenn ich erst alt genug wäre, würde ich hierhin gehen. Allein, niemals mit jemand anderem.

Ingvar Ambjørnsen, *Die Nacht träumt vom Tag*

Oft bin ich erstaunt darüber, wie wenig ich von meinem eigenen Leben in Erinnerung habe. Ich kann ohne Probleme rekonstruieren, was ich zu einem bestimmten Zeitpunkt getan oder wo ich mich aufgehalten habe, als ich da und da studierte, auf jener Reise war, an diesen Ort gezogen bin, dort gearbeitet habe und so weiter. All diese Erfahrungen und Erlebnisse sind in meinem Gedächtnis abgespeichert, aber erstaunlich wenige davon sind deutliche Erinnerungen. Die meisten sind nur in geringem Maß mit Gefühlen oder Stimmungen verbunden. Wenn ich an sie denke, erscheinen sie mir eher lexikalisch, wie ein Referat über mein Leben, und sie werden auch nicht jedes Mal aufs Neue durchlebt, wenn sie mir in den Sinn kommen.

Doch dann gibt es Augenblicke, Szenen, die genauso lebendig sind wie an dem Tag, an dem ich sie erlebt habe, unangetastet von der vergangenen Zeit. Vielleicht sind das ja die wahren Erinnerungen, und vielleicht wird der Unterschied zwischen Erinnerungen und Gedächtnis dadurch definiert, dass Erinnerungen eine bestimmte Bedeutung für eine Person haben, dass sie vergangene Augenblicke repräsentieren, welche eine bestimmte ausschlaggebende Wirkung auf das Leben des Betroffenen hatten. Und dabei denken wir – ich jedenfalls tue das –, dass diese Erinnerungen uns etwas darüber verraten, wer wir im tiefsten Inneren sind und wer wir zu sein wünschen. Die hervorstechende Eigenschaft dieser Erinnerungen ist, dass sie nicht allein kraft unseres Willens abgerufen werden können. Sie tauchen auf, wenn du es am wenigsten erwartest. Bei mir werden sie ausnahmslos von einer Sinneserfahrung hervorgerufen, die mit der Natur zu tun hat.

❦

Die Sommerferien waren vorüber, wir hatten uns von den Küstenfelsen, dem Strand, dem Boot und den Möwen verabschiedet und waren zurück in unserem Haus, wo uns der Alltag rasch wieder einholte. Anfang Juli hatten wir eine ganze Woche benötigt, um uns an den langsamen Rhythmus der Ferien zu gewöhnen, nun brauchten wir nur einen Tag, um uns wieder dem Alltagstempo anzupassen. Job und Kindergarten, Nachmittagsbetreuung in der Schule und Freizeitaktivitäten. Neue Excel-Tabellen mit Trainingsstunden. Neue Terminvereinbarungen und herbstliche Gemeinschaftsarbeit im Kindergarten. Das Gleichgewicht war wiederhergestellt, und die Wehmut hatten wir schon längst abgeschüttelt. Ich will nicht behaupten, dass ich den Sommer leid war. Ich hätte gern mehr davon gehabt, gleichwohl stürzte ich mich mit neuem Eifer auf die Planung der August-Übernachtung, da ich wusste, dass eine Veränderung bevorstand.

Die Abende waren spürbar kälter geworden. Auch die Dunkelheit war anders, kompakter, undurchdringlicher als noch zur Mitte des Sommers. Der Mond war groß und leuchtete hell. Alles Grüne war durch Gelb, Orange und Rot ersetzt worden, und die feuchte Frische, die in Frühling und Sommer die Natur geprägt hatte, war einer gewissen Trockenheit gewichen.

Den ganzen Sommer lang hatte mein Sohn darum gebettelt, einmal in den Wald mitkommen zu dürfen. Da ich seit Jahresbeginn meine Mikroexpedition durchführte, hatte er natürlich meine Ausrüstung bemerkt und mich von Fuchs und Elch erzählen hören. Mein Sohn war damals vier Jahre alt, und wie bei den meisten Vierjährigen gab es auch bei ihm die denkbar größte Lücke zwischen der tatsächlichen Leistungsfähigkeit und den Vorstellungen darüber, was er zu bewältigen imstande war.

Sein empfundener Mut und seine eingebildete Kühnheit waren wesentlich größer als der Mut und die Kühnheit, die er tatsächlich an den Tag legte. Bis zu diesem Zeitpunkt hatte er sich weder besonders mutig noch ausdauernd gezeigt. Deshalb hatte ich es ihm auf schonende Weise beizubringen versucht, dass er im nächsten Jahr, wenn er fünf wäre, auf Zelttour mitkommen könne.

Für einen Vierjährigen ist das eine völlig sinnlose Antwort. Nächstes Jahr war für ihn dasselbe wie niemals. Nächstes Jahr war wie ein anderes Leben, etwas, das ihn überhaupt nichts anging, eine unerträgliche Abstraktion. Doch dann, am ersten Wochenende nach Schulbeginn, setzten wir uns hin und studierten die Landkarte.

Es war ein früher Samstagmorgen. Die Mädels schliefen noch. Er sagte, er wolle nach Bærum, weil er jemanden kenne, der dorthin gezogen sei. Ich erwiderte, wir könnten gern nach Bærum fahren, aber das müsse dann ein andermal passieren. »Heute wollen wir in die Nordmarka«, sagte ich, »in den Wald, der am Sognsvann beginnt, dort, wo du öfter mit dem Kindergarten einen Ausflug machst.«

Ich packte meinen großen Rucksack, er packte seinen kleinen. Wir hinterließen auf dem Küchentisch einen Zettel, damit sich die Mädels nicht fragen mussten, wo wir denn abgeblieben waren. Tatsächlich wussten sie natürlich genau über unseren Ausflug Bescheid, wann wir aufbrechen, wo wir hingehen und wie lange wir wegbleiben würden. Aufgrund dieses Zettels kamen wir uns gleichwohl größer und wichtiger vor, denn schließlich ruft es schon ein ganz eigenes Gefühl hervor, früh am Morgen zu einer Expedition aufzubrechen und den Daheimgebliebenen nur einen Zettel mit einer nüchternen, wenn auch beruhigenden Nachricht zu hinterlassen.

Wir setzten uns ins Auto und fuhren aus der Stadt hinaus. Vom Rücksitz fragte mein Sohn, wohin wir fahren würden. Ich erzählte ihm ein bisschen von dem Ort, von dem See und dem Weg, der dorthin führte. Als ich einen Blick in den Rückspiegel warf, war er bereits eingeschlafen.

Fast alle meine Kindheitserinnerungen stammen von einem frühen Morgen oder einem späten Abend, und alle haben einen Geruch. Der Duft, den ich einatme, ruft die stärksten Erinnerungen hervor, und heute geht es mir so, dass meine Erinnerungen ganz spontan und erschreckend deutlich dann hervorgerufen werden, wenn ich unverhofft einen Duft einatme, der dem aus meiner Erinnerung ähnelt. Dann bin ich mit einem Mal wieder da, wo ich einst gewe-

sen bin, im Laufe eines Augenblicks kommt alles zusammen, und ich verspüre dasselbe Gefühl, das ich einmal hatte. Ich sage ganz bewusst »Gefühl«, denn nichts anderes ist es, es hat nichts mit Denken zu tun, es ist ein völlig wortloses Gefühl, währt aber nur ganz kurz, einen winzigen Moment, dann ist es wieder fort, wobei ich damit nicht meine, dass das Erlebnis aus dem Gedächtnis verschwindet, aber dass die Erinnerung in Form einer körperlichen Sinneserfahrung verweht. Ein neuer Atemzug durch die Nase, auch jetzt nehme ich den Duft wahr, aber jetzt bin ich vorbereitet, er wirkt bei Weitem nicht mehr so stark auf mich, und ich schaffe es nicht, mich noch einmal in den gleichen Zustand zurückzuversetzen. Die Erinnerung taucht nicht wieder auf dieselbe Weise auf, und genau dies ist das deutlichste und stärkste Kennzeichen dieser Erinnerungen: Du kannst sie nicht willentlich hervorholen oder aufsuchen. Sie kommen, wenn sie kommen, plötzlich und unvorbereitet. Und genauso plötzlich verschwinden sie wieder.

Nach einer Stunde Fahrt hatten wir unser Ziel fast erreicht. Ich stellte den Wagen am Straßenrand ab und weckte meinen Sohn. Er öffnete die Augen und blickte sich verwirrt um. Sein Gesichtsausdruck verriet, dass er weder wusste, wo wir uns befanden, noch sich daran erinnerte, weshalb wir hierhergekommen waren. Ich erklärte ihm, dass wir angekommen seien, dass wir eine Zelttour machen wollten und dass unsere Wanderung hier beginne.

»Sind wir in Bærum?«, fragte er.

»Nein«, sagte ich, »wir sind in der Nordmarka.«

Nachdem wir uns am Morgen mit der Landkarte hingesetzt hatten, fühlte ich mich gut vorbereitet. Ich hatte die Gegend vorab nach einem geeigneten Ort abgesucht. Schließlich gehöre ich nicht zu der Sorte Väter, die es wichtig finden, ihre Kinder zu etwas zu zwingen. So etwas liegt mir nicht. Vermutlich werden meine Kinder mir das dann eines Tages vorhalten, wenn sie älter geworden sind und begriffen haben, dass sie weder Profifußballer noch Schauspieler am Nationaltheater werden. Abgesehen vom Jan-Baalsrud-Argument, das ich zu Hause öfter mal anbringe, wenn die Zeit knapp wird und wir es noch rechtzeitig zur Schule schaffen müssen, tue ich meinen Kindern keinerlei Zwang an. Ebenso wenig gehöre ich zu den Eltern, die glauben, dass ihre Kinder bessere Menschen werden, sofern sie sich nur viel im Freien aufhalten. Mir wird fast traurig zumute, wenn ich Menschen so etwas behaupten höre oder wenn ich diese ewigen Lobhudeleien in den sozialen Medien lese, über Dreijährige, die es geschafft haben, zwei Kilometer auf Skiern zurückzulegen, ohne sich auch nur einmal zu beschweren. Denn so etwas stimmt doch nicht. Die einzige Wahrheit, die man aus solchen Meldungen herauslesen kann, lautet, dass es sich hier um Familien handelt, die bestimmte Vorstellungen darüber hegen, wie eine Familie sein sollte, und die verzweifelt darum bemüht sind, auch genauso zu erscheinen. Gesundheit, Willensstärke und unverbrüchlicher Zusammenhalt.

Wir sind nicht so eine Familie. Unsere gemeinschaftlich geleisteten Aktivitäten beschränken sich auf Grillabende an der Hütte, auf Badeausflüge und aufs Beerenpflücken in der näheren Umgebung. Außerdem wusste ich, dass es irgendwo weit drinnen im Wald etwas problematisch mit einem heulenden Vierjährigen werden könnte, einem erschöpften Jungen, der Angst vor der Dunkelheit hätte und sich womöglich weigerte zu laufen und dann darauf bestehen würde, dass ich ihn zum Wagen zurücktrüge, egal in welcher Entfernung der sich auch befand.

Deshalb war die Wahl auf einen kleinen See gefallen, der in kurzer Distanz zu der Stelle lag, wo wir den Wagen abstellten. Zwei oder vielleicht drei Kilometer, in einem relativ flachen Gebiet. Wir warfen einen letzten Blick auf die Landkarte, schulterten unsere Rucksäcke und liefen los.

»Hier beginnt die Expedition«, sagte ich. »Are you ready?«

»Ajm oeddi«, erwiderte mein Sohn.

🌰

Der August hatte so begonnen, wie der Juli zu Ende gegangen war; mit warmem und trockenem Wetter sowie einer immer gelblicher werdenden Natur. Ein paar Tage zuvor hatte es ein heftiges Gewitter gegeben. Mit einem Mal waren die Temperaturen etwas abgesunken, und in der Luft lag eine Frische, die ich seit April nicht mehr gespürt hatte. Seite an Seite schlenderten mein Sohn und ich in den Wald. Vom Kiesweg bogen wir auf einen Pfad ab, der uns zu dem See führen sollte, wo wir unser Zelt aufschlagen würden. Es war immer noch früher Vormittag, wir hatten alle Zeit der Welt. Mein Sohn sagte, er habe im Auto geträumt, dass wir zum Abendessen die Regenwürmer verspeist hätten, die wir als Köder verwenden wollten. Dann fand er einen Stock, der einem Schwert ähnelte. Kurz danach fand er noch einen Stock, der einem Schwert ähnelte, und nach einer Weile fiel ihm auf, dass überall Stöcke herumlagen und sie alle Schwertern ähnelten, dies aber nicht bedeutete, dass wir sie alle mit uns schleppen müssten.

Am Rand des Pfades war das Heidekraut rot geworden. Heidelbeeren und Himbeeren waren vertrocknet und schrumpelig. Mein Sohn entdeckte zwei Kronkorken, die er vergnügt in die Tasche steckte. Dann sagte er, es werde ihm langsam zu anstrengend. Fast gleichzeitig fiel mir auf, dass mit unserem Pfad irgendetwas nicht in Ordnung war. Wir blieben stehen und sahen uns die Karte an. Sie stimmte mit dem Terrain fast überein, aber nicht völlig, und nach einer Weile wurde mir klar, dass wir uns geirrt hatten. Im Abstand von zwei Kilometern führten zwei fast gleiche Pfade durch das Gebiet, und wir hatten uns den falschen ausgesucht. Dieser würde uns niemals zu dem See führen. Ich hielt nach anderen Gewässern Ausschau, an denen wir vielleicht übernachten könnten, aber die Landschaft sah überall gleich aus, und der Pfad führte die ganze Zeit bergauf. Es gab keine Senke und somit auch kein Gewässer.

»Wir haben uns verlaufen«, sagte ich. Im selben Moment begriff ich, dass meine Worte ein wenig unglücklich gewählt waren. Dem Gesicht meines Sohnes war eine Gefühlsmischung aus Verwunderung, Unglaube und Furcht abzulesen. Im Fernsehen hatte er bestimmt schon hundert Filme über Menschen gesehen, die sich verlaufen hatten. Alle nehmen ein gutes Ende, doch bevor es dazu kommt, muss die Hauptperson unzählige Herausforderungen bewältigen, die nicht selten mit feuerspeienden Drachen verbunden sind.

Ich sah die Besorgnis in seinem Blick wachsen, kam ihr aber sogleich zuvor. »Hab keine Angst«, sagte ich, »das ist überhaupt kein Problem, wir gehen bloß denselben Weg zurück, und da wir jetzt schon so weit gelaufen sind, darfst du den ganzen Weg auf meinen Schultern sitzen.«

So machten wir es, und seine Angst verschwand. Er saß auf meinen Schultern und fuchtelte mit einem Stock herum, den er zum Schwert umfunktioniert hatte. Er rief in den Wald hinein, dass er ein Ritter sei, der vor nichts Angst habe. Und ich war sein Pferd. Los, vorwärts! Hier kommt der stolze Ritter Don Quijote de la

Mancha mit seinem Ross Rosinante, Letzteres so schwer beladen, dass es Bänderriss und Meniskusprobleme befürchtet. Aber der Ritter ist unverdrossen, und das ist das Einzige, worauf es ankommt.

Als wir unser Ziel schließlich erreichten, war ich erschöpft und er ausgeruht. Wir bauten das Zelt auf. Es war ein selbststehendes Kuppelzelt. Sobald die Stangen befestigt waren, legte ich mich ins

Heidekraut und wies meinem Sohn die Aufgabe zu, die Heringe einzuschlagen und die Rucksäcke auszupacken. Er nahm die Aufgabe äußerst ernst. Mit einem großen Stein hämmerte er auf die Heringe ein, zog einen Gegenstand nach dem anderen aus den Rucksäcken und legte alles ordentlich ins Zelt.

Ich lag da, sah ihm zu und dachte an die Zelttouren, die ich als Kind mit meinem Vater gemacht hatte. Wir hatten nicht viele gemeinsame Touren unternommen, vielleicht drei oder vier, aber ich konnte mich an alle erinnern. Ich liebte es zu angeln, mein Vater konnte das nicht ausstehen. Dennoch angelten wir. Jedes Mal. Ich erinnere mich an das Zelt, ein verblichenes grünes Baumwollzelt, das alle Feuchtigkeit aufsog. Es war der Albtraum von einem Zelt, mein Vater hingegen fand, dass es ausgezeichnete Dienste leistete, und so kamen wir nie dazu, es durch ein neueres zu ersetzen.

An unserem See in der Nordmarka wurde es Nachmittag. Wir hatten gegessen und gespielt, waren herumgestapft und hatten geschnitzt. Wir waren unten am Wasser, hatten Regenwürmer an den Angelhaken befestigt und unsere Angeln ausgeworfen. Wir lagen im Zelt und ruhten uns aus. Mein Sohn sagte, er wolle wieder hinunter zum Wasser gehen und nachsehen, ob ein Fisch angebissen habe. Ich erwiderte, dass ich das für eine gute Idee hielt, da wir die Schnur ja schon vor einer ganzen Weile ausgelegt hätten, jetzt könne ja schon ein Fisch angebissen haben, ein Barsch, vielleicht eine Forelle, und ich würde einfach in der Zeltöffnung liegen bleiben und ihm zusehen. Darauf antwortete er nicht, aber die Abmachung sagte ihm ganz offensichtlich zu, denn er drehte sich um und lief durch das Heidekraut, aber nicht so, wie er morgens zum Kindergarten geht, widerwillig und zögernd, oder wenn er aus dem Supermarkt nach Hause läuft, ziellos und umherstreifend, sondern er bewegte sich ganz anders, sicher und selbstbewusst, und seine ganze Gestalt, diese knapp 100 Zentimeter mit blondem Haar, zeugte von einem kleinen Menschen, der sich groß, ja, vielleicht größer als je zuvor fühlte. Ich blieb in der Zeltöffnung liegen und sah zu, wie er sich hinunterbeugte und die Angelrute aus dem Wasser nahm, vorsichtig an der Schnur zog und sie dann aufrollte, den Wurm begutachtete, die Schnur wieder auswarf, die Angel hinlegte und sie mit einem Stein absicherte, der viel zu klein war. All das beobachtete ich von der Zeltöffnung aus und dachte, dass ich es seltsam fand, ihn dort unten zu sehen, während ich hier oben lag, aber dass es auch nicht anders sein sollte, denn das war ja völlig normal. Immer würde er irgendwo etwas tun, während ich woanders mit anderen Dingen beschäftigt wäre. Ich würde ihn nicht immer sehen oder auf ihn aufpassen können, so wie ich es jetzt konnte, in diesem Zelt der Nordmarka, als er vier und ich 42 war.

Um sieben Uhr wollte er schlafen gehen. Weil er einerseits müde war, es andererseits aber auch spannend fand, in einem Schlafsack zu liegen. Er hatte einen kleinen braunen Teddybären mitgebracht und *101 Dalmatiner*, anscheinend das »Buch zum Film«. Es war voll von aufregenden Wendepunkten, wir lasen es vier- oder fünfmal. Er wollte weiterlesen, doch ich weigerte mich und schlug stattdessen vor, dass ich ein Lied für ihn singen könnte. Bevor ich auch nur bis zur Mitte des Lieds gekommen war, war er eingeschlafen. Es war offenbar ein anstrengender Tag für ihn gewesen, klar, die ganze Lauferei, aber am wichtigsten waren wohl all die Eindrücke.

Ich setzte mich draußen vors Zelt, ließ es aber offen, damit ich meinen Sohn von meinem Sitzplatz aus sehen konnte. Wenn er in mein Alter kommen würde, dachte ich, würden wir diesen Tag wohl auf sehr unterschiedliche Weise in Erinnerung haben. Für mich war das eine Tour unter vielen anderen. Ich fasste sie beim Gehen in Worte, wollte darüber schreiben, ich hatte Überblick und Erfahrung, und alle Erlebnisse konnten in einer mentalen Kartei abgelegt werden, die schon vorab funktional und übersichtlich geordnet war. Für ihn war das ganz anders. Sein Gedächtnis war ein spärlich möblierter Raum, und diese Wanderung war ein Akt der wortlosen und intuitiven Wahrnehmung. Mein Sohn wusste nicht einmal, wo wir uns befanden.

Als ich dort draußen saß, erschien es mir ewig lange her, dass ich mich dort befunden hatte, wo mein Sohn sich jetzt befand. Auf einer Wanderung mit Erwachsenen, an einem Ort, den ich nie zuvor gesehen hatte.

Ich liege auf einer schmalen Pritsche in einem Schlafsack. Es ist Herbst, September oder Oktober. Die Hütte hat keinen Stromanschluss und ist nicht isoliert. Ich starre auf die graue Wandverkleidung, die Spuren von Feuchtigkeit trägt, aber auch vom Wind und der Hitze aus dem Kamin ausgetrocknet ist. Es ist Abend. Ich bin das einzige Kind hier, aus der Wohnstube höre ich die Stimmen der Erwachsenen. Sie haben die Tür angelehnt gelassen. Das warme Licht der Petroleumlampen flackert über die Holzwände. Der Wind pfeift. Draußen ist die Luft kalt und erschreckend frisch. Eine Luft wie in der Hütte habe ich zuvor noch nie gespürt, sie wirkt alt, so als befände sie sich schon seit Jahrhunderten hier drinnen.

Zum allerersten Mal bin ich richtig in den Bergen, oberhalb der Baumgrenze, und ich spüre, dass das etwas Besonderes ist. Die Erwachsenen haben den ganzen Tag immer wieder gerufen, wie herrlich es doch hier oben sei. Sie benutzen völlig nichtssagende Floskeln, aber ich liege auf der Pritsche und weiß, dass ich hier mein ganz eigenes und exklusives Gebirgserlebnis habe.

Als ich am nächsten Morgen erwache, trete ich hinaus auf eine Steinplatte, die als Türschwelle dient. Ein großer flacher, von grünen Flechten überzogener Stein, rau und eiskalt unter meinen nackten Füßen. Und mit diesem Moment sind meine eindringlichsten Erinnerungen verbunden: der erste frische Luftzug, das Gebirge, der Herbst, die Feuchtigkeit – vermischt mit einem Geruch, der, wie ich glaube, der blauen, antiseptischen Flüssigkeit entströmte, die in den Siebzigerjahren in Hüttentoiletten verwendet wurde. Möglicherweise haben auch das Weidengebüsch und das kalte Wasser des gleich unterhalb der Hütte entlangfließenden Baches sowie ein paar andere Dinge, die mir damals nicht aufgefallen waren, zu diesem Geruch beigetragen. Der erste Atemzug an diesem Morgen im Jahr 1977 oder 1978; jedes Mal, wenn ich in den vergangenen Jahren etwas Ähnliches gerochen habe, wurde ich wieder in diese kleine Gebirgshütte zurückversetzt, die ich seither nie wieder besucht habe.

🌰

Während ich draußen in der Augustnacht saß, zogen dunkle Wolken von Süden über den See hinweg. Die Wasseroberfläche lag immer noch grau und reglos da, aber das würde sich bald ändern. Für die ganze Nacht waren Wind und Regen vorhergesagt worden, und

eine halbe Stunde später kam die erste Windböe. Auf der Wasseroberfläche tauchten kleine v-förmige Wellenbewegungen auf, hervorgerufen durch deutlich spürbare Windstöße, die sich mit über-
raschend hoher Geschwindigkeit ausbreiteten. Als ich klein war,
dachte ich, dass sie Spuren von Fischen wären, die sich dicht unter
der Oberfläche bewegten. Ich warf Steine nach ihnen, traf aber
nie. Ich konnte nicht glauben, dass ein Wind so abgegrenzt, so klar
umrissen, so klein sein konnte. Heute weiß ich, dass es möglich ist,
und dass diese kleinen Windstöße oft die Vorhut größerer Luft-
bewegungen sind.

Es wurde kühler. Ich holte Mütze und Jacke aus dem Zelt, zog sie
über und wartete ab. »Ich sehe die Form des Windes im Wasser«,
schreibt Per Petterson in seinem Roman *Pferde stehlen*. Und genauso
ist es.

Um zehn Uhr war es dunkel. Die Wellen schlugen gegen die
Steine am Seeufer. Mir war kalt, ich war müde und erschöpft. Als
Schutz vor dem sich ankündigenden Regen legte ich ein paar Fichtenzweige über das Feuer. Dann schaffte ich all unsere Habselig-
keiten ins Zelt. Ich räumte auf, sortierte alles und legte die Kleidungsstücke für den kommenden Tag heraus: Fleece-Pullis und
Strumpfhosen für uns beide, Regenhosen und Regenjacken. Und
ich bereitete das Frühstück vor, Kaffeewasser für mich, Trink-
joghurt für meinen Sohn.

Wie üblich wurde er als Erster wach. Noch nie in seinem vierjährigen Leben hatte er länger als bis sechs Uhr geschlafen, unabhängig
davon, wann er sich am Abend zuvor hingelegt hatte. Wir hatten
ein bisschen darüber geredet, und ich hatte ihn mehrmals gefragt,
ob er nicht bald in Erwägung ziehen könne, etwas länger zu schlafen. Jedes Mal erwiderte er, es sei ja nicht seine Schuld, dass er so

früh wach werde, und bislang war mir noch kein passendes Gegenargument eingefallen.

Er stützte sich auf die Ellbogen und schaute über den Rand seines Schlafsacks. Schmale Augen, die Haut glatt und von der Sonne gebräunt. Auch jetzt brauchte er etwas Zeit, um zu realisieren, wo er sich befand. Dann fiel es ihm ein. Er blickte verwundert zum Zeltdach hinauf und fragte sich wohl, wo die ganzen kleinen Geräusche dort oben herkamen. »Regen«, sagte ich, »jetzt müssen wir ordentlich planen, bevor wir den Heimweg antreten.«

Der Regen bedeutete, dass wir alles rechtzeitig und in der richtigen Reihenfolge angehen mussten. Wir frühstückten, packten zusammen, zogen unser Regenzeug über und erledigten alles andere. Dann gingen wir hinaus. Nur noch das Zelt musste zusammengelegt werden. Wir machten es gemeinsam. Er kümmerte sich um die Zeltleinen, ich um die Stangen. Wir falteten das Zelt zusammen und legten es unter die Abdeckung meines Rucksacks. Dann brachen wir auf.

Der Regen prasselte nur so auf uns herab. Als wir den halben Weg zum Parkplatz zurückgelegt hatten, waren wir klitschnass. Mein Sohn meinte wieder, er sei müde. Auch dieses Mal durfte er auf meinen Schultern sitzen, was sich erneut positiv auf seine Moral auswirkte.

Der Rucksack wog 25 Kilo, mein Sohn wog einschließlich Kleidung und eigenem Rucksack 20 Kilo. Ich hatte also 45 Kilo auf dem Rücken. Unsere Kleidung war völlig durchweicht, in den Wanderstiefeln gluckste es. Dieses ganze Gebilde wurde von mir durch den feuchten Wald getragen, alles ruhte auf den Schultern eines Büromenschen. In diesem Augenblick fühlte ich mich so stark, dass es mir undenkbar schien, jemals wieder erschöpft zu sein.

Ich war eine Arche im Wald. Der warme Regen fiel still vom Himmel. Die Bäume dampften. Wir näherten uns der Straße und der Stelle, wo der Wagen abgestellt war. Wir kamen an einer Hütte und an einem Acker vorbei. Neben dem Weg verlief ein Bretterzaun. Plötzlich sah ich etwas, das sich zwischen den Bäumen bewegte. Hundert Meter von uns entfernt, mächtige Körper, graubraun und glänzend. Ich hielt an und blieb ganz ruhig stehen.

»Elche«, flüsterte ich und beugte mich vorsichtig hinunter, damit ich meinen Sohn auf dem Weg absetzen konnte.

Ich zeigte auf die Bäume und signalisierte ihm, ganz still zu sein. Er starrte gebannt. Dann drehte er sich zu mir um und sagte mit lauter, heller Stimme:

»Meinst du die Pferde, Papa?«

September

Ein Lager im Wald

Nichts auf dieser Welt konnte sich mit diesem leuchtenden, klaren Herbsttag messen (…) Ich streifte umher, wie es mir behagte; es gab nichts, was mich zur Eile antrieb. Verspürte ich Lust, mich hinzusetzen und eine Pfeife zu rauchen, so tat ich es. Reizte mich ein Bergrücken in der Ferne, erklomm ich ihn, um zu sehen, was dahinter lag. Überraschte mich die Nacht dabei, briet ich etwas Fleisch am Spieß und schlief, wo ich mich gerade befand.

Helge Ingstad, *Mein Leben in der Wildnis*

Der Herbst kam in der Nacht zum Mittwoch, dem 18. September. Wie so oft bemerkte ich es, als ich morgens hinausging, um die Zeitungen aus dem Briefkasten zu holen. Diese alltägliche Handlung wird als Naturerlebnis völlig unterschätzt. Du bist gerade aufgestanden, und in diesem jungfräulichen Zustand trittst du vor die Tür und wirst von der Luft geweckt. Oder von der Natur. Schnee im Winter, Vogelgezwitscher im Sommer. Und an diesem Mittwochmorgen im September wurde ich vom Regen geweckt. Von großen, eiskalten Tropfen, die mir schräg von Süden ins Gesicht schlugen, und von gelbem Laub, das an meinen Schuhen kleben blieb, während ich über den Kiesweg zum Briefkasten an der Straße ging. Herbst!, dachte das Gehirn. Oder vielleicht war es auch der Körper. Ich blieb stehen und sog die unverkennbare Geruchsmischung aus kalter Luft, vermoderten Pflanzen und allem, was dazugehört, ein. Und hatte ich nicht auch den Geruch von Kaminfeuer in der Nase? Es musste von einem der Nachbarn stammen, einem, der sich auf diesen Augenblick gefreut und diesen Morgen zum Anlass genommen hatte, endlich ein Feuer im Kamin zu entfachen.

Drei Tage später, genau zur Tag- und Nachtgleiche, zog ich in den Wald, gespannt darauf, wie es dort drinnen jetzt sein würde. Oder »da draußen«, wie Trude immer sagt. Es ist eben alles eine Frage der Perspektive. Ich war allein und genoss es. Ich wollte zurück zu meinem Hauptlager am Waldsee. Ich hatte vor, alle vier der im Rahmen meiner Mikroexpedition noch ausstehenden Übernachtungen dort zu verbringen. Auf meiner Liste standen keine weiteren Einträge, es gab kein bestimmtes Vorhaben, das ich ausführen, und auch keinen besonderen Ort, den ich aufsuchen wollte. Ich hatte keine Verabredungen, keine Pläne, und niemand sollte mich begleiten. Ich konnte alles ganz allein entscheiden, die Zeit der großen Ereignisse war vorbei, und ich war wieder mein eigener Herr.

Ich stieg dieselben Hügel hinauf, ging an demselben Fluss entlang, am selben See, und lief über denselben alten Forstweg. Es störte mich überhaupt nicht, hier früher schon viele Male entlanggegangen zu sein, ganz im Gegenteil, es gestaltete meine Wanderung interessanter, weil ich mich in diesem Gebiet mittlerweile so gut auskannte, dass ich wusste, wo sich alles befand. Hinter jeder Kurve stieß ich auf Vertrautes. Hervorstehende Felsrücken oder eine charakteristische Flussbiegung, ein alter Holzschuppen am Wegesrand, den die Natur langsam wieder für sich vereinnahmte. Und die Bäume. Überall standen Bäume, die ich von früheren Wanderungen kannte. Wobei sie jetzt allerdings etwas anders aussahen als beim letzten Mal.

Ich kam an zwei einzeln stehenden Bäumen vorbei, die ungewöhnlich groß und schlank wirkten. Vielleicht herrschten hier für sie besonders gute Wachstumsbedingungen mit nährstoffreichem Boden, viel Wasser und Sonnenlicht, sodass sie in anderem Tempo als ihre Artgenossen hatten wachsen können. Der eine Baum war eine Kiefer, der andere eine Birke. Im Februar waren sie von dickem Raureif überzogen gewesen, der sich glitzernd vor dem blauen Himmel abhob. Jetzt war der Himmel weiß und verhangen. Die Kiefer sah so aus wie immer, die Birke hatte sich verändert.

Ich entdeckte diese und viele andere Dinge, die mir seit Mai entgangen waren, da ich im Juni und August nicht hier gewesen war und im Juli einen anderen Weg durch den Wald gewählt hatte.

Im Mai waren die Birken voller frisch gesprossener Blätter gewesen. Jetzt war das Grün des Laubs blasser. Ein paar Blätter waren mittlerweile gelb geworden, andere waren bereits abgefallen. Das Chlorophyll wurde langsam aus den Blättern herausgesogen, weil die Bäume es im Laufe des Winters benötigten. Es würde sich im Innern des Stammes sowie in den Wurzeln ablagern, wo es unter anderem als Frostschutzmittel diente, wenn die Temperaturen unter null fielen. Die Farben, die enthüllt werden, wenn das Chlorophyll sich zurückzieht – denn genau das geschieht, diese charakteristischen Herbstfarben entstehen nicht, sondern sie werden enthüllt, wenn das grüne Chlorophyll verschwindet –, repräsentieren die eigentlichen Pigmente der Blätter. Gelb, rot, braun, manchmal schwarz. Wobei Birkenblätter im Allgemeinen nur gelb werden.

Die Blaubeersträucher hatten sich rot verfärbt, und überall entdeckte ich Vogelbeeren. Rotorangefarbene Trauben, so groß, dass sich die Zweige, an denen sie hingen, unter ihrem Gewicht bogen. Auch standen jetzt weniger Blumen am Wegesrand, aber so war es im August auch schon gewesen. Die klischeehafte Vorstellung vom Herbst – dieses breite Farbspektrum im Blattwerk der Laubbäume und der Raureif am Morgen – passt nur zum Oktober. Der September ist so gesehen weder Fisch noch Fleisch. Er ist ein Bindeglied zwischen zwei Jahreszeiten, so wie es der März im ersten Halbjahr ist.

Ich verließ den Forstweg und erklomm eine steile Geröllhalde, um auf den Hügelkamm hinaufzugelangen. Mit dem Rucksack auf dem Rücken war das kein leichtes Unterfangen, doch schließlich war ich oben. Ich blieb stehen und ruhte mich aus. Trank Wasser und aß Erdnüsse. Ich hatte freie Sicht in alle vier Himmelsrichtungen. Zwar war der Himmel bewölkt, aber es sah nicht nach Regen aus. Die Temperaturen waren im Laufe der letzten Woche auf zehn oder zwölf Grad gestiegen, und es war nahezu windstill.

Noch immer schien es mehr Sommer als Herbst zu sein. Die neue Jahreszeit hatte die alte noch nicht ganz hinter sich gelassen. Morgens konnte die Luft feucht und kalt sein, doch schon früh am Nachmittag hatte die Sonne alle Feuchtigkeit vertrieben und die

Natur mit Wärme erfüllt. Nicht immer ist es im September so, wie ich es in diesem Jahr erlebt habe.

Ich setzte meinen Weg über den Hügelkamm fort. In der Nordmarka gibt es viele verschiedene Arten von Wald, in den südlichen Gebieten hingegen dominiert die Fichte. Viele dieser Bäume wurden irgendwann gepflanzt, man sieht es daran, wie sie stehen; Geometrie und Systematik verraten, dass der Homo sapiens seine Finger mit im Spiel hatte. Allerdings gibt es in Norwegen auch Gebiete mit unberührter Natur, geschützte Flecken, die unter die Bezeichnung »Urwald« fallen. Aber dafür muss man weiter in den Norden. Ungeachtet dessen habe ich im Laufe meiner Mikroexpedition oft daran gedacht, dass große Teile dieses Gebiets anscheinend relativ unberührt sind. Zum Beispiel der Ort, an dem ich jetzt stand. Es gab keinen Pfad, der genau hierher führte, und in der Nordmarka und in allen anderen Wäldern gibt es Zehntausende solcher Orte, unentdeckte Fleckchen Erde, denen es an eben jenen Charakteristika mangelt, von denen Menschen stets angelockt werden: ein

hoher Berggipfel, ein Fluss oder ein See. Diese Stelle verfügte über nichts dergleichen, sodass ich mich fragte, wie groß die Wahrscheinlichkeit ist, dass sich je ein Mensch genau dort befunden hat. Vermutlich ist sie äußerst gering. Vielleicht war der eine oder andere Jäger hier im Laufe der Jahrhunderte vorbeigeschlichen, vielleicht war der für seine Jagderinnerungen bekannte norwegische Schriftsteller Bernhard Herre einmal vorbeigekommen. Aber höchstwahrscheinlich war niemals ein Mensch dort gewesen, wo ich mich jetzt befand, zumindest nicht an genau derselben Stelle. Die Vorstellung gefiel mir. Ich wusste nicht, ob ich diesen Gedanken für irgendetwas verwenden konnte, doch er bestärkte mich in der Annahme, die meiner Expedition zugrunde lag: Alle hegen stets so große Gedanken. Abenteurer auf Expeditionen wollen Dinge tun, die niemals zuvor ein Mensch getan hat, oder sie wollen an Orte gelangen, auf die noch kein Mensch je seinen Fuß gesetzt hat. Wenn Umweltschutzorganisationen und Politiker über den Schutz der Umwelt diskutieren, haben sie stets große Gebiete im Blick. Nur selten denken sie im Kleinen. Doch wenn man sich darauf einlässt, wenn man sich auf das Mikroniveau begibt, wird man feststellen, dass die größten Teile der Nordmarka noch immer vom Menschen unberührt erscheinen. Nicht viel ist erforderlich, um genau das zu erleben. Verlass den Weg, geh zwanzig Meter in den Wald hinein, bleib stehen, schau dich um, und du wirst erkennen, dass du dich an einem Ort befindest, den du als unberührt und völlig ungestört erleben kannst.

Ich ging weiter durch das offene, für diese Höhenzüge so typische Terrain. Spärlicher Kiefernwald und Felshügel hier und da, überall Blaubeersträucher. Dieser Wald musste alt sein, denn Kiefern wachsen langsam. Außerdem gab es hier kaum Erde, nur Felsen, niemand war hier je auf die Idee gekommen, das Gebiet kommerziell zu nutzen. Sollte ich jemals gefragt werden, welche Art von Wald ich bevorzuge, so würde ich antworten: einen offenen

Kiefernwald in hügeligem Gelände. Es ist ein geradezu erhebendes Gefühl, durch so einen Wald zu streifen, wo das Licht aus allen Richtungen hereinflutet, sogar an einem bewölkten Tag.

🌰

Ich erreichte meinen Lagerplatz um die Mittagszeit und sah sofort, dass dort im Laufe des Sommers Menschen gewesen waren. Das war im Prinzip nicht weiter verwunderlich, denn im Sommerhalbjahr ist der Wald voll von Menschen, und dieser Ort ist weit davon entfernt, unentdeckt zu sein. Irgendjemand hatte an der Feuerstelle drei leere Bierdosen weggeworfen, eine zusammengedrückte Konservendose, ein Knäuel Angelschnur und eine durchweichte Dose Snus, den in Skandinavien weit verbreiteten Lutschtabak. Mir gefiel das überhaupt nicht, aber streng genommen ging es mich auch nichts an. Der Lagerplatz war schließlich nicht automatisch zu meinem Privateigentum geworden, nur weil ich ein paar Nächte da geschlafen hatte. Trotzdem. Bei all meinen Übernachtungstouren hatte ich Müll an den Lagerplätzen gesehen, doch die Tatsache, dass so viele Menschen anscheinend überhaupt kein Problem damit haben, mitten in der Natur ihren Krempel wegzuwerfen, ist höchst beunruhigend. Für mich gehört das zu den dümmsten und verantwortungslosesten Dingen, die man tun kann. Dieses Verhalten zerstört die Natur, und es zerstört die Freude anderer Menschen. Und es kann absolut kein Gewinn daraus gezogen werden. Es hat, wie man in der Wirtschaft sagt, keine andere Rendite, als dass man davon befreit wird, seinen Müll zum nächsten Container zu tragen. Und eine Angelschnur sollte wohl für niemanden eine zu große Last sein.

Wenn es solche Menschen nicht schaffen, ihren Müll zum nächsten Container zu bringen, schaffen sie dann irgendwas anderes?, dachte ich, während ich den ganzen Dreck einsammelte und in die feuchte Asche an der Feuerstelle presste. Über den ganzen Lagerplatz verteilt lagen kurze dünne Zweige mit verwelktem Laub daran. Zwanzig Meter entfernt, am Rand des kleinen Moorgebiets, standen zwei Birkenstümpfe, ungefähr einen halben Meter groß. Die Zweige stammten offenbar von ihnen. Irgendjemand hatte diese Bäume – auf die denkbar hässlichste Weise – anscheinend mit einer kleinen, kurzschäftigen Axt gefällt, einer Axt, die für Outdoor-Aktivitäten oft angepriesen wird, aber nahezu unbrauchbar ist, weil der zu kurze Schaft die Schwungkraft vermindert. Die Stümpfe waren nicht dicker als ein durchschnittlicher Oberarm. Und dennoch sah es so aus, als hätten die Baumfäller hundertmal oder öfter zuschlagen müssen, um den Stamm zu kappen. Schlechte Ausrüstung oder schlechte Technik, vermutlich traf beides zu. Fürchterlich sah es aus, als wäre ein Biber in blinder Wut oder Frustration darüber, wie eintönig so ein Biberleben mitunter sein kann, auf diese Stämme losgegangen.

Ich sammelte all die dünnen Zweige ein und zerbrach sie zu passend langen Stücken. Im Laufe des Sommers waren sie schon halbwegs ausgetrocknet. Sie brachen leicht und würden sicher gut brennen, sobald das Feuer seine Grundhitze erreicht hätte. Zuerst entfachte ich das Feuer und stellte dann Tarp und Zelt auf. Ich errichtete das Tarp dieses Mal über dem Zelt, als extra Dach und zusätzliches Vorzelt. Während ich mit diesen Tätigkeiten beschäftigt war, die ich inzwischen effizienter, wenn auch nicht schneller, aber ruhiger und präziser durchführte, warf ich immer wieder einen kurzen Blick auf das Feuer und legte in regelmäßigen Abständen neue Zweige nach. Nachdem ich all das erledigt hatte, war der Lagerplatz aufgeräumt, alle Spuren der Eindringlinge waren beseitigt, Angelschnur und Snus-Dose waren in der heißen Asche geschmolzen, und nachdem ich dann noch zwei weitere Feuer entzündet haben würde, eines am Abend und eines am folgenden Morgen, wären auch Bier- und Konservendosen verschwunden.

Ich begann meine Sachen auszupacken, blies meine superdünne Liegematte auf und breitete meinen Schlafsack darauf aus. Ich hatte diesmal einen ultraleichten Schlafsack mitgenommen, aber zusätzlich einen Innenschlafsack aus Fleece, der die Temperatur um etwa fünf bis sieben Grad erhöhen konnte. Ich nahm Stirnlampe und Buch heraus, Kochgeschirr und Proviant und legte alles unter das Tarp oder ins Zelt. Dann öffnete ich eine Packung Würstchen und eine Packung Kartoffelfladen und spießte beides auf frische Zweige.

Das Feuer hatte zu diesem Zeitpunkt die perfekte Grilltemperatur erreicht. Ich aß fünf Würstchen mit Kartoffelfladen und trank einen Liter Wasser dazu. Dann kochte ich mir Kaffee. Ich nehme immer nur einen Topf auf meine Wanderungen mit, und den benutze ich für alles. Für sogenannte Sturmküchen, die mit Bratpfanne und Kaffeetopf und drei bis vier weiteren Töpfen in verschiedener Größe angeboten werden, habe ich keine Verwendung. Es geht auch mit einem einzigen. Mag sein, dass ich das mit dem Topf schon mehrmals erwähnt habe, aber sei's drum. Der Topf und das Tarp sind die beiden Gegenstände in meinem Leben, über die ich gar nicht genug reden kann.

Am Topf setzte sich Ruß ab. Das ist der Preis dafür, wenn man Wasser direkt über dem Feuer erhitzt. Aber der Kaffee schmeckte gut. Als ich ausgetrunken hatte, achtete ich darauf, dass die Glut im Feuer sicher zwischen den großen Steinen lag. Dann montierte ich die Rolle an meine Angelrute und schlenderte zum See hinunter, um nach Fischen Ausschau zu halten.

Es war drei Uhr nachmittags. In vier Stunden würde es dunkel sein. Die Tag- und Nachtgleiche ist einer der vielen astronomischen Sondertage im Kalenderjahr. Die Tatsache, dass es davon so viele gibt, verrät, dass die Menschen in alten Zeiten ein starkes Bedürfnis danach hatten, die Jahreszeiten zu ordnen und bestimmte Punkte innerhalb all der Veränderungen festzuschreiben. Die einfache Erklärung dafür, warum ausgerechnet dieser Tag, der jedes Jahr entweder auf den 22. oder 23. September fällt, astronomisch besonders herausragt, lautet, dass er einer von den zwei Tagen im Jahr ist, an denen Tag und Nacht gleich lang sind. Oder präziser ausgedrückt: Die Sonne befindet sich genauso lange über dem Horizont wie darunter. Die komplizierte Erklärung dafür, warum das so ist, hat mit der Stellung der Sonne im Verhältnis zum Äquator zu tun, mit der schrägstehenden Erdachse im Verhältnis zur Erddrehung sowie mit vielem anderen, was ich viele Male zu verstehen versucht habe, ohne dass ich sagen könnte, es wäre mir gelungen. Einmal habe ich mir das sogar von einem Professor für theoretische Astrophysik anhand einer Zeichnung demonstrieren lassen, aber auch da verstand ich es nicht, wenngleich ich so tat als ob. Vielleicht ist es auch nicht wirklich wichtig.

Das Gegenteil der Herbstgleiche ist die Frühlingsgleiche, die jedes Jahr auf den 22. oder 23. März fällt, also auf den Tag genau sechs Monate später. Die Lichtverhältnisse im Laufe dieser beiden Tage sind gleich, doch am Tag danach entwickeln sie sich in die entgegengesetzte Richtung. Im März wird es heller, im September wird es dunkler. Darüber hinaus verursacht die allgemeine Trägheit des Systems, dass es im März wesentlich kühler als im September ist, und zwar aus dem einfachen Grund, weil der März das Ende des Winters markiert, wohingegen der September das Ende des Sommers besiegelt.

§

So vorsichtig wie möglich bewegte ich mich am gelben Rand des Moors entlang. In diesem Moment dachte ich, dass das Moor am besten zum Herbst passt. Es lässt mich an den Herbst denken, unabhängig davon, wann im Jahr ich es vor mir habe. Es ist grundsätzlich herbstlich, gelb und feucht, und wenn dieser Gedanke zutrifft, würde das heißen, dass das Moor jetzt ganz in seinem Element war und einer Zeit entgegenging, in der es ganz es selbst sein konnte und sich nicht verstellen musste.

Ich dachte wie ein romantischer Dichter. Lord Byron in der Nordmarka. Ich setzte mich auf einen Stein unter einer hochgewachsenen schmalen Kiefer, die in einer Bucht an der Längsseite des Waldsees stand. Die Wasseroberfläche war ganz still. Inmitten des Sees entdeckte ich eine Forelle. Sie befand sich außerhalb meiner Wurfweite, und hätte sie mit ihren unscheinbaren Bewegungen nicht kleine Wellen erzeugt, hätte ich gar nichts bemerkt. Die Forelle war auf Zuckmücken aus, es war deutlich zu erkennen. Diese Insekten sind so winzig, dass die Forelle nichts anderes tun muss, als langsam an die Oberfläche zu steigen und die Mücken in ihr Maul zu saugen. Gibt es viele Mücken, kann die Forelle sozusagen dicht unter der Wasseroberfläche patrouillieren und sich eine nach der anderen schnappen. Mitunter kann man auf diese Weise mit einer gewissen Genauigkeit vorhersehen, in welche Richtung sich der Fisch bewegen wird. Es zeichnet sich so etwas wie ein möglicher Pfad durchs Wasser ab, und so kann man der Forelle zuvorkommen und dort eine Fliege auslegen, wo die Forelle hoffentlich beim nächsten Mal auftaucht. Genau das ist das Spannende, aber auch das Schwierige an der Sache. Obwohl sich der Fisch auf eine bestimmte Weise bewegt, kannst du nie wissen, wie groß er ist, bevor du ihn nicht an der Angel spürst. Die winzigste Bewegung kann von der größten Forelle verursacht werden. In diesem Waldsee allerdings sind sie alle ziemlich klein.

Ich holte meine Streichholzschachtel mit Fliegen hervor und wählte eine der kleinsten Mücken-Imitationen aus. Wie bei Eintagsfliege und Köcherfliege gibt es auch bei der Zuckmücke verschiedene Entwicklungsstadien, und in jeder dient sie der Forelle als Beute. Puppe, schlüpfendes Insekt (Emerger) und fertiges Insekt (Vollinsekt). Ich entschied mich für die Imitation eines Vollinsekts, ein borstiges kleines Ding, das ganz oben auf dem Wasser schwimmen und dabei aussehen würde, als schwebe es genauso wie eine echte Zuckmücke. Während ich mich abmühte, den Köder an dem dünnen Vorfach zu befestigen, kam eine gewöhnliche Stechmücke angeflogen. Sie setzte sich auf meinen linken Mittelfinger und fing an, Blut zu saugen. Es juckte, aber ich konnte nichts tun, weil ich die Finger brauchte, um die Imitation zu befestigen. Ich war gerade mit dem Verknoten des Köders beschäftigt und wollte ungern von vorn beginnen. »Mann von echter Mücke gestochen, während er falsche Mücke an Schnur bindet«. Das hätte eine hübsche Schlagzeile in der Lokalzeitung abgegeben.

Draußen kam die Forelle immer wieder an die dunkle Wasseroberfläche und bewegte sich dabei in Kreisen. Ich saß mit der Angelrute bereit. Ich hoffte, dass der Fisch seine Richtung ändern und näher zu mir herankommen würde. Es gab keine anderen Insektenarten auf dem Wasser, und weitere Fische zeigten sich auch nicht. Nur diese eine Forelle, sodass ich also keineswegs unter der Qual der Wahl litt, wie das im Frühsommer oft der Fall sein kann.

Im Juni geschieht alles gleichzeitig, die Eintagsfliegen schlüpfen mitunter so zahlreich, dass die Fliegenfischer vor lauter Stress gar nicht wissen, wie ihnen geschieht. Im Juli und August herrscht größere Vielfalt, auf der Wasseroberfläche gibt es alle möglichen Insekten: Ameisen, Köcherfliegen, Mücken, Motten und Schnaken.

Der September ist der erste Monat, in dem sich die Auswahl wieder reduziert. Für die Fliegenfischer kann das mitunter das wahre Glück bedeuten, denn es gestaltet die Sache übersichtlicher. Es gibt weniger Insekten, und der Zeitraum, in dem sie sich auf dem Speiseplan der Forelle befinden, ist kürzer. Dafür steigen die Chancen, die Forelle zum Anbeißen zu verleiten. Zumindest bilde ich mir das ein. Diese Tendenz verstärkt sich im Laufe des Herbstes weiter, und im November bleibt dann mitunter nur eine kurze Stunde am Tag übrig, sofern es windstill ist und die Sonne scheint. Die letzten Insekten schwirren dann umher, bevor Kälte und Dunkelheit wieder das Zepter übernehmen, und mit ein bisschen Glück kann man sehen, wie die Forelle zuschnappt.

Schon im Sommer begann ich mich nach der Einfachheit des Herbstes zu sehnen. Für meinen Geschmack gab es von allem zu viel, unzählige Möglichkeiten standen einem offen. Aber so, wie ich ticke, brauche ich den Herbst. Es gefällt mir, dass er relativ ereignislos ist. Ich mag die im Wald herrschende Endzeitstimmung, das deutliche Gefühl, sich auf dem Weg in eine Art Winterschlaf zu befinden. Ich glaube, der Herbst hat eine wichtige mentalhygienische Funktion, zumindest für Menschen wie mich. Es ist eine Zeit, in der man sich zurückziehen und alles überdenken kann, in der man sein Leben aufräumt, die Dinge zurechtrückt und sich langsam erholt. Und dann, wenn man den Überblick zurückgewonnen hat, kann man neue Pläne für den kommenden Sommer schmieden.

Die Zuckmücke ist ein robustes kleines Geschöpf. Sie schlüpft in stehenden wie auch in fließenden Gewässern, und alles, was sie braucht, ist Wasser, das nicht gefroren ist. Als ich im Februar die Wasseramseln an der Eiskante in der Flussmündung beobachtet hatte, müssen sie genau diese Insekten verspeist haben. Und ebendieses Insekt diente nun an diesem Septembertag draußen auf dem See der Forelle als Mahlzeit.

Eine halbe Stunde verging, dann kam die Forelle näher. Ausnahmsweise hatte ich einmal Glück. Sie schwamm drei- oder viermal an die Oberfläche, und jedes Mal kam sie dichter an mich heran. Nachdem sie ein fünftes Mal heraufgekommen war, ahnte ich, wo ihr Weg sie ungefähr hinführen würde. Ich warf aus. Der Köder landete ungefähr da, wo ich es beabsichtigt hatte. Das Vorfach, diese dünne Schnur zwischen Hauptschnur und Fliege, reichte nicht ganz bis zu der Stelle hin, doch ich hoffte, dass es auch so klappte. Die Forelle kam ein weiteres Mal an die Oberfläche, jetzt noch näher. Und dann schnappte sie sich ganz einfach meine Mücken-Imitation.

So etwas geschieht nicht oft, wie ich betonen möchte. Mit Zuckmücken auf einem stillen Gewässer zu fischen, ist beileibe nicht einfach. Die Forelle kämpfte eine Weile in dem dunklen morastigen Wasser, aber der Köder saß fest, und die Kräfte des Fisches ließen bald nach. Ich zog die Forelle aus dem Wasser. Sie war nicht groß, wog vielleicht dreihundert Gramm. Die Haut war dunkelbraun und wies keine roten Punkte auf, sondern nur schwarze. Genau die Art Forelle, die in dunklen Moorseen lebt. Ich brach ihr das Genick und legte sie neben mich auf einen Stein. Ich blieb noch eine Weile sitzen, aber weitere Forellen tauchten nicht auf.

Ich befestigte eine große Köcherfliegen-Imitation am Vorfach, stand auf und fing an, blind auszuwerfen. Blindwurf ist die Bezeichnung für einen Wurf, der ausgeführt wird, ohne dass man einen Fisch an der Oberfläche entdeckt hat. Auch wenn die Forelle häufig mit anderen Dingen beschäftigt ist, als etwas an der Wasseroberfläche zu verspeisen, können große Fliegen sehr nützlich sein, um die Aufmerksamkeit der Forelle zu wecken. Ich lief um den See herum, warf die ganze Zeit am Rand des Moors aus und zog die Fliege vorsichtig wieder ein. Köcherfliegen bewegen sich oft ruckartig auf der Wasseroberfläche, und diese Bewegung versuchte ich zu imitieren. Als ich den See fast umrundet hatte, hörte ich eine

Forelle springen. Forellen, die nach Köcherfliegen schnappen, benehmen sich anders als solche, die Zuckmücken verspeisen. Sie werfen sich auf die Fliege und verursachen ein Platschen, das oft so laut und gewaltig klingt, dass man enttäuscht ist, wenn man entdeckt, wie klein der Fisch eigentlich ist. Dieser war auch nicht besonders groß, aber immerhin größer als der erste. Die Fliege hatte sich fest in den Oberkiefer gebohrt.

Ich nahm die beiden Forellen am Seeufer aus und schlenderte dann zurück zu meinem Lagerplatz. Die Dämmerung hatte eingesetzt, und ich war hungrig. Ich entfachte ein Feuer und kramte meinen Proviant hervor. Eigentlich dachte ich, dass ich meinen Fang gleich essen müsste, hatte aber in diesem Moment keinen Appetit auf Forelle, auch wenn ich es mir nur ungern eingestand. Ich legte die beiden Fische in eine Plastiktüte und hob sie mir für das Frühstück auf. Zum Abendessen gab es die übliche Mischung aus Bauchspeck und Kartoffelpüree.

Um acht Uhr war es dunkel, wobei der Himmel im Westen noch immer hell und klar wirkte. Die Wolken hatten sich verzogen, die Sterne kamen zum Vorschein. Nur mit meiner Fleece-Jacke bekleidet saß ich vor dem Zelt. Die Kälte, die hier erst vor zwei Tagen noch geherrscht hatte, war verschwunden. An meinem Plätzchen war es vermutlich über zehn Grad warm, dennoch würde es im Laufe der Nacht kalt werden. Bei meiner nächsten Übernachtung hätte dann schon der echte Herbst Einzug gehalten, und im Wald würden mich ganz andere Verhältnisse erwarten.

Ich blieb draußen im warmen Feuerschein sitzen. Für die Nacht war alles vorbereitet, wesentlich mehr gab es für mich nicht zu tun. Ich ließ den Blick über die Umgebung schweifen. Natürlich hatte ich das auch früher schon gemacht und wusste daher, was nun passieren würde. Erst wenn das Gehirn mit nichts anderem mehr beschäftigt ist, nur noch mit konkreten, praktischen Dingen konfrontiert wird, fängt es wirklich an zu arbeiten. Und genauso ist es in einem Lager im Wald. Man führt ein grundsätzlich praktisches Leben, und ich glaube, dass sich die Menschen hauptsächlich aus diesem Grund davon angezogen fühlen.

Es ist erstaunlich, wie schnell sich das Gehirn neuen Umgebungen anpasst. Dieses Gehirn war daran gewöhnt, Telefonate zu führen und sonstige Büroarbeit zu erledigen. Jetzt aber war es dabei, sich Verbesserungen für das Lager auszudenken, als ob es nie etwas anderes getan hätte. Mich überkam das starke Bedürfnis, aufzuräu-

men und Tannennadeln sowie anderen Dreck unter dem Tarp wegzufegen. Ich schob Rucksack und Kochzeug zur Seite und brach einen Zweig von der nächststehenden Fichte. Damit fegte ich schnell alles sauber, bis der Boden trocken und blitzeblank aussah. Dann stellte ich Rucksack und Kochzeug zurück an ihren Platz. Ich setze mich wieder ans Feuer, aber kaum saß ich da, schon merkte ich, dass ich gern eine Konstruktion zur Trocknung meiner Kleidung bauen wollte, ungeachtet der Tatsache, dass keines meiner Kleidungsstücke nass war.

Keine Ahnung, woher das Gehirn diese Idee nahm. Ich hätte hier still sitzen und in die Flammen schauen sollen, ich hätte an die Ewigkeit denken und Gedichte schreiben sollen, wie Lord Byron es vermutlich getan hätte. Oder Johann Wolfgang von Goethe. Oder Henrik Wergeland. Aber ich konnte keine Ruhe finden. Also stand ich wieder auf, schnitt mit dem Messer ein paar lange dünne Zweige von einer Eberesche und entfernte die Borke, sodass alles ganz sauber war. Und diese Äste befestigte ich dann waagerecht und parallel zueinander in einem Baum. Jetzt hatte ich einen Lagerplatz mit Trockenständer. Dann kam mir in den Sinn, die Feuerstelle zu verbessern. Dann wollte ich einen flachen Stein suchen, der beim Forellenfrühstück am kommenden Morgen als Tisch dienen könnte, und dann wollte ich einen runden Baumstumpf suchen, der als Stuhl ...

Ich hätte mich schlafen legen sollen, war aber zu unruhig dazu, in meinem Inneren rumorte irgendetwas Grundsätzliches. Es gelingt mir einfach nicht, solche praktischen Herausforderungen zu ignorieren. Ich kann mich vielem gegenüber passiv verhalten, aber nicht gegenüber einem Lager im Wald. Überall und ständig sehe ich ein Verbesserungspotenzial. Als ich dort im Schein des Feuers saß, begann ich zu ahnen, dass ich mich in diesem Augenblick einer grundlegenden Wahrheit über mein eigenes Gehirn näherte. Und vielleicht auch der anderer Gehirne. Wäre ich dort ein ganzes Jahr geblieben, wäre ich wohl in Versuchung geraten, eine ganze Stadt an diesem See zu gründen.

Bevor ich ins Zelt kroch, tat ich etwas, was ich mir schon vor Längerem vorgenommen hatte. Ich bereitete ein Feuer vor, das ich am nächsten Morgen entzünden wollte. Und dieses Feuer war von einer ganz bestimmten Bauweise. Ich hatte einmal in einem Buch davon gelesen und freute mich darauf, es selbst auszuprobieren.

Mir ist aufgefallen, wie stark eine Idee sich weiterentwickelt, sofern man sich Zeit lässt und nicht unmittelbar darangeht, sie zu verwirklichen. Ich habe das gelernt, als meine Kinder noch ganz klein waren und ich so gut wie nie Zeit hatte, angedachte Projekte umzusetzen. Trotzdem veränderten sich die Projekte immer weiter zum Besseren, obwohl ich nichts anderes tat, als mich in Gedanken mit ihnen zu beschäftigen. Deswegen saß ich nun den restlichen Septemberabend da, versuchte geeignete Äste zu finden und die Feuerstelle so vernünftig wie möglich herzurichten.

Ein gewöhnliches Feuer rußt kräftig und strahlt die Hitze in alle Richtungen ab, was zur Folge hat, dass es eine ganze Zeit dauert, bis das Wasser kocht. Bei diesem Spezialfeuer wird die Hitze direkt zum Boden des Topfes geleitet, also genau wie bei einem Gaskocher. Das Prinzip ist ganz einfach: Such dir vier frische und gerade Holzstöcke, am besten drei bis vier Zentimeter dick und ungefähr 50 Zentimeter lang. Wichtig ist, dass diese vier Stöcke frisch sind, denn sie sollen nicht brennen. Spitze die Stöcke an einem Ende an und flache sie am anderen ab. Danach steckst du sie mit dem spitzen Ende in den Boden, sodass sie ein Quadrat formen, dessen Grundfläche etwas kleiner ist als die Unterseite des Kaffeetopfes. Achte darauf, dass alle vier Stöcke an der Oberseite ebenmäßig ausgerichtet sind. Such dir dann trockene kleine Äste und lege sie über Kreuz in Schichten zwischen die vier frischen Stöcke, sodass sie an allen vier Seiten des Quadrats herausragen. Vergiss nicht, ein wenig Birkenrinde oder anderes leicht entzündliches Material zuunterst auf den Boden zu legen. Baue dann weiter bis kurz unterhalb der Enden der frischen Stöcke und zünde das Feuer ganz unten an.

Die Feuerstelle sah vielversprechend aus. Bevor ich mich hinlegte, schnitt ich ein paar Fichtenzweige ab und legte sie oben auf meine Konstruktion, damit sie trocken blieb, falls es zu regnen anfangen sollte. Schließlich kroch ich ins Zelt, zog den Reißverschluss zu und schlüpfte in meinen Schlafsack.

Ich wurde um fünf Uhr wach. Mir war eiskalt, und ich hatte Rückenschmerzen. Wie ich vermutet hatte, war es im Laufe der Nacht viel kälter geworden. Der superleichte Schlafsack war viel zu dünn, und der Innenschlafsack aus Fleece, der die Temperatur eigentlich um fünf bis sieben Grad erhöhen sollte, hatte sein Versprechen nicht gehalten. Zu allem Überfluss hatte meine ultraleichte Liegeunterlage ein Loch. Nicht zum ersten Mal in dieser Nacht. Schon mehrmals hatte ich versucht, sie im Schein meiner Stirnlampe zu reparieren, hatte zitternd und zusammengekauert mit Kleber und Flickzeug dagesessen, das Loch abgedichtet und die Unterlage danach wieder aufgeblasen. Doch es hatte nichts genützt. Sobald ich mich wieder auf die Unterlage gelegt hatte, war die Luft abermals entwichen, und schließlich hatte ich aufgegeben. Die restliche Nacht hatte ich mit einem großen Stein im Rücken verbracht. Wie ein kleiner Felsrücken zog sich der Stein quer durch das ganze Zelt, ich konnte ihm nicht entkommen.

Steif, kalt und schlecht gelaunt kroch ich aus dem Zelt. Ich nahm Wasser, Kaffeetopf und Streichhölzer, entfernte die Fichtenzweige vom Spezialfeuer und zündete es an. Das Feuer brannte genauso wie vorgesehen. Die ganze Hitze wurde direkt zur Unterseite des Topfes geleitet, und schon nach kurzer Zeit sprudelte das kochende Wasser. Ich schätzte, dass es ungefähr so lange gedauert hatte, wie es mit dem Gaskocher der Fall gewesen wäre. Ich nahm den Topf vom Feuer und gab Kaffee hinein. Während ich trank, schob ich die Reste des Kaffeefeuers mit einem Stöckchen zu der alten Feuerstelle hinüber, legte ein paar trockene Holzstücke obenauf, und schon brannte auch dort ein munteres Feuer. Die Konservendose und die beiden Bierdosen waren mittlerweile ganz grau und porös geworden. Sie näherten sich allmählich einem Zustand, der an Asche erinnerte, und wenn dieses Feuer dann ausgebrannt wäre, würden die Dosen für immer verschwunden sein.

Der Fels, auf dem ich saß, fühlte sich trotz der kalten Nacht immer noch warm und angenehm an. Jetzt war es Zeit für Stockbrot. Mehl, Salz und etwas getrockneten Oregano hatte ich zu Hause vermischt und in eine Plastiktüte gepackt. Ich gab Moorwasser dazu und knetete das Ganze zu einem Teig, den ich um einen Spieß wickelte. Heutzutage findet man im Internet unzählige Hipster-Rezepte für solche Dinge. Bärtige junge Männer mit Truckercaps, die raffinierte Variationen von Stockbrot oder andere Naturrezepte ins Netz stellen, wobei diese Versionen oft Zutaten enthalten, von denen ich nur gehört, die ich aber selbst nie probiert habe. Doch für so etwas hatte ich keinen Bedarf. Ich brauchte nicht einmal Hefe. Mein Stockbrot war so, wie ich es kannte. Dampfend frisch und ein wenig verbrannt an den Seiten. Ich verzehrte es zusammen mit zwei am Spieß gegrillten, gesalzenen und gepfefferten Forellen, dazu trank ich eine Flasche Moorwasser, die im Laufe der Nacht schön kalt geworden war.

Um halb sieben war es völlig hell. Die Sonne stieg über die Baumwipfel und wärmte mich auf meinem Felsen. Neben mir mühten sich ein paar Ameisen mit dem Transport von Fichtennadeln ab, die von einer der großen Fichten herabgerieselt waren. Die Nadeln waren hellbraun, fast schon gelb. Die Ameisen arbeiteten in einem hohen Tempo, geradezu überschwänglich, jedenfalls wirkte es so auf mich. Eine von ihnen schlug einen Purzelbaum über eine Fichtennadel, die sie offenbar zu ihrem Nest zu transportieren beabsichtigte. Es gelang ihr nicht, ihre Last saß fest, und die Ameise ärgerte sich anscheinend darüber.

Ich fragte mich auch, wieso ich ständig Ameisen entdeckte, die tote Artgenossen mit sich herumtrugen. Ich hatte so etwas auf meinen Wanderungen schon oft gesehen. Mit einem toten Freund auf den Schultern kämpften sich die Ameisen voran, und nichts an diesen kleinen Geschöpfen deutete darauf hin, dass sie aufgeben würden oder überhaupt je auf so einen Gedanken kommen könnten. Aber was wollten sie mit ihren toten Kameraden anstellen? Wollten sie sie zurück ins Nest tragen, um sie dort zu bestatten, oder würden sie sie auffressen? Die beiden Möglichkeiten verdeutlichen den Unterschied zwischen zwei diametral entgegengesetzten Arten von Naturverständnis. Einerseits die romantische Vorstellung von der Natur als etwas Gutem; der Anthropomorphismus, also die Neigung, Tieren menschliche Eigenschaften zuzusprechen. Und andererseits die biologistische Vorstellung von der Natur als einem Ort jenseits aller Moral, eine Arena für ewige Konkurrenz und erbitterten Kampf zwischen gefühllosen, maschinenartigen Individuen. Irgendetwas sagte mir, dass die Ameisen der letzten Kategorie angehörten.

Als das Feuer schließlich heruntergebrannt war, packte ich meine Sachen zusammen und beendete das Lagerleben. Ich hinterließ den Ort in einem besseren Zustand, als ich ihn vorgefunden hatte; ein Gedanke, der mir durchaus gefiel.

Auf dem Rückweg begegneten mir ein paar Fahrradfahrer. Ich stieg die steilen Anhöhen hinunter, sie radelten hinauf. Sie trugen orangefarbene, dreieckige Brillen, dazu Helme und Fahrradtrikots. Sie hielten den Blick starr auf den Boden gleich vor ihren Vorderrädern gerichtet. Ihre Gesichter wirkten verbissen. Natürlich hing das damit zusammen, dass sie die steilen Hügel so schnell wie möglich hinaufzuradeln bemüht waren, dennoch beschlich mich der Gedanke, dass sie auch genau so gesehen werden wollten. Als zielgerichtete, ernste Individuen, die Wichtigeres zu tun hatten, als einfach so im Wald herumzuradeln. Sie symbolisierten eine Leistungskultur von nahezu komischen Ausmaßen. Ich wünschte sagen zu können, dass dieses Klischee meiner Beobachtung gar nicht zutraf, aber ich habe diese Radsportler genau so erlebt – als todernste Menschen mit einem einzigen Gedanken im Kopf: Effektivität. Keiner von ihnen grüßte mich, keiner ließ erkennen, mich überhaupt bemerkt zu haben, alle traten bloß hart in die Pedalen. Für sie war die Natur nichts anderes als eine Arena für Leistung, für Sport, genauso wie ein Fußballplatz oder eine Skateboard-Rampe, ein Ort, an dem man seine Tricks vorzeigen, sich mit anderen messen und die eigenen Grenzen austesten kann. Ich stieg die letzten Hügel hinab, während ich in einem Zustand ungetrübter Selbstgenügsamkeit dachte, dass es bei Menschen, die in der Natur herumstreifen, oft ein umgekehrt proportionales Verhältnis zwischen Leistung und Reflexion gibt. Je mehr du leisten willst, desto weniger denkst du. Diesen wortkargen Radfahrern waren wohl eher keine Geschichten zu entlocken. Dafür waren sie viel zu sehr auf ihre eigenen sehnigen Körper fixiert.

⚜

Als ich mich später an diesem Tag wieder in mein Büro setzte, als ich den Computer einschaltete und die E-Mails abrief, erwartete ich eine wahre Flut an Nachrichten. Denn obwohl der Herbst ruhiger als das Frühjahr war, gab es genügend berufliche Dinge, um die ich mich kümmern musste. Ich war darauf vorbereitet, den restlichen Tag mit harter, konzentrierter Arbeit zu verbringen, damit ich mich nach dem Tag im Wald wieder am aktuellen Stand der Dinge orientieren konnte. Stattdessen erlebte ich eine Überraschung, die mich einerseits erfreute, mir andererseits aber auch das Gefühl gab, von meinem Umfeld nur wenig geschätzt zu werden. Wie sich zeigte, hatte ich seit dem Morgen, an dem ich in den Wald gezogen war, nur eine einzige Mail erhalten. Zu allem Überfluss kam sie von einem Internetshop, der Ausrüstung für Fliegenfischer verkaufte. Sie boten Herbstfliegen zu reduzierten Preisen an. »Vergessen Sie nicht die Zuckmücke«, stand in der Mail, »denn denken Sie daran: Herbst ist Mückenzeit.«

HERBST

Oktober

Theorie über zwei Jahreszeiten

Green leaves of summer turn red in the fall
To brown and to yellow, they fade
And then they have to die
Trapped within the circle time parade of changes.

Phil Ochs, *Changes*

Jeder Abenteurer mit Selbstachtung sollte unterwegs zu irgendeiner Erkenntnis gelangen. Das sollte auch für diese Mikroexpedition gelten, wenngleich ich mir kein spezielles Ziel gesteckt hatte. Ich hatte mich lange schon gefragt, woraus diese Erkenntnis bestehen könnte, denn schließlich war ich ja nicht gerade dabei, unbekanntes Land zu entdecken. Im Laufe dieses Jahres hatte ich neunmal im Wald übernachtet. Ich hatte große und kleine Dinge erlebt, meist jedoch kleine. Sollte ich eine Sache benennen, die mich mehr als alles andere beschäftigte, so müsste dies die kontinuierliche Veränderung der Lichtverhältnisse und Temperaturen sowie deren Auswirkungen auf die Natur sein.

Jedes Mal, wenn ich in den Wald zog, war etwas anders. Das Wetter natürlich, aber das ändert sich die ganze Zeit, es gibt dabei kein System, es ist unvorhersehbar und erstaunlich unabhängig von den Jahreszeiten. Das Wetter ist eine Geschichte für sich. Was mich während meiner Übernachtungen am meisten beschäftigte und was ich mit großer Freude aus nächster Nähe beobachten konnte, war die Summe all der kleinen Veränderungen in der Natur, die sich auf sie auswirkten und sie plötzlich ganz anders erscheinen ließen. Für einen Büromenschen gehen all diese kleinen Veränderungen unbemerkt vor sich, er sieht nur die Ergebnisse. Im Winter ist die Natur weiß. Dann wird sie grün, gelb, braun und schwarz – und schließlich wieder weiß. Für den unaufmerksamen Büromenschen geschieht das alles schnell und plötzlich. Dieses Jahr war anders gewesen. Schon im Oktober konnte ich die Mikroexpedition als einen Erfolg für mich verbuchen, vorausgesetzt, ich würde während der drei noch ausstehenden Übernachtungen nicht vom Wolf gefressen oder mit anderen Hindernissen konfrontiert werden. Mein Wunsch hatte sich bereits erfüllt. Ich hatte ausreichend Gelegenheit bekommen, die Jahreszeiten aus nächster Nähe zu beobachten, die winzigen Veränderungen zu studieren und mir darüber meine Gedanken zu machen. Die Summe meiner Überlegungen habe ich ein wenig übermütig unter dem Titel *Theorie über zwei Jahreszeiten* zusammengefasst.

So, wie der Juli ein Paradebeispiel für den Sommer gewesen war, wurde es der Oktober für den Herbst. Die meiste Zeit des Jahres hatte ich Glück mit dem Wetter gehabt. Der Winter war trocken und kalt, der Sommer trocken und warm. Nur im Frühling hatte es erwähnenswerte Niederschlagsmengen gegeben, aber das war lange vorbei, und ich dachte nicht mehr daran.

Auch der Spätsommer war nahezu regenfrei, mit Ausnahme einiger kräftiger Gewitter, die, wie ich vermutete, der langen Wärmeperiode geschuldet waren. Aber ein wenig muss man für das ganze Idyll nun einmal zu zahlen bereit sein. Der Niederschlagsmangel hatte zur Folge, dass die Farben in der Natur im Laufe des Oktobers immer kräftiger und intensiver wurden. Wie mir auffiel, blieb das Laub erstaunlich lange an den Bäumen.

Der September war mild und sonnig gewesen, der Oktober begann ebenso. Zwar wurde es spürbar kälter, aber der Himmel war wolkenlos, die Sonne ließ die Herbstfarben aufleuchten und verpasste der Natur eine Art Patina, die alles so aussehen ließ, als hätte das Jahr eine gewisse Reife erlangt.

Ungefähr Mitte Oktober war der Herbst am allerschönsten. Ich erwog, in den Wald zu gehen, hatte aber bereits vom Winter zu träumen begonnen und mir ausgemalt, im Wald zu sein, wenn der erste Schnee fiel. Daher verschob ich meinen Aufbruch so lange wie möglich. Ich saß am Schreibtisch und träumte vom Schnee. Was für ein Erlebnis das wohl sein würde! Am Morgen aufwachen, den Reißverschluss des Zeltes aufziehen und der Erste sein, der die wunderbaren weißen Flocken vom Himmel fallen sieht! Ich träumte davon, zuzuschauen, wie der Boden von trockenem Neuschnee bedeckt und die ganze Vegetation eines Jahres unter all der weißen Pracht begraben wurde. Der Einzige zu sein, der bezeugen konnte, dass dort, wo es erst neulich noch von Leben gewimmelt

hatte, nun nichts mehr war. Ich wollte sehen, wie sich die felsige, unwegsame und in bunten Farben schillernde Umgebung in eine grauweiße und sich sanft wellende Landschaft verwandelte, so ruhig und still, wie es nur fallender Neuschnee bewirken kann.

Davon träumte ich und verfolgte aufmerksam die Wettervorhersage. Abwechselnd stiegen und fielen die Temperaturen. An einigen Tagen war es kalt und klar, dann kam Bewölkung auf, und es wurde wieder wärmer. Erst in der zweiten Monatshälfte wurde der Herbst dann so feucht, wie die meisten ihn kennen. Kalter Regen. Dunkelheit ab fünf Uhr nachmittags. Schwarzer Asphalt, auf dem sich abends das Licht der Straßenlaternen spiegelt. Auf den Straßen braunes Laub, das langsam zerfällt. Kleine, rieselnde Bächlein entlang der Gehsteige. An manchen Tagen zeigte sich der Herbst von seiner dunkelsten Seite, dann wieder brach die Wolkendecke auf, die Straßen trockneten, und die Sonne schien. Die Temperaturen stiegen. Als der Monat sich dem Ende zuneigte, musste ich widerwillig akzeptieren, dass es wohl keinen weißen Oktober geben würde.

🌰

Schon seit dem Juli war mir der Oktober im Kopf herumgegangen. Ich fantasierte von der kalten klaren Luft und dem schräg einfallenden Nachmittagslicht, das alle Schatten länger macht und die Natur anders erscheinen lässt als zu jedem anderen Zeitpunkt im Jahr. Sofern im Oktober schönes Wetter herrscht, bin ich geneigt, ihn den schönsten Monat des Jahres zu nennen. Die Temperaturen und die Luft scheinen meinem Kopf und meinem Körper dann optimal angepasst zu sein. Zu keiner anderen Zeit funktioniere ich besser, niemals fühle ich mich wacher und besser gelaunt.

Ich nahm dieselbe Ausrüstung mit wie im September, packte aber sicherheitshalber dieses Mal mehr Kleidung ein. Auch den Winterschlafsack hatte ich vom Dachboden geholt und lief somit kaum Gefahr zu frieren.

Ich brach früh am Vormittag auf. Schon seit den Morgenstunden war es bewölkt gewesen, doch als ich den Wagen abstellte und den Rucksack schulterte, brach der Himmel auf. Nach kurzer Zeit war er knallblau, mit einer goldenen Sonne und der einen oder anderen Wolke verziert. Es war völlig windstill. Klare, kalte Herbstluft.

Ich war in meinem Element, als ich über altbekannte Forstwege und neu entdeckte Pfade ging, zu zwei Seen, die ich bisher nicht kannte, über eine Anhöhe, die ich schon früher einmal erklommen hatte, und hinunter in ein Tal, in dem ein See lag, an dem ich schon viele Male gefischt hatte. Allerdings hatte ich keine Angelrute dabei. Für mich war die Saison vorüber, nun wollte ich mich auf andere Dinge konzentrieren.

Ich beschloss, dort Rast zu machen, nahm den Rucksack ab und holte meinen Proviant heraus. Ganz in meiner Nähe hockten zwei Männer in den Sechzigern auf Felshügeln und verzehrten ihr Mittagessen. Sie hatten ihre Fahrräder an einen Baum gelehnt und saßen ganz ruhig in der milden Vormittagssonne. Sie trugen weißes Unterzeug und karierte Hemden mit aufgekrempelten Ärmeln. Sie sahen aus wie zwei Holzfäller, zwei typische Waldarbeiter, wie man sie manchmal auf vergilbten Schwarz-Weiß-Fotos aus alten Zeiten sieht.

Ich verließ die Holzfäller und zog weiter. Der Oktober ist für viele große Säugetiere im Wald die Zeit der Brunft. Jetzt paaren sie sich, sind im Laufe des Winters trächtig und gebären ihre Jungen im Frühjahr. In einem subarktischen Klima wie dem norwegischen ist das die einzig denkbare Lösung. Große Säugetiere brauchen große Mengen Nahrung, um überleben zu können. Nur wenn sie sich zu dieser Jahreszeit paaren, können sie hoffen, dass die Nachkommen im Laufe des Jahres kräftig genug werden, um den ersten Winter zu überstehen.

Ich sah keine großen Säugetiere, kleine allerdings auch nicht. Stattdessen sah ich Vögel; Standvögel, wie ich vermutete, da die Zugvögel bereits in den Süden aufgebrochen waren. Auf einem sonnigen Abhang stieß ich auf ein paar Meisen einer Art, die ich mich nicht erinnern konnte, schon früher einmal gesehen zu haben. Es waren fünf oder sechs Vögel, die wie eine kleine Bande

zusammenhielten. Sie hüpften von ein paar großen Felsen in die Bäume hinauf und von dort wieder herunter. Ihr Gefieder war hellbraun und gräulich mit einem schwarzweißen Rand an den Flügeln. Die ganze Zeit flogen sie zwischen den Felsen und den Bäumen hin und her, und die ganze Zeit beobachteten sie mich. Mal

kamen sie näher, dann zogen sie sich wieder zurück. Sie waren ängst-
lich, wenn auch nicht übermäßig; getrieben von der unmöglichen
Kombination aus Furcht und Neugier.

Die Theorie über zwei Jahreszeiten hatte erst seit April langsam
Form angenommen. Tagsüber war es warm, nachts eiskalt, und ich
überlegte: Was ist die Entsprechung zum April, zu welchem ande-

ren Zeitpunkt im Jahr ist es genauso wie jetzt? Ich kam schließlich
auf den Oktober, der den Übergang in die kalte Jahreszeit genauso
signalisiert wie der April den Übergang in die warme. Ich erwog,
September und März den gleichen Status zu verleihen, begriff aber,
dass das nicht richtig wäre. März und September werden gern als

der erste Frühlings- beziehungsweise der erste Herbstmonat bezeichnet, aber meine Erfahrung hatte gezeigt, dass beide Monate den Jahreszeiten angehörten, die bald vorübergingen, und nicht denen, die folgten. März war Winter. September war Sommer. Doch mit April und Oktober verhielt es sich anders.

Ich hatte in diesem Jahr viel an die Jahreszeiten gedacht, vermutlich mehr, als mir bekommen sollte. Ich hatte wirklich versucht, sie zu verstehen, sie voneinander zu trennen und herauszufinden, wann die eine in die andere überging. In Norwegen gehen wir mit einem gewissen Stolz davon aus, dass es vier Jahreszeiten gibt. Winter, Frühling, Sommer, Herbst. Und manchmal ertappen wir uns dabei, dass wir sagen: Die armen Südeuropäer haben gar keine Jahreszeiten.

Nach vielem Nachdenken bin ich zu folgendem Schluss gekommen: Wir haben in Norwegen nicht vier Jahreszeiten, sondern zwei. Sommer und Winter. Und die sind einander völlig entgegengesetzt. Im Winter gibt es Temperaturen von minus zwanzig Grad, im Sommer haben wir plus zwanzig Grad. Im Winter ist es die meiste Zeit des Tages dunkel, im Sommer ist es die meiste Zeit des Tages hell. Darüber hinaus haben wir zwei spürbare Übergangszeiten, die wir uns als Frühjahr und Herbst vorstellen. Es erscheint mir sinnvoller, von Übergangsphasen als von Jahreszeiten zu sprechen, denn alles an ihnen deutet auf etwas anderes hin. Nur einmal inmitten der jeweiligen Übergangsphase kann man von einer eigenen Jahreszeit reden:

Der April verkörpert den Frühling. Der Oktober verkörpert den Herbst.

Diese Übergangsphasen sind genauso lang wie die eigentlichen Jahreszeiten. Der Winter endet im März, doch der Sommer beginnt nicht vor Juni. Der Sommer endet im September, aber der Winter kommt erst im Dezember. Diese Übergangsphasen sind deswegen so lang, weil in unseren Breitengraden die Temperaturunterschiede zwischen Sommer und Winter so groß ausfallen. Hier können wir vielleicht von einem besonderen Kennzeichen unseres Landes reden. Zwischen Sommer und Winter gibt es einen Temperaturunterschied von vierzig Grad, und es dauert eben etwas, eine ganze Landschaft von zwanzig Grad plus auf zwanzig Grad minus herunterzukühlen. Wenn wir von Jahreszeiten reden, denken wir an etwas Andauerndes und Stabiles. Skiverhältnisse im Winter und Badetemperaturen im Sommer. So gesehen können vielleicht nur die Monate Juli und August sowie Januar und Februar unserer Vorstellung von Jahreszeiten gerecht werden. Drei Wochen mit Badetemperaturen im Juli und August sowie drei Wochen mit guten Skiverhältnissen im Januar und Februar sind letztlich alles, worauf wir hoffen können. Vor diesen Wochen und nach diesen Wochen handelt alles von Veränderung.

Ich lief weiter an der Westseite des Sees entlang. Von dort aus stieg ich wieder bergauf, ging in den Wald hinein und marschierte los, bis ich die Spitze eines Hügels erreichte. Ich kam an einer kleinen Felskuppe vorbei, die zwischen den Fichten emporragte. Ich verhielt mich genauso wie ein Kind, wenn es etwas aus dem Boden ragen sieht: Ich kletterte hinauf. Die Felskuppe war von Moos und dichter Rentierflechte überzogen. Ich schwitzte und setzte mich auf meinen Rucksack. Die Sonne brannte so stark, dass ich meine Fleece-Jacke ausziehen und nur in meinem dünnen Wollpullover dasitzen konnte. Ich hatte von dort aus einen guten Ausblick auf den Wald im Osten und dachte, dies könnte vielleicht ein schöner Ort sein, um den Sonnenaufgang zu beobachten. Ich befand mich nicht weit entfernt von meinem Lagerplatz am Waldsee. Ich prägte mir die Stelle ein und beschloss, am folgenden Morgen, eine ganze Weile, bevor es hell würde, zurückzukommen. Ich wusste nicht genau, wie ein Sonnenaufgang im Oktober wohl aussehen würde. Und vor allem: Wann konnte man ihn erwarten? Vor ein paar Tagen waren die Uhren auf Winterzeit gestellt worden, es würde demnach irgendwann zwischen sieben und halb acht hell werden, vermutete ich.

Ich setzte meinen Weg bis um drei Uhr nachmittags fort. Dann schlug ich die Richtung zu meinem Lagerplatz am See ein.

Die Natur ist ein Kreislauf, und die Pappscheibe, die wir im Kindergarten ausgeschnitten hatten, hatte so gesehen mehr beinhaltet, als ich damals zu verstehen imstande war. Nur ganz oben und ganz unten auf dieser Pappscheibe gab es Hoffnung auf Beständigkeit. Darüber hinaus ist alles andere im Übergang begriffen. Ich habe herauszufinden versucht, was diese Übergänge kennzeichnet, und bin zu der Erkenntnis gelangt, dass der einzige beständige Faktor das Licht ist. In der Natur gibt es keine anderen vorherbestimmbaren Faktoren, nur das Licht. Alles andere macht einfach, was es will.

August und Februar kündigen etwas Neues an. Noch immer ist es Sommer beziehungsweise Winter, aber dennoch wird erstmals etwas anderes angedeutet. März und September gleichen einander vor allem in einer Hinsicht: Sie sind unbeständig und launenhaft. Es kann dann warm, aber genauso gut kalt sein. Auf welche Seite des Netzes der Ball nun fällt, ist unmöglich vorherzusehen, es variiert von Jahr zu Jahr, von Woche zu Woche, von einem Tag zum anderen. April und Oktober hingegen repräsentieren die tatsächlichen Wendepunkte.

Dazu kommt, dass Licht und Temperatur nicht aufeinander abgestimmt in Erscheinung treten. Das Licht kommt vor den Temperaturen, sodass man das Licht als Ursache und die Temperaturen als Wirkung bezeichnen könnte. Erd- und Wassermassen müssen

aufgewärmt und abgekühlt werden, und das nimmt Zeit in Anspruch. Deswegen ist der hellste Tag des Jahres auch nicht der
wärmste, der kommt nämlich gern erst einen Monat später.

All das war mir im Laufe der ersten neun Monate der Expedition langsam aufgegangen, und jetzt, auf der zehnten Etappe
schrieb ich es auf, gerade als ich mich am Wendepunkt zwischen
zwei Jahreszeiten befand.

Seit meinem September-Aufenthalt war niemand mehr am Waldsee gewesen. Nicht die geringste Spur verwies auf die Anwesenheit
von Menschen, und der halb verbrannte Stock lag immer noch an
genau derselben Stelle, wo ich ihn zurückgelassen hatte. Ich war
erleichtert und brauchte mir an diesem dunklen Abend also keine

Geschichten über zwielichtige Gestalten auszudenken, die hier am gleichen Feuer wie ich gesessen und geheimnisvolle Pläne ausgeheckt hatten.

Wie beim letzten Mal baute ich Zelt und Tarp auf und legte alles hinein. Dann blieb ich draußen sitzen und genoss die letzten Sonnenstrahlen. Am See hatten alle Laubbäume ihre Blätter fast vollständig verloren, der Waldboden war feucht und übersät mit verrottender Vegetation. Das Licht fiel schräg auf die Landschaft und ließ alles in der Natur schwerer und deutlicher erscheinen. Auf der ruhigen Oberfläche des Waldsees waren sogar winzige Mücken erkennbar, und im späten Licht trieben feine Spinnweben an mir vorbei.

Die Dämmerung setzte schon gegen halb fünf ein. Unmittelbar danach wurde es kälter. Ich suchte ein paar trockene Fichtenzweige zusammen. Das übrige Holz war feucht und halb verrottet, aber mithilfe von etwas Birkenrinde und guter Vorbereitung konnte ich schließlich ein Feuer entfachen. Aber wie das mit Lagerfeuern so ist: Du denkst, du hast es in Gang gebracht, und das stimmt auch, aber du hast kein ordentliches Grundfeuer hinbekommen. Nur die trockenen Zweige brennen, und sobald die verbrannt sind, was in der Regel nie lange dauert, erlischt das Feuer wieder. Zwar weiß ich das alles, neige aber grundsätzlich dazu, solche Dinge zu vergessen. Ich war zu optimistisch, meine Vorarbeit war nicht gut genug gewesen, ich hatte nicht genügend trockenes Holz als Reserve zur Verfügung. Wie immer zündete ich das Feuer zu früh an.

Ungeachtet all dessen erreichte das Feuer schließlich die erforderliche Grundtemperatur. Es knackte und zischte und wärmte mich. Außerhalb des Lichtkegels war es schon um sechs Uhr stockfinster. Viel dunkler als im Januar, denn jetzt lag ja noch kein Schnee. Die Nacht war sternenklar. Direkt über mir kam der Große Wagen zum Vorschein, und ich grübelte darüber nach, wieso ausgerechnet dieses Sternbild jedes Mal über mir am Himmel auftaucht. Ich musste nur den Kopf heben, und schon waren die sieben Sterne in ihrer unverkennbaren Anordnung zu sehen.

Als ich gegen sieben ins Zelt schlüpfte, sah ich, dass sich schon der erste Raureif gebildet hatte. Wie vorhergesagt, herrschten also Minusgrade. Aber ich hatte ja meinen orangefarbenen Schlafsack dabei und fürchtete die Kälte nicht. Zum Zeitvertreib hatte ich ein Buch sowie zwei Fläschchen Underberg mitgenommen.

Im Laufe der Nacht hörte ich den Regen auf das Zeltdach tropfen. Das Wetter war genau wie vorhergesagt. Kaum zu fassen, wie schnell es sich geändert hatte. Als ich mich hingelegt hatte, war es sternenklar und eiskalt, in den folgenden Stunden war es sogar noch kälter geworden. Aber während ich schlief, hatte sich der Himmel wieder bewölkt, und es war milder geworden.

Ich verzehrte mein Frühstück im Zelt. Die ganze Zeit hörte ich den Regen aufs Dach fallen. Es graute mir davor, ins Freie zu treten. Schnell suchte ich meine Ausrüstung zusammen, stopfte alles in den Rucksack und zog mir meine dicken Sachen an inklusive Allwetterjacke und -hose. Dann trat ich aus dem Zelt, packte auch dieses zusammen und begab mich zu dem Aussichtspunkt, den ich am Tag zuvor entdeckt hatte.

Ich war ziemlich sicher, dass ich der einzige Mensch war, der gerade durch die Nordmarka wanderte, an einem Werktag, um sechs Uhr morgens und zu dieser Jahreszeit. Der Oktoberregen war eiskalt. Schwerer dichter Nebel hing über den Fichten. Es war gerade erst ein ganz wenig hell geworden. Aus purem Trotz stapfte ich zu meinem Aussichtspunkt. Ich hatte eine Flasche Moorwasser im Rucksack, gleich unter der Abdeckung lagen Gaskocher und Streichhölzer bereit. Sollte die Sonne sich nicht blicken lassen, müsste ich mich mit Kaffee und Snus begnügen. Während ich über Rentierflechten und Moos durch den feuchten Wald lief, dachte ich, dass der Übergang von September zu Oktober heftiger ausgefallen war, als ich erwartet hatte. Es gemahnte deutlich an eine unausweichliche Tatsache: Die Kälte würde die Wärme besiegen, eine neue Jahreszeit stand definitiv vor der Tür.

November

Der letzte Mensch auf Erden

Die meisten Gefühle veranlassen zu einer Handlung; man kann nicht
wollen, *bevor man fühlt. Gefühle wie Nostalgie und ihre engen Ver-*
wandten Sentimentalität, Wehmut und Melancholie bewirken Stillstand. *Passen sie überhaupt in ein biologisches Schema?*

Dag O. Hessen, *Natur – Hva skal vi med den?*

Ich kann mich nicht erinnern, jemals längere Zeit im November
im Wald verbracht zu haben. Ich habe versucht, einen Grund dafür zu finden, weshalb ich es gleichwohl getan haben könnte. Ein
Naturphänomen, das zu dieser Jahreszeit eintrifft, oder eine Aktivität, die dann am besten durchgeführt werden kann. Ich habe nachgedacht, aber mir ist nichts eingefallen. Im November geschieht in
der Natur rein gar nichts. Daher wurde die vorletzte Etappe meiner
Mikroexpedition die sowohl ereignisärmste als auch die exotischste.

Ich werde versuchen, mich kurz zu fassen. Da es um den November geht, scheint mir das aus irgendeinem Grund angemessen zu
sein. Der November ist so etwas wie ein Nullpunkt in unserem
Kalenderjahr. In der Natur ist der Herbst rein visuell bereits abgeschlossen. Die für den Menschen sichtbaren Veränderungen haben

längst stattgefunden. Die Bäume haben ihr Laub verloren, die Zugvögel sind gen Süden geflogen. Die Insekten sind verschwunden. Die Fische kommen nicht mehr an die Oberfläche. Die Brunftzeit der Säugetiere ist vorüber. Alle Pflanzen sind verwelkt. Die Amphibien halten Winterschlaf. Und einige Geschöpfe sind näher an die Stadt herangezogen.

Die Kohlmeise tauchte wieder in unserem Garten auf. Ich deutete das als Zeichen dafür, dass das Jahr in der Natur jetzt abgeschlossen war, obwohl noch zwei Monate ausstanden. Die beiden dunkelsten Monate des Jahres, November und Dezember, Monate mit Namen, »die wie Bedrohungen klingen«, schrieb der Krimiautor Sven Elvestad einmal.

In der Nacht zum 11. November kam der erste Nachtfrost. Sofort berührten die Kinder das Treppengeländer mit der Zunge, und ich dachte, dass einige Angewohnheiten der Menschen sich wohl niemals ändern werden. Eine dünne Eisschicht legte sich über den Asphalt und machte die spiegelglatten Straßen völlig unpassierbar. Eine Woche lang herrschten Minusgrade, dann wurde es wieder milder. In den wenigen Stunden, in denen sie sich über dem Horizont befand, schien die Sonne, der Boden taute auf und wurde zum x-ten Mal in diesem Herbst völlig matschig.

Ich gebe es gern zu: Angesichts immer kürzerer Tage und immer niedrigerer Temperaturen sank meine Motivation, mich für die elfte Übernachtung dieses Jahres in den Wald zu begeben. Jetzt war die Jahreszeit gekommen, in der es am klügsten schien, sich abends im Haus aufzuhalten. Tee zu trinken, Feuer im Kamin zu machen. Bücher zu lesen und Fernsehserien anzuschauen. Als ich an die bevorstehende Tour dachte, verspürte ich in erster Linie ein leichtes Unbehagen. Es fehlte mir an der Begeisterung, die ich zu Beginn des Jahres an den Tag gelegt hatte. Zwar war es im Januar viel kälter als jetzt gewesen, noch dazu hatte meterhoher Schnee gelegen, aber dennoch – oder vielleicht gerade deswegen – war ich erpicht darauf gewesen, draußen zu schlafen. Im Januar musste ich mir und allen anderen etwas beweisen, jetzt allerdings wusste ich genauer, was mich erwartete. Ich war nicht mehr so neugierig und glaubte auch nicht, dass der November etwas bieten könnte, das ich nicht bereits im Oktober erlebt hatte. Das Einzige, was mir dazu einfiel, waren Dunkelheit und körperliches Unwohlsein.

Falls es nun nicht bald zu schneien begann, würde der Dezember vermutlich genauso düster werden, denn in der Natur ähneln sich diese beiden Monate. Die Arbeit war getan, das Jahr so gut wie vollbracht. Jetzt ging es nur noch darum, das Ganze mit einer weißen Schicht zu bedecken, aber wann das genau geschehen würde, war unmöglich vorherzusagen.

Es grauste mir vor der kommenden Tour, aber ich erzählte niemandem davon, natürlich nicht. Im Laufe des Jahres hatte ich immer mehr Anfragen von Leuten erhalten, die wissen wollten, wo und wie sie am besten im Wald übernachten könnten, und viele fragten, welche Ausrüstung dafür nötig sei. Außerdem hatten sich einige Menschen bei mir gemeldet, die sich entschieden hatten, es mir nachzumachen. Einige Male hatte ich bemerkt, dass mir diese Leute mit einem gewissen Respekt begegneten, als wüsste ich etwas, was sie nicht wussten. Für einen Augenblick fürchtete ich, dass ich gerade dabei war, der unfreiwillige Anführer einer neuen Befreiungsbewegung zu werden. Aber vielleicht ging da nur meine Fantasie mit mir durch. Vielleicht verwechselte ich Respekt mit Unsicherheit sowie Verwunderung darüber, weswegen ich ständig mutterseelenallein im Wald übernachtete. Ich wusste es nicht, glaubte aber, möglichst souverän auftreten zu müssen und keinesfalls Zweifel oder Schwäche erkennen lassen zu dürfen. Somit erzählte ich jedem, der mich weiterhin fragte, wie es denn um meine Mikroexpedition stehe, dass alles ganz ausgezeichnet sei und ich mich darauf freute, im November allein im Wald zu übernachten, eben weil es dann so kalt und dunkel sein würde.

Das Monatsende rückte näher, doch trotz meines größer werdenden Widerwillens suchte ich mir schließlich einen Tag aus, der zu passen schien. Es herrschte eine allumfassende Dunkelheit. Sogar morgens auf dem Weg zum Kindergarten und zur Schule war es noch nicht hell. Und wenn wir nachmittags gemeinsam zum Essen um den Tisch saßen, war es draußen vor den Fenstern schon wieder stockdunkel. Doch dann geschah etwas. Obwohl es bewölkt war, sanken die Temperaturen erneut unter null. Dann kam der Schnee. Nicht viel, aber etwas. Zwei Zentimeter Neuschnee, die wegen des gefrorenen Bodens liegen blieben. Der Schnee bildete eine zarte dünne Decke, die sich über die Wege und Rasenflächen unserer Nachbarschaft legte und alles heller und angenehmer wirken ließ. Man müsste sich nicht mehr über verdreckte Schuhe und durchnässte Jacken ärgern. Doch am wichtigsten: Dieses kleine meteorologische Ereignis verschaffte mir genau den nötigen Motivationsschub, um vom Sofa hochzukommen und zum vorletzten Mal in diesem Jahr in den Wald aufzubrechen.

Der Forstweg war so hart wie das Parkett eines Handballfeldes. Ich hatte die Iditarod-Stiefel vom Dachboden geholt und war sehr gespannt darauf, ob sie noch knirschen würden. Das taten sie nicht. Auf dem harten Untergrund waren die Stiefel weich wie Butter. Ein halbes Jahr auf dem Dachboden hatte anscheinend ein Wunder bewirkt, und sogar der große Rucksack gab keinen Ton von sich.

Ich stapfte vorwärts. Ich hatte beschlossen, dieses Mal direkt zu meinem Rastplatz zu gehen und dort eine Pause einzulegen, um nachzusehen, wie es dort im November aussah, und dann weiter zu meinem Waldsee zu laufen. Dort wollte ich dann mein Zelt aufschlagen und so bald wie möglich schlafen gehen. Ganz bewusst war ich an diesem Morgen besonders früh aufgestanden und hoffte daher, auch extra früh müde zu werden. Ich wollte, um es so auszudrücken, diese Tour einfach hinter mich bringen.

Wieder einmal war es ein gewöhnlicher Wochentag. Ich erwartete nicht, irgendeinem Menschen im Wald zu begegnen, und das geschah auch nicht. Nichts rührte sich, alles war still. Der wenige Schnee trug dazu bei, eine schaurig anmutende Landschaft zu erhellen, die von Grautönen dominiert wurde. Ich hatte das Gefühl,

in den Ruinen eines Sommers umherzustreifen. Es war, als wäre ich eine Person in Cormac McCarthys Roman *Die Straße*, als liefe ich durch eine verbrannte Welt nach der Katastrophe. Ich war der letzte Mensch auf Erden. Kein Laut, keine Bewegung, kein Anzeichen von Leben. Ich wusste, dass auch in der novemberlichen Natur einiges vor sich ging, eine wichtige Basisarbeit, nämlich die Vorbereitungen für das nächste Frühjahr. Unter anderem werden in dieser Zeit bereits die meisten Knospen gebildet. Sie halten sich während des Winters bereit, um hervorzuspringen, wenn Licht und Wärme signalisieren, dass die rechte Zeit gekommen ist. All das vollzog sich, während ich durch den Wald lief, doch fand es vor mir verborgen statt und trug nur wenig dazu bei, diese Wanderung angenehmer zu gestalten.

Am Rastplatz gab es wenig Neues. Der Weiher war nicht zugefroren, ja, nicht einmal an den Rändern des kleinen Flusses gab es Eis. Die Wasseramseln, die im Winter hier gewesen waren, konnte ich nicht entdecken, doch in den kahlen Birken auf der gegenüberliegenden Uferseite hockten ein paar Krähen. Mehrmals hoben sie kurz ab und ließen sich dann wieder nieder, ich hörte ihr typisches *Kra-Kra*, was jetzt so klang, als stritten sie sich. Der Anblick der Krähen vor dem weißen Himmel verstärkte die Stimmung von Abschluss und Niedergang.

Ich setzte meinen Weg fort. Als ich die Stelle erreichte, wo ich vom Forstweg auf den Pfad abbiegen musste, der mich zum Waldsee führte, erlebte ich eine Überraschung. Obwohl es bereits vor zwei Tagen geschneit hatte, gab es in der dünnen Schneeschicht weder Spuren von Menschen noch von Tieren. Es war zwar streng genommen keine Überraschung, aber dennoch freute ich mich darüber. Ich machte es genauso wie im März: Ich sprang, so weit es ging, unter die mächtigen Fichten, sodass mich meine Spuren nicht verraten würden. Von da aus ging ich über den gefrorenen Boden weiter in den dichten Wald hinein.

Als ich zum Waldsee kam, erlebte ich noch eine freudige Überraschung. Wie sich zeigte, war der See zugefroren und von einer dünnen Schneeschicht bedeckt. Ich bekam sofort bessere Laune. Seit meinem letzten Aufenthalt hatte sich also eine kleine positive Entwicklung vollzogen. Denn wenn du im November an einem kleinen Waldsee übernachten willst, ist es schon ein großer Unterschied, ob du dich an einem zugefrorenen See mit weißem Neuschnee oder an einem offenen See mit dunklem, öligem Wasser befindest.

🌰

In den herbstlichen Mußestunden zu Hause hatte ich *Natur – Hva skal vi med den?* (Natur – Was sollen wir damit?), ein Buch des Biologieprofessors Dag O. Hessen gelesen. Auch jetzt hatte ich es dabei. Es ist voller interessanter Betrachtungen über die Natur und das Verhältnis des Menschen zu ihr. Dabei geht es primär um Umweltschutz. Hessen liefert gute, grundsätzliche Antworten auf die Frage, wieso wir die Natur schützen müssen, und erläutert, dass wir nicht nur deshalb von ihr abhängig sind, weil sie uns Nahrung und andere notwendige Rohstoffe zur Verfügung stellt, sondern auch weil sie uns Erlebnisse verschafft. Der Autor ist nicht nur Forscher, sondern auch Naturmensch, ein Akademiker, der ein emotionales Verhältnis zur Natur hat. Und genau das, so sagt er, war der wichtigste Grund für ihn, dieses Buch zu schreiben. Die Tatsache also, dass er trotz seiner Ausbildung in einer streng wissenschaftlichen Disziplin, bei der empirisches Beweismaterial Voraussetzung für alle Theorien ist, dennoch Natur mit Gefühlen assoziiert. Hessen beschreibt sehr eindrucksvoll, wieso er sich immer zur Natur und ihren vielen verschiedenen Phänomenen hingezogen fühlte. Und in einer Passage, in der er mich geradezu persönlich anzusprechen schien – vermutlich weil ich sie im Herbst las –, schreibt er über das emotionale Dreigestirn aus Melancholie, Nostalgie und Wehmut.

Nostalgie ist ein interessantes Gefühl, weil sie keine rationale Ursache hat. Die meisten Gefühle fungieren als evolutionäre Kompassnadeln für

die richtige Entscheidung: Hunger, Begierde, Wut, Freude, Furcht, Ver-
liebtheit, Aggression – sie alle sind neurologische Prozesse, die im Gehirn
von Hormonen und Signalstoffen im Hinblick auf die evolutionär rich-
tige Wahl dirigiert werden. (…) Nostalgie hat (hingegen) keinen offen-
sichtlichen Nutzen, ebenso wenig wie Melancholie.

Weshalb existieren diese Gefühle in uns, wenn sie keine evolutionäre Funktion oder keinen Zweck erfüllen?, fragt Hessen. Es sind
keine produktiven Gefühle, sie spornen nicht zu einer Handlung
an, eher im Gegenteil. Der Nostalgiker ist in seinem Wesen inaktiv.
Er verharrt bei dem, was war und woran man schon lange nichts
mehr ändern kann. Aus biologischen Gesichtspunkten ist das eine
Tätigkeit, die zu nichts führt. Man denke an einen Elch, der sich anstatt zu fressen und für die im Winter notwendige Fettschicht zu
sorgen, an einem Novembertag einfach hinlegt und all den herrlichen Sommerabenden am See nachtrauert. Der also einfach dort

liegen bleibt, an die schöne Zeit zurückdenkt und sich fragt, wozu die ganze Plackerei eigentlich gut sein soll, und der sich vielleicht auch die wichtigste Frage im Elchdasein stellt und im schlimmsten Fall zu der Erkenntnis kommt, dass dieses Dasein absolut sinnlos ist. Falls ein Elch jemals auf so eine Idee kommen sollte, würde die Natur ihn schnellstens aus ihren Reihen verbannen. Er würde unmittelbar bestraft werden, er würde verhungern, er würde gefressen werden, und noch vor dem nächsten Frühling wäre er vergessen.

Ich baute das Zelt am selben Platz wie zuvor auf, umging aber den kleinen Felsrücken, der meiner Liegematte im September den Garaus gemacht hatte. Alle meine Sachen legte ich ins Zelt, das Hessen-Buch in die kleine Tasche am Kopfende, außerdem den Daunenschlafsack und eine neue, billige und dicke Liegematte aus gutem alten Schaumgummi. Als alles für die Nacht vorbereitet war, ging ich hinunter, um mir das Eis anzusehen. Der Moorsee knackte genauso wie im April. Leichter, trockener Schnee bedeckte die Eisfläche. Der eine oder andere gelbe Grashalm ragte daraus hervor, und ich sah ein paar winzige Spuren, die wohl von Vögeln oder vielleicht einer Maus stammen mussten. Ich lief zurück zum Zelt und nahm trockene Birkenscheite aus dem Rucksack. Es war zwei Uhr. Um vier würde es dunkel sein.

Die Zeit wurde knapp, daran bestand kein Zweifel. Alle, die schreiben, wissen, dass es einfacher ist, über Trauriges zu schreiben als über Glückliches. Als ich nun mit meinem Notizblock auf dem Schoß dasaß, hatte ich das Gefühl, dass mir die ganze Situation Reflexionen abnötigte, die ich nicht hatte. Ich hockte am Feuer und versuchte, mir etwas Schlaues auszudenken, das ich nicht schon drei- oder viermal zuvor aufgeschrieben hatte.

Obwohl es noch hell war, wirkte der Fichtenwald völlig dunkel. Das Licht war flach und tot. Es war einfach nur da, traf auf nichts, warf keine Schatten, vermittelte kein Gefühl von Tiefe, wie man es an klaren, sonnigen Herbsttagen erleben kann. Unmöglich, nicht eine gewisse Wehmut zu verspüren. Hätte ich Gesellschaft gehabt, wäre es anders gewesen. Auch wenn ich es nicht länger schaurig fand, allein im Wald zu sein, fühlte ich mich dennoch einsam und in gewisser Weise nackt. Ich konnte zwar reden, aber es gab niemanden, der mir zuhörte. Wäre ich nicht im Funkloch gewesen, hätte ich jemanden anrufen können, aber es hätte nur unmelodiös und scheppernd geklungen, an einem Ort wie diesem zu telefonieren.

Der Lagerplatz war in keiner Weise aufregend. Er wirkte gewöhnlich, ja geradezu langweilig. Dennoch wurde ich den Gedanken nicht los, dass dieser Ort sich seit Urzeiten nicht verändert hatte. Er hatte etwas Episches an sich. Jedes Mal, wenn ich darüber nachdachte, verstärkte sich mein Eindruck, dass dieser Ort mit seinen Steinen und Felsen und seinem Moor und seinem See schon immer genauso dagewesen war wie jetzt, ebenso wie die Kiefer, bei der ich im September mit meiner Zuckmücken-Imitation eine Forelle gefangen hatte. Die Kiefern wurden älter, das Exemplar unten am See konnte hundert Jahre alt oder noch älter sein. Irgendwann einmal war dort unten an der Bucht ein Samen auf der Erde gelandet, vielleicht zu der Zeit, als die Union mit Schweden aufgelöst wurde, oder während der Napoleonischen Kriege. Vermutlich war er in der Nähe herabgefallen, von einer der anderen Kiefern, die, nun schon lange abgestorben, in den weichen Waldboden gesunken und verschwunden war. Der Samen war aufgegangen, ein grüner Sämling erschien, er wuchs und entwickelte sich zu einer kleinen Kiefer, die im Laufe der Jahre immer größer wurde. Und immer hatte sie hier gestanden, direkt am See, still und reglos, jahrein, jahraus.

Obwohl es der Nostalgie an irgendeiner Funktion mangelt, stellt sich die Frage, wieso der Mensch im Herbst dennoch dieses Gefühl von Traurigkeit verspürt. Liegt es an der Dunkelheit? Am Regen? Oder geht es um die unausweichliche Tatsache, dass die Natur verfällt, dass alles welkt und stirbt?

Laut Biologieprofessor Hessen kann das Gefühl der Nostalgie nicht evolutionär erklärt werden. Ich habe nicht die Absicht, seine Aussage infrage zu stellen. Gleichwohl glaube ich, dass dieses Gefühl der Wehmut für irgendetwas gut sein muss. Ich kenne es auch, und immer ist es im Herbst besonders ausgeprägt. Es ist eine undefinierbare Sehnsucht nach etwas, das gewesen war und jetzt nicht mehr ist. Es hat mit meinen Erinnerungen zu tun, mit meinen Vorstellungen darüber, wer ich jetzt bin und wer ich früher gewesen bin. An dieser Stelle unterscheide ich mich von dem fiktiven Elch und allen anderen Geschöpfen, die mich in der Natur umgeben.

Eine Vorstellung von sich selbst und seinem Platz in der Welt zu haben ist das Alleinstellungsmerkmal des Menschen, darüber definiert er sich. Wir besitzen ein Gedächtnis, was allerdings auch bis zu einem gewissen Grad bei vielen Tieren der Fall ist. Doch was uns von ihnen unterscheidet, ist die Tatsache, dass wir ein Selbst haben, wie es in der Psychologie heißt. Wir haben eine Vorstellung davon, wer wir sind und wer wir nicht sind, und das nicht nur als isolierte, biologische Wesen, sondern auch im Verhältnis zu allem anderen um uns, sowohl Mensch als Natur.

»Die Natur weiß kaum, was eine Landschaft ist«, schreibt der Literaturwissenschaftler Henning Howlid Wærp in seiner Doktorarbeit über Naturlyrik. Eine Kohlmeise, die einen Samen aus einem Tannenzapfen pickt, hat keine Vorstellung davon, dass dort gerade eine Kohlmeise einen Samen aus einem Tannenzapfen pickt. Sie hat keine Vorstellung von sich selbst als Teil der Welt, sie ist nicht mit der Fähigkeit gesegnet – oder geschlagen –, sich selbst von außen zu betrachten. Sie ist nicht fähig zur Reflexion und hat somit in gewisser Weise auch keinen freien Willen. Sie handelt aus grundsätzlichen Instinkten, die ihr sagen, was sie wann und wie tun muss. Das ist alles.

In so einem Leben ist kein Platz für Nostalgie, so etwas findet sich nur beim Menschen. Wir haben ein Selbst und besitzen einen freien Willen. Jederzeit haben wir die Wahl: Soll ich das machen oder es sein lassen? Durch unsere Wahl stecken wir langsam den Kurs für unser Leben ab, wobei dieser Kurs jederzeit ein anderer hätte sein können, vielleicht ein anderer hätte sein müssen. Es gibt keine Antwort, es gibt nur tausend Fragen, der Zweifel hat stets die besten Wachstumsbedingungen, und der Herbst, vielleicht besonders der November, ist eine perfekte Kulisse, um diesem Zweifel Ausdruck zu verleihen. Und somit auch der Nostalgie. Und der Melancholie. Und der Wehmut. Der berühmte Satz des französischen Philosophen René Descartes »Ich denke, also bin ich« hätte genauso gut »Ich bereue, also bin ich« lauten könne. Oder: »Ich sehne mich, also bin ich.« Oder: »Ich vermisse, also bin ich.«

Um vier Uhr war es dunkel. Es war kalt, wenngleich bewölkt. Alle natürlichen Lichtquellen waren verdeckt, nur der Schnee ließ alles etwas weniger schwarz wirken. Ich blieb am Feuer sitzen, bis nur noch Glut übrig war. Da jetzt keine Waldbrandgefahr mehr bestand, ließ ich sie liegen. Ich kroch ins Zelt und in meinen Schlafsack, nahm Hessens Buch hervor und las vier Stunden, bis es Zeit war, die Augen zu schließen.

Ich knabberte Erdnüsse und las über Nostalgie. Die Tatsache, dachte ich, dass dieses Gefühl einen so zentralen Teil unseres emotionalen Repertoires ausmacht, muss doch bedeuten, dass es eine Funktion hat. Wie üblich kann ich natürlich nur für mich selbst sprechen, aber während ich da im Zelt lag, schien es mir, als hätte dieses Gefühl mit meinen Erinnerungen zu tun, mit der Wahrnehmung der vergehenden Zeit. Der November gemahnt permanent an die vergehende Zeit und ist so gesehen ein Monat, der den perfekten Hintergrund für Nostalgie bildet. Doch welche Funktion kann die Nostalgie, biologisch betrachtet, haben? Es muss wohl so sein, dass sie dem Menschen eine Art von Reflexion aufzwingt, einen mentalen Rückblick auf sein bisheriges Leben und eine Vorbereitung auf das weitere. Auf die Wahl, vor der wir im nächsten Jahr stehen, sodass diese auf einer solideren Grundlage als der bisherigen erfolgen kann und somit die Art gesichert wird. Nostalgie ist Denken. Und Denken ist des Menschen größter Vorteil im Kampf ums Dasein.

Eine ganze Weile las ich in Hessens Buch. Gegen neun Uhr stopfte ich das Buch in die kleine Tasche des Innenzelts und schaltete die Stirnlampe aus. Es war kalt. Ich musste eine Mütze aufsetzen und mir den Schlafsack über den Kopf ziehen, damit mir wärmer wurde.

Unabhängig davon, wann ich schlafen gehe, wache ich immer früh auf, was bedeutet, dass ich abends früh müde werde. Ein klarer Vorteil, wenn man im November allein in einem Zelt übernachtet.

Ich schlief gegen zehn Uhr ein und wachte einige Stunden später wieder auf, weil das Licht zurückkam. Es machte mir nichts aus. Schließlich war es Morgen, und da ist alles etwas einfacher. Alle Anfälle von Melancholie waren verschwunden. Schon am Abend hatte ich den Kaffee vorbereitet, musste mich jetzt also nur zur Seite beugen, den Reißverschluss aufziehen und das Feuer anzünden. Snus und Kaffee. Danach konnte ich mich im Schlafsack zurücklegen und noch eine Weile vor mich hin dösen. Dann hieß es aufstehen, anziehen, raus aus dem Zelt und den Kopf in die kalte Novemberluft halten. Mein Körper fühlte sich steif und schwerfällig an, ich musste mich ein paarmal schütteln, aber schließlich kam ich wieder auf Touren, so wie immer.

Ich verließ den Lagerplatz so, wie ich ihn vorgefunden hatte. Jetzt, sagte ich zur mir selbst, steht nur noch eine Nacht aus, und dann ist auch diese Mikroexpedition Geschichte, etwas, woran du mit Wehmut und Nostalgie zurückdenken kannst.

Um warm zu werden, lief ich schnell. Noch war es nicht ganz hell geworden. Ich sah nichts, und ich hörte nichts anderes als meine eigenen Schritte. Ich dachte an zu Hause und freute mich darauf, wieder heimzukehren. Nicht so sehr, weil es dort warm, sondern weil es dort hell sein würde. In kleinen Portionen genossen ist Nostalgie recht schön, vielleicht ist sie sogar wichtig. Aber sie kann schnell überhand nehmen, und glücklicherweise gehört sie zu den Gemütsregungen, die in hellen Umgebungen schlechter gedeihen.

Ende und Anfang

Und Mensch, hier denke ich an dich. Von allen Lebewesen auf der Welt bist du zu beinahe nichts geboren. Du bist weder gut noch böse, du bist geworden, ohne ein bestimmtes Ziel. Du kommst aus dem Nebel und gehst wieder in den Nebel zurück, so herzlich unvollkommen bist du.

Knut Hamsun, *Auf überwachsenen Pfaden*

Die Natur ist ein Kreislauf. Sie hat keinen Anfang und kein Ende. Sie bewegt sich nirgendwohin und kommt von nirgendwoher. Licht löst Dunkelheit ab, auf Wärme folgt Kälte. Frühling, Sommer, Herbst, Winter. Und dann abermals Frühling.

Die Natur hat ihre eigene unabänderliche Logik, und inmitten dieses Kreislaufs leben die Menschen. Ein paar Jahre sind wir dabei, dann sterben wir, und andere Menschen nehmen unseren Platz ein. Wir bekämpfen die Natur. Wir schirmen uns, so gut es geht, von ihr ab, halten sie fern von unseren Städten, unseren Häusern, unseren Körpern. Dennoch träumen wir von ihr, und manchmal betreten wir sie auch, aber am liebsten dann, wenn sie mild und vorhersehbar ist. Wenn die Natur in Rage gerät, verstecken wir uns voller Furcht und fragen uns, was wir tun können, um sie zu besänftigen.

Ein Freitag Ende Dezember. Einer der dunkelsten Tage des Jahres. Der Schnee vom November war nicht liegen geblieben. Ein paar Tage nachdem ich von meiner letzten Übernachtung nach Hause gekommen war, kehrten Regen und mildere Temperaturen zurück. Seitdem war es feucht und grau gewesen. Die denkbar schlechtesten Voraussetzungen für eine Übernachtung im Zelt.

Es ist Morgen. Ich sitze auf einem großen Stein im südöstlichen Winkel der Nordmarka. Zum zwölften und letzten Mal in diesem Jahr bin ich im Wald erwacht. Jetzt ist Schluss damit. Die Mikroexpedition ist vorüber. In Kürze schlendere ich nach Hause, begrüße Trude und die Kinder, übertreibe, wenn sie fragen, wie kalt es gewesen ist, und hänge wie üblich Zelt und Schlafsack zum Trocknen auf. Danach verstaue ich sie auf dem Dachboden, wo auch meine übrige Ausrüstung landet. Das überdimensionierte Messer, das weder zum Schnitzen noch zum Abschlagen taugt. Die Stirnlampe, die sich in die Kopfhaut drückt und ständig nach unten rutscht, sodass sie nur meinen Bauch anleuchtet. Alle Wollsachen

und Fleece-Schichten, die ich so sehr zu schätzen gelernt habe. Die wattierte Stepphose, die selbst dann noch wärmt, wenn sie nass ist, und die Gamaschen, die ich nie benutzt habe. Primaloft und Gore-Tex, Thermotasse und Sturmfeuerzeug. Die Iditarod-Stiefel, die mit jedem zurückgelegten Schritt bequemer werden, und die Liegematte, die verfluchte Liegematte, neongelb und affektiert, so superleicht und superdünn, dass sie ständig irgendwo ein Loch bekam.

All diese Dinge und noch viele andere, die ich im Januar glaubte verwenden zu können, aber nie aus dem Rucksack genommen habe. Was hatte ich mir eigentlich gedacht, als ich sie kaufte? Hatte ich etwa geglaubt, eine ganze Ewigkeit unterwegs zu sein? Hatte ich geglaubt, mich in eine so gefährliche Situation zu begeben, dass diese Ausrüstung erforderlich, vielleicht sogar lebenswichtig sein würde? Wozu hatte ich ein superleichtes Handtuch aus Mikrofasern gekauft, wo ich doch sonst sogar bei Hochzeitsfeiern meine Hände an der Hose abtrockne?

Irgendwo in meinem Kopf gibt es darauf wohl eine Antwort, doch jetzt habe ich keinen Zugang mehr zu ihr. Aber das ist auch egal. Nun wird sie zusammen mit all der anderen Ausrüstung auf dem Dachboden verstaut, und dort soll sie erst einmal liegen

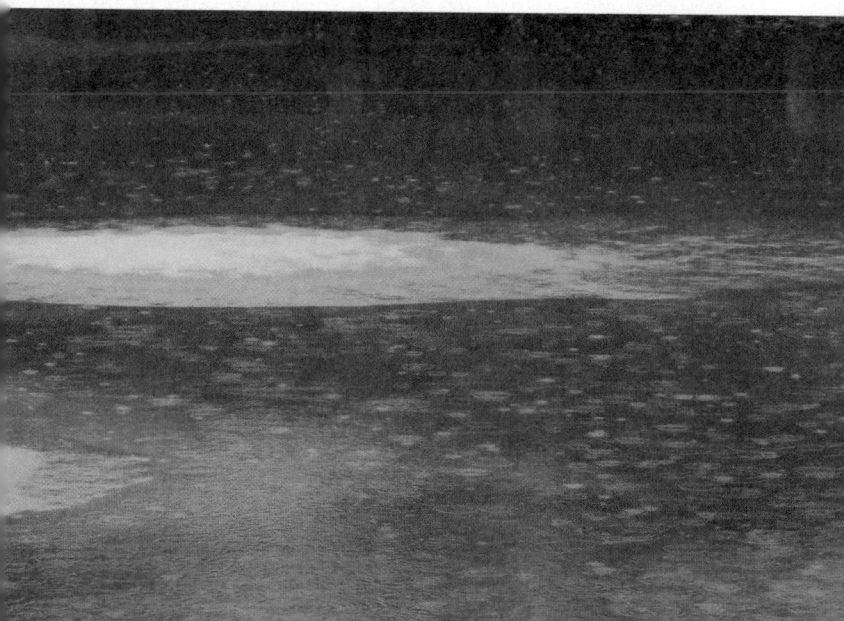

bleiben, bevor ich sie dann vielleicht irgendwann wieder hervorkrame.

🌰

Es ist neun Uhr, aber immer noch nicht richtig hell. Es regnet,
die Temperatur liegt bei null Grad. Kräftiger Wind. Obwohl ich
sie nicht sehen kann, höre ich das Rauschen der sich bewegenden
Baumwipfel. Die ganze Nacht hat es geregnet, alles ist nass.

Als ich gestern Nachmittag zum Lagerplatz am kleinen Waldsee
kam, wusste ich, dass mir eine Stunde blieb, bevor es ganz dunkel
sein würde. Der Regen war eiskalt. Es war nicht besonders gemütlich. Doch eines hatte ich im Laufe des Jahres gelernt: Im Wald gibt
es niemanden, der dir hilft, und nichts wird dadurch besser, dass du
Dinge auf die lange Bank schiebst. Alles muss zur rechten Zeit und
in der richtigen Reihenfolge getan werden, egal wie unangenehm es
dir erscheint.

Ich murmelte »first things first« vor mich hin, blies mir in die kalten Hände und kramte das Tarp hervor, diese rechteckige Zeltleinwand, von der ich so abhängig geworden bin. Es kann überall aufgebaut werden und schützt vor Regen und Wind. Für ein Leben in
freier Natur ist das Tarp der einfachste und beste Gegenstand, den
ich jemals besessen habe. Und einer der billigsten. Ich habe es für
unzählige Touren und Übernachtungen benutzt, über viele Jahre
hinweg, und es ist immer noch intakt, kein Riss, kein Loch, und das,
obwohl es häufig gefährlich nah am Feuer gestanden hat.

Ich befestigte es zwischen vier Fichten, bevor ich das Zelt auf-
schlug. Das Zelt ist so konstruiert, dass man zunächst das Innenzelt aufbauen muss, was besonders dann ungünstig ist, wenn es
regnet. Schon ein paarmal hatte ich erlebt, dass ich Wasser aus dem
Zelt schöpfen musste. So etwas ist nicht besonders spaßig, auch
nicht im Nachhinein betrachtet.

Im Schutz des Tarps baute ich das Zelt auf. Da der Boden hart und gefroren war, konnte ich die Heringe nicht einschlagen. Aber es ist ein selbststehendes Zelt. Solche Kuppelzelte sind meiner Meinung nach das Beste für gewöhnliche Aktivitäten im Freien. Sie stehen nicht nur selbstständig, sondern bieten normalerweise auch wesentlich mehr Kopffreiheit als die sogenannten Tunnelzelte, die meist ebenfalls angeboten werden. Ausreichende Deckenhöhe ist ein entscheidender Vorteil, vor allem wenn du viele wache Stunden in einem Zelt verbringen willst. Und wenn du im Dezember im Wald übernachten willst.

Schnell wurde mir klar, dass es sinnlos war, ein Feuer zu entfachen. Es regnete, der Wind blies, die Annehmlichkeiten eines Feuers wären gleich null gewesen. Um drei Uhr setzte die Dämmerung ein. Ich kroch ins Zelt, zog die nassen Sachen aus und holte meine Ersatzkleidung hervor. Das Wasser war in den Rucksack eingedrungen und hatte ihn völlig durchnässt, allerdings hatte ich die Ersatzkleidung in Plastiktüten verpackt. Da für den kommenden Tag ebenfalls Regen angekündigt war, musste ich die nassen Sachen trocknen. Ich hängte sie an die Zeltdecke und beschloss, alles in den Schlafsack zu packen, wenn ich mich hinlegen würde. Auch meine Unterhose war nass. Sie war aus Baumwolle. Als ich nun dort saß, konnte ich kaum glauben, dass ich es nach so vielen Übernachtungen immer noch nicht geschafft hatte, mir etwas anderen zu besorgen. Daher beschloss ich, mich gleich nach meiner Rückkehr in die Stadt für den Rest meines Lebens mit Wollunterhosen einzudecken. Ich zog die nasse Baumwollunterhose aus und legte sie draußen vor das Zelt. Sie würde ohnehin niemals trocknen. Vielleicht konnte ich sie ja am folgenden Morgen im Feuer verbrennen. Falls es draußen überhaupt trocken genug sein würde, um ein Feuer zu entfachen.

Um halb vier war es so dunkel, dass ich meine Stirnlampe einschalten musste. In der Stadt waren die Menschen noch bei der Arbeit, während ich im Dunkeln in einem kalten öden Wald hockte. Und was machst du, wenn du allein in einem Zelt sitzt und erst in sieben Stunden Schlafenszeit ist? Du liest. Und isst. Und liest. Dann räumst du ein wenig auf, isst etwas mehr und liest weiter. Und obwohl es dann gar nichts mehr aufzuräumen gibt, fängst du damit von vorn an. Im Laufe des Jahres habe ich übrigens die Erfahrung gemacht, dass es mir nie langweilig wird. Ganz und gar nicht, eher im Gegenteil. Die Zeit vergeht seltsam schnell, und mit jeder weiteren Stunde passe ich mich diesem ruhigen und völlig ereignislosen Leben besser an.

Bei all meinen zwölf Übernachtungen hatte ich ein paar Bücher dabei. Nicht alle habe ich gelesen, denn in Frühling und Sommer standen ja andere Dinge auf dem Programm, und ich befand mich nur wenige Stunden im Zelt oder unter dem Tarp, und auch nur dann, wenn ich schlafen wollte. Jetzt ist es anders, im Dezember kann ich all das lesen, wofür ich zu Hause zwei ganze Arbeitstage gebraucht hätte.

Für die letzte Etappe meiner Mikroexpedition habe ich mir einen der echten literarischen Leckerbissen zum Thema Leben im Freien aufgespart: Henry D. Thoreaus *Walden oder Leben in den Wäldern*. Das Buch ist die Bibel der Naturromantiker und wird immer noch in neuen Auflagen gedruckt, seit es vor über 150 Jahren zum ersten Mal erschien. Es berichtet von den beiden Jahren, die Thoreau in einer selbst gezimmerten Hütte am kleinen See Walden in der Nähe seiner Heimatstadt Concord in Massachusetts verbrachte. Ich habe es schon einmal gelesen, was aber inzwischen einige Jahre zurückliegt.

Ich krieche also in meinen Schlafsack und beginne im Lichtschein meiner Stirnlampe zu lesen, während ich den Regen auf das Zeltdach und das Tarp trommeln höre. Die Temperatur liegt bei ungefähr null Grad. Der Schnee vom November ist verschwunden. Mit etwas Glück fallen die Temperaturen im Laufe der Nacht, und der kalte harte Regen verwandelt sich in zarten Pulverschnee.

Um zehn Uhr knipse ich die Stirnlampe aus und ziehe mir den Schlafsack über den Kopf. Über Thoreau lässt sich eine Menge sagen, und viel wurde auch schon gesagt. Einige Zitate sind heute noch immer höchst aktuell, wie zum Beispiel jenes, das seinen Wunsch ausdrückt, »einfach« zu leben. Eine schöne Idee und ein Wunsch, den viele Menschen wohl teilen. Heutzutage liest kaum noch jemand *Walden* von vorn bis hinten, dazu wirkt das Buch ein bisschen zu penibel und langatmig. Dennoch ist es leicht verständlich geschrieben und kann einen immer noch begeistern, denn die Botschaft ist klar: Die Gier nach Geld und Besitz zerstört die Menschen. Bei der Jagd nach dem, was sie als gutes Leben missverstehen, vergessen sie zu leben. Und sie vergessen, dass dieses Leben, das sie leichtsinnig vergeuden, das einzige ist, das sie haben.

Wenngleich Thoreau den Begriff »Lohnsklaven« nicht verwendet, würde er wohl anerkennend genickt haben, hätte er ihn zu hören bekommen. Thoreau zieht allein in den Wald, um mit dem kapitalistischen System zu brechen. Das ist seine übergeordnete Absicht. Er möchte lieber gemäß seiner eigenen, einfachen Ökonomie leben. Statt eine gewisse Zahl von Stunden zu arbeiten, dann mit dem dafür erhaltenen Lohn eine Fahrkarte zu kaufen und mit dem Zug zu dem gewünschten Ziel zu reisen, zieht Thoreau es vor, einfach zu Fuß dorthin zu gehen. Die gewonnene Zeit, die er dadurch einspart, dass er nicht arbeitet, führt außerdem dazu, dass er sein Ziel schneller erreicht. Er reduziert seine Abhängigkeit vom Geld, indem er so wenig wie möglich verbraucht. Deswegen muss er nicht arbeiten – und hat genügend Zeit, um die Dinge zu tun, die er tatsächlich tun möchte, wie etwa nachzudenken, zu schreiben und sich in der Natur aufzuhalten.

Thoreau muss ein ziemlicher Sonderling gewesen sein. Er wirkt überhaupt nicht wie ein typischer Naturromantiker, eher wie ein Mann, der sich furchtbar viel mit seiner wirtschaftlichen Situation beschäftigt. Thoreaus Hauptbotschaft an seine übrigens nicht sehr geschätzten Mitbürger in Concord lautet, dass sie ihr Leben vergeuden, weil sie die ganze Zeit arbeiten, um mehr Geld zu verdienen und sich so immer mehr Dinge kaufen zu können. Sie sind Sklaven der Kommerzialisierung, wie er schreibt. Er selbst gibt sich moralisierend und selbstgefällig. In seinem Buch hat er unter anderem alle Ausgaben in Zusammenhang mit dem Bau seiner Blockhütte verzeichnet. Die Gesamtsumme beträgt 28 Dollar und 12 Cent, wie er mit unüberhörbaren Stolz vermerkt. Einer der Posten lautet: »Kreide, 0,01 $«. Kurz vor dem Einschlafen denke ich mir noch, wie gut, dass er nicht wusste, wie viel mein orangefarbener Rucksack gekostet hat.

Beim Aufwachen ist es genauso dunkel wie beim Einschlafen tags zuvor. Noch immer trommelt der Regen aufs Zeltdach. Anscheinend sind die Temperaturen im Laufe der Nacht nicht gefallen. Kein weißer Morgen. Ich überprüfe die Uhrzeit auf meinem Handy. Es ist 4.30 Uhr, aber dennoch fühle ich mich wach und ausgeruht. Ich krame Gaskocher und Wasserflasche hervor und beginne im Lichtschein meiner Stirnlampe Kaffee zu kochen.

Ich verwende *Walden* als Tisch. Vermutlich hätte dies Thoreaus Zustimmung gefunden. Das Buch hat sich im Laufe der Nacht ziemlich verzogen, alles im Zelt ist feucht. Auch der Schlafsack, allerdings nur außen. Die feuchten Sachen, die ich vor dem Schlafengehen in den Schlafsack gelegt habe, sind kein bisschen trockener geworden.

Bei Zeltübernachtungen in dieser Jahreszeit ist Kondenswasser eines der größten Probleme. Schon immer hat es Abenteurer und Zelthersteller beschäftigt, wie man mit Kondenswasser am besten umgehen kann. Ein wenig hilft dabei ein Innenzelt. Ich habe mich einmal mit dem Polarfahrer Børge Ousland über dieses Problem unterhalten. Er löst es beispielsweise, indem er einfach in einem Müllsack schläft. Alle Feuchtigkeit sammelt sich darin, der Schlafsack selbst bleibt jedoch trocken. Feucht wird dann nur die dünne Wollunterwäsche, in der er schläft. Die aber trocknet schnell am Körper. Ousland weiß, wovon er redet. Vermutlich hat kein anderer noch lebender Norweger mehr Nächte in einem kalten Zelt zugebracht als er.

Bis es hell sein wird, dauert es noch eine Weile, ungefähr so lange wie ein halber gewöhnlicher Arbeitstag. Nachdem der Kaffee getrunken ist, lese ich weiter Thoreau. Ich glaube nicht, dass er und ich besonders gut miteinander ausgekommen wären, und vermutlich hat es auch seine Gründe gehabt, weshalb er, als er ungefähr in meinem jetzigen Alter war, immer noch als Single lebte. Ich hätte seinen kritischen Blick über die Schulter wohl kaum ertragen können: Willst du tatsächlich zwei Scheiben Käse aufs Knäckebrot legen? Meinst du nicht, dass eine reichen würde?

Thoreau bestand darauf, in seiner kleinen Hütte allein zu leben. Er schreibt, es sei für ihn unabdingbar, sich jeden Tag mindestens vier Stunden in der Natur aufzuhalten. So etwas kann nur ein Mensch äußern, der in erster Linie an sich selbst denkt. Gerüchten zufolge soll sich übrigens Thoreaus Mutter, die, nur einen kurzen Spaziergang von der Hütte entfernt, in Concord wohnte, um seine Schmutzwäsche gekümmert haben.

Thoreau hat in gewisser Weise etwas Missionarisches an sich. Als er *Walden* schrieb, war er etwas jünger als ich jetzt. Er klingt zwar wie ein alter Mann, dennoch ist nicht zu überhören, dass es ihm aufgrund seines Alters an Lebenserfahrung fehlt. Er ist maßlos von sich selbst überzeugt. Niemand verfügt über einen größeren Glauben an sich selbst als junge Männer. Statistisch gesehen sind es meist sie, die im Laufe der Geschichte auf die Idee kamen, mit der Zivilisation zu brechen und ein freies und unverfälschtes Leben in der Natur zu führen. Chris McCandless in Jon Krakauers Buch *In die Wildnis* ist ein Beispiel aus unserer Zeit, Timothy Treadwell aus Werner Herzogs Film *Grizzly Man* ein weiteres.

❦

Nach vier Stunden bin ich sowohl das Zelt als auch Thoreau leid. Ich packe die feuchte Ausrüstung zusammen, stopfe alles wahllos in den Rucksack. Wenn ich nach Hause komme, muss ohnehin alles gewaschen und getrocknet werden. Dann ziehe ich widerstrebend die feuchten Sachen vom Vortag an, und schließlich krieche ich aus dem Zelt und packe auch dies zusammen. Dann klettere ich auf den großen Stein und warte auf das Tageslicht.

Von dem Stein aus kann ich auf den kleinen See blicken. Er ist immer noch zugefroren, aber mittlerweile hat sich eine dünne Schicht Wasser auf dem Eis gebildet. Nur an vereinzelten Stellen nahe des Ufers liegt noch Schnee in seltsamen Kreisen über den Waldboden verteilt. Auf der mir gegenüberliegenden Seite wächst dichter Fichtenwald. Auf meiner Seite ist die Landschaft offener. Hier wachsen hohe schlanke Kiefern und Birken.

Um den See sind einzelne Moorlöcher und schwimmende Torfinseln zu sehen. Im Sommer und Herbst gibt es hier Wollgras, manchmal findet man auch Moltebeeren. Aber nicht jetzt. Jetzt gibt es hier gar nichts.

Der Stein, auf dem ich sitze, ist rund, an der Oberseite abgeflacht und misst schätzungsweise eineinhalb Meter im Durchmesser. Vermutlich wiegt er eine halbe Tonne oder mehr. Wie ist er hierhergekommen? In der flachen Landschaft wirkt er seltsam fehl

am Platz. Es gibt keinen Berg in der Nähe, keinen natürlichen Ort, von dem er stammen könnte. Wahrscheinlich ist er während der letzten Eiszeit hier gelandet. Ich weiß es nicht, nehme es aber mal an, denn eines habe ich in diesem Jahr gelernt: Es ist äußerst praktisch, die Eiszeit heranziehen zu können, wenn man eine Erklärung für seltsame Formationen in der Natur benötigt.

Ein letztes Mal blicke ich über den Lagerplatz. Im nächsten Sommer und in den kommenden Jahren möchte ich gern öfter hierher zurückkommen, wenn auch nicht auf dieselbe Art und Weise. Vielleicht müsste ich jetzt ein wenig Wehmut verspüren, aber das ist nicht der Fall. Mir ist kalt, ich bin durchnässt und in keiner Weise empfänglich für derartige Gefühle. Ich tippe mir deshalb nur grüßend an die Mütze, drehe mich um und trete den langen Heimweg an.

Unterwegs denke ich an Aristoteles. Schon als ich dieses Buch zu schreiben begann, wusste ich, dass ich früher oder später den griechischen Philosophen erwähnen würde. Immerhin bin ich froh, dass ich damit bis zum Dezember warten konnte. Im Laufe des Jahres musste ich oft an Aristoteles denken. Eigentlich sogar ziemlich viel und weit mehr, als ich zum Beispiel an Lars Monsen gedacht habe. Aristoteles war sowohl Philosoph als auch Naturforscher. Er interessierte sich für die großen wie für die kleinen Dinge, stets trieb ihn die Neugier um, wie das Universum, als dessen Teil er sich sah, eigentlich zusammengehalten wurde, wie es auf allen Ebenen funktionierte. Was er sah, beschrieb er anhand physikalischer Gesetzmäßigkeiten und abstrakter Theoriemodelle.

Aristoteles verwendet dabei den Begriff *telos*. Damit bezeichnet er die Vorstellung, dass allen lebenden Dingen ein Zweck innewohnt, ein Ziel, zu dem sie streben. Dieses Ziel gilt als die eigentliche Verwirklichung der Dinge. Am Ende werden wir alle sterben, ich werde sterben, die Mücke, die mich beim Angeln im September gestochen hat, wird sterben (sofern das nicht längst geschehen ist), und auch der Biber, den ich im Juni gesehen habe, wird sterben. Aber davor werden wir gemäß Aristoteles danach trachten, uns selbst zu verwirklichen, das zu erfüllen, was unser Zweck auf Erden ist, der Grund, der uns hierhergebracht hat. Die Mücke, der Biber und ich, drei unbedeutende Vertreter unserer jeweiligen Spezies, völlig uninteressant im großen Zusammenhang. Aber wir sind hier, in diesem Augenblick, und entsprechen unserem Zweck, indem wir handeln. Die Mücke saugt Blut, der Biber baut und nagt. Als ich ihn im Sommer beobachtet hatte, schien er voller Tatendrang zu sein, manisch geradezu. Er konnte nicht innehalten, seine Natur sagte ihm, dass es noch mehr Bäume gebe, die gefällt werden mussten, und auch der Bau könnte noch etwas verbessert werden – war da nicht eine undichte Stelle kurz über der Wasseroberfläche, könnte der Eingang zum Bau nicht etwas höher gelegt und etwas verbreitert werden? Solche Stimmen trieben den Biber an, die Natur selbst sprach zu ihm, sein *telos*, das sagte: Schwimm weiter, Biber, nage, ziehe, schleppe, tauche! Ausruhen kannst du dich im Winter.

Langsam wird es heller. Es ist bereits nach neun Uhr. Am letzten Tag im Wald war es sieben Stunden hell und siebzehn Stunden dunkel gewesen. Ich komme an meinem Rastplatz vorbei, wo der Fluss in den kleinen See mündet, gehe weiter, vorbei an vielen kleinen Punkten, die ich wiedererkenne und ein bisschen als die meinigen ansehe. Ich passiere den Fluss, der ungehindert unten im Tal dahinfließt. Er gehört zu den wenigen Dingen in der Natur, die während eines Tages keinen Zyklus durchlaufen und zu keinem Zeitpunkt innehalten. Auch das Wasser hat sein *telos*, stets strebt es einem niedriger liegenden Punkt zu. Das Ziel lautet Gleichgewicht, Äquilibrium, und während ich hier weiter entlanggehe, denke ich, dass dies vielleicht das übergeordnete Ziel der Natur ist: einen Zustand vollkommener Harmonie zu erreichen. Strömende Luft, fallender Regen, aufsteigender Dampf, sich bildendes Eis und schmelzender Schnee. Ständig ist alles in Bewegung und strebt ein Gleichgewicht an, das nur gelegentlich eintritt und niemals von Dauer sein kann.

Ich habe diese Mikroexpedition als eine Übung betrachtet, die dem *Walkabout*, dem Initiationsritus der australischen Aborigines, ähnelt. Sie hatte keine bestimmte Richtung und auch kein anderes Ziel, als im Wald herumzustreifen und dabei möglichst wenige oder keine Aufgaben zu erfüllen. Das habe ich jetzt getan und werde es auch weiterhin tun. Falls mich irgendwann jemand fragen sollte, ob ich anderen empfehlen könne, das Gleiche zu tun, würde ich unbedingt mit Ja antworten. Diese zwölf Übernachtungen haben meine

Theorie bestätigt, dass es nur weniger Dinge bedarf, um sich wie der Held in einem Märchen zu fühlen. Es ist so einfach. Überall auf der Welt gibt es Wälder. Man muss einfach nur hineingehen.

Trotz der ausdrücklich formulierten Ziellosigkeit erfordert die letzte Etappe der Expedition gleichwohl eine Art Zusammenfassung. Ich habe das Gefühl, mir ein paar kluge Worte ausdenken zu müssen, während ich die letzten Meter zu meinem Wagen zurücklege. Als müsste ich eine geheime Erfahrung mit den Lesern dieses Buches teilen, etwas, das ihnen im Leben von Nutzen sein kann, eine kleine Perle der Weisheit, die sich nur denjenigen offenbart, die allein im Wald umherwandern.

Wenn dem so ist, dann müsste diese Weisheit folgendermaßen lauten: Wir leben in einer Zeit, in der uns mehr denn je zuvor erzählt wird, dass wir wertvoll sind, dass wir etwas bedeuten, dass wir etwas Besonderes sind. Das Individuum wird in allen denkbaren Zusammenhängen idealisiert, wir alle sollen uns selbst verwirklichen – und das am besten unter dem Jubel der anderen.

In einer solchen Welt kann man leicht die Perspektive verlieren. Ich persönlich glaube, dass der Wald oder die Berge oder das Meer oder welcher Teil der Natur uns auch immer umgeben mag, deshalb so anziehend auf uns wirken, weil sie einen Aspekt außerhalb dieser auf das Individuum fokussierten Kultur repräsentieren. Wir brauchen diese Natur, und es ist unsere Pflicht, sie zu schützen.

Die Kultur insistiert darauf, dass wir alle einzigartig sind. Die Natur hingegen zeigt uns auch das Gegenteil, weswegen sie so gesehen vielleicht ein notwendiges Korrektiv darstellt. Du bist nicht so großartig, es hängt nicht alles von dir ab, wir waren schon vor dir hier und werden es auch nach dir sein, also nimm dich nicht zu wichtig.

Dieser Gedanke spendet einen gewissen Trost und beinhaltet einen Sinn. Das Einzige, was ich also von der Mikroexpedition, von meinem Jahr im Wald mit nach Hause nehmen kann, ist eine Weisheit, die ich entweder unterwegs aufgeschnappt habe oder auf die ich irgendwann selbst gekommen bin: *Manchmal musst du groß genug sein, um begreifen zu können, wie klein du bist.*

Tipps für die Wildnis
von einem Büromenschen

In der Literatur gibt es ein eigenes Genre, das sich mit dem einsamen Leben im Wald beschäftigt. In diesen Büchern wird die Wirklichkeit häufig geschönt, und die Autoren lassen dabei gern ihre mangelnde Erfahrung unerwähnt. Dann gibt es noch diese Art von Literatur, die sich damit beschäftigt, wie du in der Natur zurechtkommen kannst. Es gibt Bücher voll praktischer Ratschläge und Hinweise in Bezug darauf, wie du unterschiedlichste Herausforderungen bewältigen kannst, welche Kleidung du brauchst, welche Lebensmittel und welche Ausrüstung sowie noch zu vielen anderen mehr oder weniger nützlichen Dingen.

Auch diese Bücher wurden vorgeblich von Autoren geschrieben, die über umfangreiche Kenntnisse von der Natur und dem Leben in ihr verfügen. Es gibt kaum etwas, das sie nicht erlebt oder für das sie keine schlaue Lösung gefunden haben. Es sind die Bücher unserer Zeit, leicht zu schreiben und leicht zu verkaufen. Ich habe viele davon gelesen, nicht nur bei den Vorbereitungen zu dieser Mikroexpedition, sondern auch als reine Unterhaltungslektüre. Während Trude preisgekrönte Romane oder Sachbücher über wichtige Themen las, studierte ich Kapitel mit Überschriften wie »Die beste Art, ein Feuer zu entfachen« oder »Drei Tipps zur Vermeidung von Feuchtigkeit im Zelt«.

Nach zwölf Übernachtungen im Freien verspüre ich eine gewisse Erwartung auf mir lasten, nun selbst mit Tipps über das Leben im Freien aufzuwarten. Abschließend möchte ich daher den Lesern, die sich durch die Lektüre dieses Buches (falls es überhaupt jemand gelesen hat) inspiriert fühlen, allein oder mit anderen zusammen im Wald zu übernachten, ein paar praktische Ratschläge mit auf den Weg geben.

Alle Tipps beruhen auf meinen eigenen Erfahrungen während dieses Jahres im Wald und erscheinen hier in völlig ungeordneter Reihenfolge, wie es so häufig mit Wissen geschieht, das man sich durch Erfahrung angeeignet hat.

Zunächst einmal ein genereller Hinweis: Das Leben im Wald ist ein grundsätzlich praktisches Leben. Du lernst etwas, indem du es tust, und falls du dich für eine Übernachtung im Wald entscheidest, wirst du gleich nach der ersten Nacht feststellen, dass du erstaunlich viel gelernt hast. Deswegen darfst du niemals davon ausgehen, dass deine vorab durchgeführte Planung perfekt oder deine zuvor gekaufte Ausrüstung vollständig ist. Sei darauf vorbereitet, dass du ständig etwas ändern musst – und dass dies ein wichtiger Teil der Erlebnisse ist.

Zelt, Schlafsack, Rucksack und Liegematte

Die vier grundsätzlich erforderlichen Zubehörteile für einen nächtlichen Aufenthalt im Freien sind heutzutage in einer derart verwirrend großen Auswahl erhältlich, dass es schon eine Expedition für sich darstellt, sich überhaupt in dem Angebot zurechtzufinden. Beispielsweise kannst du unmöglich wissen, ob das Zelt deinen Anforderungen gerecht wird, bevor du es tatsächlich benutzt hast. Am klügsten ist es daher, einen Laden aufzusuchen, in dem die verschiedenen Zelte aufgebaut sind, sodass du die Möglichkeit hast, hineinzukriechen und auszuprobieren, wie es sich darin anfühlt. Was den Schlafsack betrifft, empfehle ich den Kauf eines Daunenmodells für alle vier Jahreszeiten, das bis zu einer Temperatur von minus zehn Grad geeignet ist. Daunen sind leicht und komprimierbar, der Schlafsack nimmt somit nicht allzu viel Platz ein. So ein Schlafsack lässt sich das ganze Jahr über verwenden, außerdem kommt es nur selten vor, dass man draußen übernachtet, wenn es kälter als minus zehn Grad ist. Auch im Juli kann es in vielen Gegenden nachts kalt sein, die sogenannten Sommerschlafsäcke taugen meiner Erfahrung nach also nur für Interrail-Touren nach Südeuropa oder für den Gebrauch im Haus.

Moderne Liegematten sind äußerst dünn und aufblasbar. Legt man sie zusammen, nehmen sie nur wenig Platz ein. Meine Liegematte bekam allerdings andauernd Löcher, außerdem war es unbequem, auf ihr zu liegen, sie wurde uneben und wellig und verursachte viele Geräusche, wenn ich auf ihr herumrutschte. Ich entschied mich schließlich für eine klassische Schaumstoffmatte, die ich zusammenrollen und unter dem Rucksack befestigen konnte. Solche Matten sind unverwüstlich und außerdem sehr preiswert.

Beim Thema Rucksack lautet mein Rat: Kauf keinen zu großen. Je größer dein Rucksack ist, desto mehr willst du automatisch hineinpacken. Mit einem zu großen Rucksack umherzustreifen stört das Naturerlebnis erheblich. Ich bin 1,80 Meter groß, mein Rucksack hat ein Volumen von 80 Litern. Ich finde ihn zu groß. Das Volumen sollte 60, höchstens 70 Liter betragen. Außerdem würde mich das zwingen, noch vernünftiger zu packen.

Bekleidung

Im Wald habe ich stets einen Rollkragenpullover aus Wolle getragen, wobei ich einräumen muss, dass Fleece oder Primaloft Materialien mit unbestreitbaren Vorteilen sind. Fleece wärmt gut und trocknet schnell. Primaloft wärmt gut, trocknet schnell und lässt sich außerdem sehr platzsparend zusammenlegen. Ungeachtet dessen trug ich auf meinen Übernachtungen im Wald einen Wollpullover, vermutlich aus sentimentalen Gründen. Du musst selbst entscheiden, sei dir aber bewusst, dass ein dicker Wollpullover schon den halben Rucksack füllt.

Unterwäsche und Socken sollten unbedingt aus Wolle sein, aber das ist etwas, das vor allem diejenigen wissen, die in Norwegen aufgewachsen sind.

Allwetterhose und -jacke sind nützlich, ich selbst habe allerdings öfter auch eine gewöhnliche Wanderhose aus Baumwolle oder anderem Material (sogenanntes Softshell) getragen – dazu eine entsprechende Jacke. Wenn es nicht regnet, kannst du dich in solcher Bekleidung viel besser bewegen, außerdem atmet sie besser. Und wenn es regnet, brauchst du ohnehin etwas richtig Wasserdichtes. Meine Gore-Tex-Jacke war wie ein Sieb, aber es gibt bestimmt andere, die besser sind.

Stets habe ich im Rucksack Regenjacke und -hose dabei, die sind zwar nicht atmungsaktiv, dafür aber völlig wasserdicht. Wenn es regnet und du dich dabei nicht viel bewegst, funktioniert nur das. Gute Stiefel sind wichtig, aber das wissen sicher alle. Meiner Erfahrung nach sind moderne Gore-Tex-Stiefel besser als die altmodischen Lederstiefel.

Kochausrüstung

Niemand braucht für eine Übernachtung im Wald eine komplette Sturmküche mit Bratpfanne, Kaffeetopf und vier oder fünf Töpfen in verschiedenen Größen. Schließlich gilt es, Volumen und Gewicht zu sparen. Ich hatte immer einen hohen, schmalen Topf mit kleinem Deckel bei mir, in dem ich schnell und unkompliziert Wasser erhitzen konnte. Ein paarmal hatte ich auch eine Bratpfanne mitgenommen, aber schnell eingesehen, dass ich sie nicht brauchte. Entweder brätst du etwas im Topf oder du grillst etwas am Spieß über dem Feuer. Den Topf brauchst du auch zum Kaffeekochen, und sollte er einen Hauch von Speck verströmen, so gewöhnst du dich schnell daran. Ich habe einen gewöhnlichen Gaskocher benutzt, der leicht und klein ist und mit einer kleinen Kartusche verwendet werden kann. Falls du mit anderen im Wald unterwegs bist, empfehlen sich Teller, aber wenn du allein bist, kannst du auch direkt aus dem Topf essen. Ebenfalls nützlich sind Gabel, Löffel und eine vernünftige Campingtasse. Willst du im Winter draußen übernachten, solltest du eine Thermotasse mitnehmen, ansonsten wird der Kaffee sehr schnell kalt. Ein kleines Döschen mit Salz und Pfeffer (die du vorab zusammengemischt hast) sowie eine kleine Dose mit Butter sind ebenfalls nötig. Außerdem eine Trinkflasche aus bruchsicherem Kunststoff, die du am Gürtel oder am Rucksack befestigen kannst und somit schnell zur Hand hast.

Weitere Ausrüstung

Für einen Aufenthalt im Wald ist das Messer das wichtigste Werkzeug, da es für alles Mögliche verwendet werden kann. Es gibt unzählige Arten von Messern, ich würde ein ganz gewöhnliches empfehlen, mit dem sich Dinge aufspießen lassen. Es sollte gut in der Hand liegen und eine nicht zu lange Klinge haben. Man ist leicht versucht, ein großes Messer zu kaufen – dann fühlt man sich gleich viel tougher –, aber normale Wanderer haben für lange Messerklingen in der Regel keine Verwendung. Ich hatte ein Messer gekauft, das laut Werbung auch als Axt verwendet werden konnte. Es war ein Fiasko. Weder ließ sich mit dem Messer irgendetwas gut aufspießen, noch konnte ich es besonders gut zum Hacken verwenden. In meinem Eifer, zwei Fliegen mit einer Klappe schlagen zu wollen, stand ich am Ende mit einem unbrauchbaren Gegenstand da.

Für die Sommermonate empfiehlt sich ein kleines Moskitonetz, das du dir über den Kopf ziehen kannst. Insbesondere die Kriebelmücken sind manchmal unerträglich, und man kann ihnen nicht entkommen. Solche Netze können sehr klein zusammengelegt werden, und es gibt sie in verschiedenen Farben. Ich habe grüne, schwarze und weiße ausprobiert, mag aus irgendwelchen Gründen aber die schwarzen am liebsten, weil sie die Sicht nur wenig behindern.

Verlass dich nicht auf die GPS-Funktion deines Handys, wenn du im Wald bist. Vergiss nicht, dass du urplötzlich keine Netzabdeckung mehr haben kannst. Ich habe das GPS auch nie verwendet, es war schlichtweg nicht erforderlich. Bei allen Wanderungen hatte ich eine Landkarte in einer wasserdichten Plastikhülle dabei, nicht nur für den Fall, dass ich mich verlaufen sollte, sondern auch weil ich auf der Karte gern nach unbekannten Wegen oder Orten Ausschau halte. Eine hübsche Beschäftigung, wenn du im Zelt liegst, sowohl abends vor dem Einschlafen als auch morgens vor dem Aufstehen.

Packen

Nichts ist wichtiger, als sich warm zu halten. Kleidung, Schlafsack und Liegematte sollten vor allem anderen Priorität genießen, aber achte auch darauf, nicht zu viel mitzunehmen. Was Kleidung betrifft, solltest du immer zwei Garnituren aller körpernahen Sachen bei dir haben, und die sollten leicht zu trocknen sein. Wenn die eine Garnitur nass wird, ziehst du die andere an und lässt die erste trocknen. Im Übrigen vergiss nicht, dass du wahrscheinlich immer geneigt bist, zu viele Sachen mitzunehmen. Wie gesagt, je größer der Rucksack, desto mehr willst du automatisch einpacken.

Einige wichtige Regeln

Nimm abends immer Wasser mit ins Zelt. Viele Wanderer haben im Winter auch eine kleine Flasche zum Pinkeln dabei. Und das nicht nur aus Bequemlichkeit, sondern auch weil du extrem auskühlst, wenn du mitten in der Nacht aus dem Zelt kriechen musst.

Du solltest dir eine feste Angewohnheit dahingehend zulegen, wo und wie du deine Streichhölzer oder dein Feuerzeug aufbewahrst. Nimm am besten immer zwei mit und lass eines gut versiegelt an einer Stelle im Rucksack, wo du leicht hinkommst. Ich stecke es immer in das kleine Fach an der Unterseite der Rucksackabdeckung. Dort bewahre ich auch Erste-Hilfe-Ausrüstung, Autoschlüssel, Notizbuch und Handy auf. Sinnvoll ist es auch, ein paar Kohleanzünder einzupacken, sodass du auch bei Nässe leichter ein Feuer machen kannst. Für den erfahrenen Wanderer oder denjenigen, der nicht zu viele Hilfsmittel dabeihaben möchte, empfiehlt es sich, ein paar Birkenspäne einzupacken.

Jedes Mal, wenn du irgendwo trockene Birkenspäne entdeckst, solltest du dir ein paar davon in die Jackentasche stecken. Dann hast du sie griffbereit, wenn du sie brauchst. Dasselbe gilt für trockenes Anmachholz, falls mit Regen zu rechnen ist.

Tagesrhythmen und Jahreszeiten

Während meines Jahres im Wald habe ich viel darüber nachgedacht. Was die Schlafenszeit angeht, empfehle ich Folgendes: Im Winter sollte man sich nicht zu früh hinlegen. Das ist zwar verlockend, aber in dem Fall musst du dich darauf einstellen, sehr früh am Morgen wieder aufzuwachen. Im Frühling dagegen sollte man sich früh hinlegen und früh wieder aufstehen. Sowohl abends als auch morgens kann es im Frühling sehr schön sein. Müsste ich mich allerdings für eine Tageszeit entscheiden, würde ich den Morgen vorziehen. Ab April solltest du nicht später als um fünf Uhr aufstehen. Im Sommer ist es am besten, wenn man sich spät hinlegt und früh wieder aufsteht. Mein Tipp mag ein wenig paradox klingen, ich weiß. Aber wenn du müde wirst, kannst du im Sommer genauso gut auch tagsüber ein paar Stunden schlafen. Für den Herbst, in dem es dann wieder dunkler wird, gelten dieselben Regeln wie im Winter.

Welche Gegenstände aus der Zivilisation sind unverzichtbar?

Lektüre nicht vergessen! Im Winter wird es früh dunkel. Du wirst viele wache Stunden im Zelt verbringen. Um dein Buch auch lesen zu können, brauchst du eine Stirnlampe. Die benötigst du auch für alle anderen Verrichtungen im Winterhalbjahr. Denk an extra Batterien, die trocken an einem festen Platz aufbewahrt werden sollten, vorzugsweise zusammen mit der Erste-Hilfe-Ausrüstung und dem zweiten Feuerzeug.

Und schließlich: Egal, wo und zu welcher Jahreszeit du dich in der Wildnis befindest, vergiss niemals deine Mütze!

Literatur

Während der Arbeit an diesem Buch habe ich mich mit vielen Büchern beschäftigt, die mich beeindruckt haben, als ich jünger war. Einige stehen immer noch in meinem Bücherregal, die meisten jedoch existierten nur noch in meinem Gedächtnis. Ein paar habe ich erneut gelesen, andere habe ich mir in Erinnerung zu rufen versucht. Ich kann hier nicht alle aufzählen, will aber ein paar der Bücher erwähnen, die ich in späterer Zeit gelesen habe und die während der Arbeit an diesem Buch wichtig für mich waren. Ich bilde mir nicht ein, dass diese Literaturliste repräsentativ für all die Bücher ist, die zu den Themen Natur und Leben im Freien herausgegeben wurden. Ich bin bei der Lektüre auch nicht sonderlich systematisch vorgegangen, sondern im Großen und Ganzen nach dem Lustprinzip. Mein Wunsch war es nicht, eine Abhandlung über die Natur zu verfassen, sondern eine subjektive Erzählung, in der ich ausschließlich von meinen eigenen Erfahrungen berichte. Gleichwohl haben diese Bücher und viele andere, die ich aus Platzgründen hier gar nicht erwähnen kann, meinen Blick auf die Natur und das Verhältnis des Menschen zu ihr – sowie auf verwandte Themen, über die ich schreibe – nachdrücklich erweitert.

Ich hoffe, die hier aufgeführten Bücher mögen dem einen oder anderen Leser als Anregung dienen, sich eingehender mit Literatur über die Natur zu beschäftigen.

Ambjørnsen, Ingvar: *Die Nacht träumt vom Tag.* Hamburg 2014, übersetzt von Gabriele Haefs.

Bryson, Bill: *Picknick mit Bären.* München 1999, übersetzt von Thomas Stegers.

Cappelen, Peder W.: *Alene med vidda.* Oslo 1964.

ders.: *Vidda på ny.* Oslo 1974.

Chatwin, Bruce: *Traumpfade.* München 1990, übersetzt von Anna Kamp.

Clausen, Kristoffer/Omsted, Gunnar: *En vill mann. 365 dager som jeger, fisker og sanker.* Oslo 2010.

Dahl, Johannes: *Nordmarka. Eventyr og Eldorado.* Oslo 1942.

Dahlby, Frithiof: *Grei deg selv. Små tips for speidere og andre friluftsfolk.* Oslo 1949.

Den Norske Turistforenings Aarbok for 1868. Christiania (Oslo) 1868.

Den Norske Turistforening: *Østlandske skogsområder.* Oslo 1994.

Freud, Sigmund: *Das Unbehagen in der Kultur.* Wien 1930.

Frislid, Ragnar: *På tur i skog og fjell. Håndbok for friluftsfolk.* Oslo 1967.

Gabrielsen, Bjørn: *Veien ut. En mann. En skog. Et år. Ingen plan.* Oslo 2006.

Gopnik, Adam: *Winter. Five Windows on the Season.* London 2011.

Grieve, Guy: *Call of the Wild. My Escape to Alaska.* London 2007.

Herzog, Werner: *Grizzly Man.* Universum Film GmbH. München 2006 (DVD).

Hessen, Dag O.: *Natur – hva skal vi med den?* Oslo 2008.

Holtvedt, Reidar: *Fra Nordmarka og Krokskogen.* Oslo 1972.

Humphreys, Alastair: *Microadventures. Local Discoveries for Great Escapes.* London 2014.

Ingstad, Helge: *Mein Leben in der Wildnis.* Berlin 1943, übersetzt von Tabitha von Bonin.

Jamie, Kathleen: *Findings.* London 2005.

dies.: *Sightlines.* London 2012.

Keith, Sam/Proenneke, Richard: *One Man's Wilderness: An Alaskan Odyssey.* Portland 2006.

Kent, Rockwell: *Wilderness: A Journal of Quiet Adventure in Alaska.* New York 1920.

Krakauer, Jon: *In die Wildnis.* München 2007, übersetzt von Stephan Steeger.

Lees, J. A./Clutterbuck, W. J.: *Three in Norway by Two of Them.* London 1882.

Maclean, Norman: *Aus der Mitte entspringt ein Fluss.* Frankfurt/M. 1991, übersetzt von Bernd Samland.

Moland, Tallak: *Historien om Nordmarka gjennom de siste 200 år.* Oslo 2006.

Monsen, Lars: *Villmarkstips.* Oslo 2011.

Næss, Arne: *Die Zukunft in unseren Händen.* Wuppertal 2013, übersetzt von Christian Quatmann.

Næss, Jan Chr./Bård Løken: *Inn i naturen.* Oslo 2007.

Pettersen, Marius Nergård: *Oslos nære villmark.* Oslo 2013.

Proenneke, Richard: *Alone in the Wilderness.* Bob Swerer Productions 2003/2011.

Snyder, Gary: *Lektionen der Wildnis.* Berlin 2001, übersetzt von Hanfried Blume.

Solnit, Rebecca: *Die Kunst, sich zu verlieren.* München 2009, übersetzt von Michael Mundhenk.

dies.: *Wanderlust. A History of Walking.* London 2001.

Stafford, Ed: *Walking the Amazon. 860 Days. The Impossible Task. The Incredible Journey.* London 2011.

Szymborska, Wislawa: *Livet er den eneste måten. Dikt 2002–2012.* Nachgedichtet von Christian Kjelstrup. Oslo 2013.

Sørensen, Øystein: *Kampen om Norges sjel 1770–1905. Norsk idéhistorie bind III.* Oslo 2001.

Thoreau, Henry D.: *Walden oder Ein Leben in den Wäldern,* Weimar 1964, übersetzt von Franz Meyer.

264

Trømborg, Dagfinn: *Geologi og landformer i Norge*. Oslo 2006.

Wiese, Jan: *Jeg skal til Katnosa i kveld*. Oslo 1979.

Zappfe, Peter Wessel: *Barske glæder. Og andre temaer fra et liv under åpen himmel*. Oslo 2012.

Øverås, Tor Eystein: *I dette landskap. Artikler og essays*. Oslo 2012.

Dank

Ich danke der Harvest-Gang – Kjetil, Simen und Anders –, weil sie so dachten wie ich und etwas daraus gemacht haben. Ich danke meinem Lektor Sverre, der genau wusste, worüber und warum ich schreiben wollte – und mich genau das tun ließ. Ich danke Tarje, für die unschätzbaren Gespräche zwischendurch. Mein Dank geht an Jørn und Geir, die mir zu verstehen gaben, dass das, worüber ich schrieb, auch für andere von Bedeutung sein könnte. Und ich danke Trude, Helena und August, die mich im Laufe des Jahres immer wieder in den Wald gehen ließen und bei meiner Rückkehr geduldig meinen ausführlichen Erzählungen lauschten.

Eins der größten Abenteuer unserer Zeit

Wandern extrem

Christine Thürmer
Laufen. Essen. Schlafen.
Eine Frau, drei Trails und 12700
Kilometer Wildnis

Malik, 288 Seiten
€ 16,99 [D], € 17,50 [A]*
ISBN 978-3-89029-471-1

Als Christine Thürmer gekündigt wird, beschließt sie, auf dem Pacific Crest Trail von Mexiko nach Kanada zu wandern – 4277 Kilometer. Eigentlich unsportlich bricht sie zu ihrem Abenteuer auf und schafft es tatsächlich bis ans Ziel. Und sie wandert weiter, läuft den Continental Divide Trail (4900 Kilometer) und den Appalachian Trail (3508 Kilometer). Humorvoll beschreibt Christine Thürmer die Geschichte ihrer inneren Suche, ihre Erlebnisse und landschaftlichen Eindrücke.

Leseproben, E-Books und mehr unter **www.malik.de**

*Cover- und Preisänderungen vorbehalten

MALIK